兰州大学中央高校基本科研业务费
学科交叉创新团队建设项目（21lzujbkytd002）

后疫情时代的国际安全研究

李捷 著

INTERNATIONAL SECURITY

中国社会科学出版社

图书在版编目（CIP）数据

后疫情时代的国际安全研究 / 李捷著．—北京：中国社会科学出版社，2023．8

ISBN 978－7－5227－1719－7

Ⅰ．①后…　Ⅱ．①李…　Ⅲ．①国家安全—研究—世界　Ⅳ．①D815．5

中国国家版本馆 CIP 数据核字(2023)第 110388 号

出 版 人　赵剑英
责任编辑　赵　丽
责任校对　季　静
责任印制　王　超

出　　版　中国社会科学出版社
社　　址　北京鼓楼西大街甲 158 号
邮　　编　100720
网　　址　http://www.csspw.cn
发 行 部　010－84083685
门 市 部　010－84029450
经　　销　新华书店及其他书店

印　　刷　北京明恒达印务有限公司
装　　订　廊坊市广阳区广增装订厂
版　　次　2023 年 8 月第 1 版
印　　次　2023 年 8 月第 1 次印刷

开　　本　710×1000　1/16
印　　张　14．25
字　　数　230 千字
定　　价　79．00 元

目　　录

导　言

新冠疫情是一个具有全球和历史意义的事件，它将继续对全球地缘政治和社会经济现实以及“后 COVID－19 世界”的政府决策和政策制定产生重大影响。各国和国际社会在短期、中期和长期应对措施有效性的不确定性（包括毒株的变异和疫苗的更新）使得我们很难评估这种影响的持续性。然而，此次新冠疫情作为全球公共卫生安全的重大威胁，它已不可避免地传递到国际安全的其他领域。疫情所导致的各类危机扩散和叠加，更彰显出构建人类命运共同体的重大意义和现实紧迫性。所以，我们需要对疫情下国际安全风险的扩散、累积和叠加进行分析，研判新冠疫情对国际安全的全面影响，为“后疫情时代”国际安全合作找到重点及方向。

作为对国际安全的主要威胁，国际恐怖主义和暴力极端主义并没有在新冠疫情中退场。总体而言，在全球新冠疫情暴发后的两年多时间里，虽然恐怖主义造成的死亡总数持续呈下降趋势，但恐怖主义威胁已变得更加分散和多样化，[①]“伊斯兰国”“基地”组织以及基于右翼极端主义（或出于种族或民族动机）的恐怖组织都在一个日益分散的环境中活动。

在详细梳理新冠疫情及后疫情时代国际安全形势的变迁之前，需要就威胁的主体在概念上作简要的区分。一直以来，暴力极端主义和恐怖主义都是难以捉摸和有争议的概念。就本书而言，暴力极端主义是指与塑造政治和社会秩序的意愿有关的一系列信仰和价值观，通常是指无条件地对外部群体使用暴力，从而进行彻底的变革。恐怖主义是一种由非国

---

① Global Terrorism Index (2020), Institute for Economics and Peace, https: //www. visionofhumanity. org/wp－content/uploads/2020/11/GTI－2020－web－1. pdf.

家行为者实施的政治策略。①恐怖主义行为一般是指由一个或多个受意识形态动机驱使的个人故意实施的暴力行为，其目的是胁迫、恐吓或向比暴力所代表的直接受害者更广泛的受众传达其他信息。②虽然只有少数暴力极端主义分子真正参与了恐怖暴力，但暴力极端主义思想成为推动恐怖主义的基础。研究指出，由于恐怖分子相对于所有与他们有共同信仰和感情的人来说是少数，因此可以把恐怖分子看作是金字塔的顶端。金字塔的底部由恐怖主义的支持者及同情者组成。从底端到顶点，金字塔的层级越高，人数就越少，但信仰、情感和行为的激进化程度也越高。③

新冠疫情引发了公共卫生、经济、社会乃至政治层面的剧烈变迁和动荡，在一定程度上呈现系统性危机的色彩。所以，它对国际安全形势的影响，既包括上述金字塔底部的暴力极端主义和恐怖主义信众，也包括金字塔顶端的组织及成员。对此，我们首先要对其整体性影响进行评估，以此为基础建立一个初步的分析和理解框架。

客观来说，在党中央的英明领导下，中国各级党委和政府坚决贯彻以人民为中心的抗疫理念，构筑起疫情防控与治理的有效体系，极大地维护了人民群众的生命安全及社会、政治、经济秩序的稳定。中国已成为此次全球疫情应对中的楷模和典范。但是，对于许多西方国家和发展中国家来说，由于缺乏有效的防治体系和应对能力，自疫情暴发以来一直处于被动的态势。从整体上看，可以将新冠疫情对西方及广大发展中国家的社会和政治影响分为四大类：社会影响、经济影响、政治影响和心理影响。

（1）社会影响

在西方（包括部分发展中国家）社会中，对于许多社会成员来说，面对传染病威胁的直接反应是寻求安全。有些人可以通过逃离城市等危

---

① Ariel Merari, "Terrorism as a Strategy of Insurgency," *Terrorism and Political Violence*, Vol. 5, No. 4, 1993, pp. 213 -251.

② Lorenzo Vidino, Francesco Marone and Eva Entenmann, "Fear thy Neighbor: Radicalization and Jihadist Attacks in the West," ICCT, 2017, https://icct.nl/app/uploads/2017/06/FearThyNeighbor-RadicalizationandJihadistAttacksintheWest.pdf.

③ Clark McCauley, Sophia Moskalenko, "Mechanisms of Political Radicalization: Pathways toward Terrorism," *Terrorism and Political Violence*, Vol. 20, No. 3, 2008, pp. 415 -433.

险中心，转移到偏远的、未受影响的地区来实现这一目标。这是部分精英可以利用的解决方案，但对于那些有正常工作和需要照顾家庭的人来说，逃离躲避并非优先选项。第二种行动方案是将尚未患病的人与可能携带疾病的人隔离开来——检疫和自我隔离。在新冠疫情肆虐的初期（包括严重时期），各国都关闭了边界，并以其他方式限制旅行。在此背景下，外来者成为怀疑的对象。在政治精英为自己的无助或无能转嫁责任或进一步推进民粹主义目标的鼓励下，疫情强化了部分国家的民族主义倾向。所以，新冠疫情可以被归咎于其他国家，或被利用来鼓励本土主义、仇外心理、对少数民族和移民的敌意。

公共卫生部门试图通过鼓励人们尽可能居家办公，进行自我隔离等方式减缓新冠病毒的传播。但是对于许多低收入人群而言，居家隔离往往意味着失业和丧失收入来源。他们被迫冒着被感染的风险在疫情中工作。这虽然可以部分保障收入，但它在本质上分裂了社会，将风险转移到了低收入人群身上。此外，在疫情中，低收入群体也面临着更大的风险。因为除了居住地拥挤、缺乏高质量的医疗保障外，他们的健康脆弱性将随着病毒感染而大大增加。这种阶层、种族间的健康不平等在美国已有明显的体现。

所以，新冠疫情总体上加剧了西方社会中阶层、种族、族群间的不平等。同时，对群体关系而言，新冠疫情也加深了群体间的偏见。这种不平等和偏见使得一些国家和社会更为分裂。在不平等、剥夺感不断强化的情况下，社会对法治的尊重程度也会下降。其结果是社会的失范行为、犯罪行为增加。通过对 1946 年至 2004 年的战争研究发现，传染病压力大的国家，其政治文化通常以民族中心主义和排外的价值观为特征，而且这些国家往往经历了更多的国内武装冲突和内战。[①]

（2）经济影响

新冠疫情对全球经济产生了灾难性的影响，根据国际货币基金组织（IMF）的数据，2020 年世界经济同比下滑 3.1%，其中发达经济体下滑

---

① Kenneth Letendre, Corey L. Fincher and Randy Thornhill, "Does Infectious Disease Cause Globalization in the Frequency of Intrastate Armed Conflict and Civil War?" *Biological Reviews*, Vol. 85, No. 3, 2010, pp. 669 – 683.

4.5%，新兴市场和发展中经济体下滑2.1%。据其最新预测，进入2022年，全球经济的处境比此前预期的要弱。随着新的奥密克戎COVID－19变体的传播，各国重新实施了流动限制。能源价格上涨和供应中断导致通胀比预期更高、范围更广，尤其是在美国和许多的新兴市场及发展中经济体。全球增长预计将从2021年的5.9%放缓至2022年的4.4%。[①]

在多轮疫情的冲击下，各国经济的恢复乏力。特别是对严重依赖资源出口或旅游业的发展中国家来说，经济的恢复仍将是一个缓慢的过程。在此背景下，许多国家的政府也将陷入财政困境。一方面，政府的税收收入随着经济活动的萎缩而下降；另一方面，为应对公共卫生危机、补贴面临风险的行业、公司及失业者，政府的赤字在增长。所以，依靠出口和外国援助的发展中国家将受到严重打击。

此外，这场疫情把数百万人推回到贫困线以下。根据格尔的相对剥夺感理论，重新陷入贫困可能比继续贫困更令人沮丧，由此引发了广泛的不满。

（3）政治影响

对于很多发展中国家甚至是西方国家来说，疫情很可能以各种方式挑起政治的不稳定。历史经验表明，对灾难事件的应对乏力必然会侵蚀对政府领导和机构的信任。一方面，政府在疫情中应对公共安全危机及其引发的系列经济、社会危机不力，直接冲击了政府的权威乃至合法性。更棘手的问题在于，各国政府不得不在严厉的疫情管控措施与恢复社会经济流动之间保持微妙的平衡，但是公共卫生安全与经济恢复发展之间的矛盾仍尖锐对立。对于许多中小国家而言，抗疫物资和疫苗的短缺，以及经济发展停滞，严重制约甚至削弱了政府的威信。另一方面，疫情期间政府管控措施与公民自由之间的矛盾，推动了阴谋论的滋生。阴谋论认为，疫情是一个政治阴谋，旨在破坏自由，监禁政府的反对者，或者通过在任何疫苗中插入微型电子追踪芯片来实施暴政，这种阴谋论在美国及欧洲国家狂热的政治气氛中不断泛滥。

联合国的相关报告指出，在许多存在反政府、反建制运动的国家，

① 国际货币基金组织：《全球经济展望》，2022年1月，https：//www.imf.org/en/Publications/WEO/Issues/2022/01/25/world－economic－outlook－update－january－2022.

包括那些受极右翼意识形态驱动的国家，反封锁的暴力抗议事件越来越多。暴力极端分子正在极力利用这种社会排斥感和疫情期间日益增长的不满情绪。①

（4）心理影响

专家指出，疫情的短期心理影响包括“特定的和无法控制的恐惧”、焦虑、沮丧、无聊和普遍的孤独感。② 从中长期来看，疫情在宏观层面的经济、社会、政治和文化后果可能会产生或强化一系列负面的心理状态，包括内部导向的情绪（如恐惧），甚至更多的外部导向的情绪（如蔑视、愤怒、怨恨和仇恨）。③有许多迹象表明，高度的不确定性、实际或感知的个人损失、挫折感以及恐惧都可能与疫情及其后果有关。疫情还激发了世界末日的思维，并可能促成虚无主义和鲁莽的行为。这反过来又会促使道德的侵蚀和对法律尊重的下降。这可能使更多的人更容易受到极端主义言论的影响。

总体而言，此次新冠疫情正在暴露或恶化许多西方及发展中国家的既有问题——治理不善、社会分裂、偏见、不平等、腐败等。同时，原本存在的社会和政治裂痕也可能加剧。在疫情及危害的责难框架中，“外来者”受到指责，并可能成为民众愤怒的目标。从负面的角度来看，疫情可能造成大量的生命损失、社会和经济混乱，留下了无序、绝望和歧视的隐患。如果不能进行有效预防，疫情后的环境可能更容易导致暴力，其中一部分可以归类为恐怖主义。

实际上，暴力极端主义和恐怖主义的极端化进程往往是一个复杂的、多因素的、非线性的过程。研究表明，宏观层面（社会）的疫情对中观层面的极端主义团体和组织以及微观层面的个人都会产生相关的直接或间接影响。这些中观层面和微观层面的动态反过来又能极大地影响宏观

---

① “The Impact of the COVID - 19 Pandemic on Terrorism, Counter - Terrorism and Countering Violent Extremism,” Security Council Counter - Terrorism Committee Executive Directorate (CTED), 2020—2021.

② Serafini, G., et al., “The Psychological Impact of COVID - 19 on the Mental Health in the General Population,” *QJM: An International Journal of Medicine*, Vol. 113, No. 8, 2020, pp. 531 - 537.

③ Van den Bos K., “Unfairness and Radicalization,” *Annual Review of Psychology*. Vol. 71, No. 1, 2020, pp. 563 - 588.

层面的发展，尤其是在暴力极端主义和恐怖主义的集体现象方面。① （见图 1）

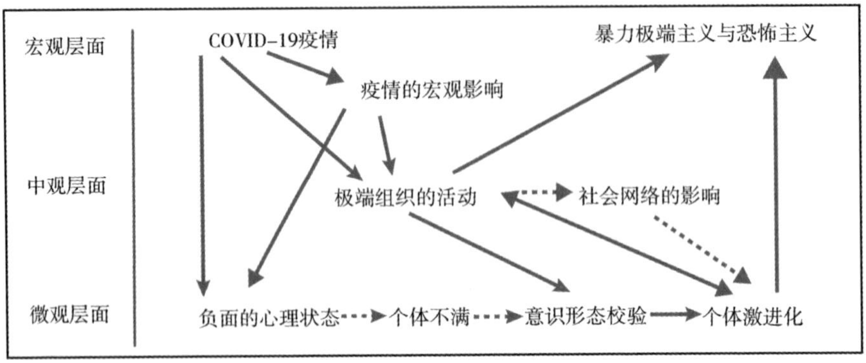

图 1　COVID-19 在宏观、中观和微观层面对暴力极端主义和恐怖主义的影响

资料来源：Francesco Marone, "Hate in the Time of Coronavirus: Exploring the Impact of the COVID-19 Pandemic on Violent Extremism and Terrorism in the West," *Security Journal*, 2021, Vol. 35, 2022, pp. 205-225.

当然，上述宏观、中观和微观三个层面的影响机制，仅为我们理解新冠疫情对暴力极端主义和恐怖主义的影响提供了一个粗略的框架。在现实中，相关的影响机制可能更为复杂，随着疫情仍在肆虐、病毒在不断突变，这种影响也更具长期性和变异性。

此外，新冠疫情对国际安全的影响并不仅限于暴力极端主义和恐怖主义，它对国际关系及国家内部的群体关系也造成了重大的冲击。前者主要表现为疫情下西方排外性民族主义的滋长，个别国家以病毒污名化、疫情政治化的方式转嫁国内疫情危机，严重影响了国家间的互信及国际合作的抗疫工作；后者主要表现为疫情引燃了部分国家内部的民族矛盾，甚至导致了严重的民族冲突和内战。此次疫情导致的系统性危机，正在不断成为矛盾和冲突的放大器和引燃剂，特别是对民族关系高度紧张的

---

① Francesco Marone, "Hate in the Time of Coronavirus: Exploring the Impact of the COVID-19 Pandemic on Violent Extremism and Terrorism in the West," *Security Journal*, 2021, Vol. 35, 2022, pp. 205-225.

国家来说，民族冲突的风险在不断加大。

总体而言，新冠疫情作为公共卫生安全的非传统安全，它已迅速传递到暴力极端主义、恐怖主义、排外民族主义等其他非传统安全领域。为研判后疫情时代的国际安全形势，本书重点从非传统安全领域的视角来把握疫情以来相关威胁形势的变迁：

第一章，主要从框架建构和动员的角度分析暴力极端主义对新冠疫情的利用。显然，疫情导致的重大社会、心理、政治及安全影响为暴力极端主义推进极端化、鼓动暴力提供了重要的机会结构。然而，伊斯兰极端主义和右翼极端主义对这一机会结构的把握存在差异。

第二章，重点分析新冠疫情下西方右翼极端主义的发展。这一路径呈现出从右翼民粹主义到右翼极端主义，再到极右翼恐怖主义的鲜明理路。疫情中，右翼民粹主义逐步成为部分西方国家的政治底色，但是右翼极端主义最终可能反噬西方的政治并危及其国家安全。

第三章，主要分析疫情下国际恐怖主义的发展态势。总体而言，以“伊斯兰国”和“基地”组织为首的国际恐怖主义势力并未受到疫情的直接冲击，反而利用疫情带来的机会迅速在南亚地区和非洲扩张。特别是非洲恐怖主义的快速发展，将奠定后疫情时代国际恐怖主义的基本格局。

第四章，主要以美国为例，分析疫情下美国排外性民族主义的发展。沿袭国内民粹主义的对抗路径，在疫情中美国民族主义通过问题归因和排他性建构，实现了民粹主义与民族主义的联结，发展为民粹—民族主义。这一排外性民族主义在疫情政治化的过程中鲜明地体现出来。

第五章，以埃塞俄比亚提格雷冲突为案例，重点研究新冠疫情对民族冲突恶化内战的影响和刺激。本章以制度主义为视角，分析了疫情对累积的民族矛盾和权力恶性竞争的催化作用。由于新冠疫情及其造成的各类危机频发，许多国家的政治稳定及安全将面临重大的威胁。

当然，国际安全作为一个高度多元化、互动频繁的领域，本书的研究仅是一孔之见。要全面透视和把握后疫情时代的国际安全形势，仍需要以总体国家安全观为指导，详尽分析各类安全态势的变迁。所以，本书也只能是抛砖引玉，期待学界作更专业、更系统的研究。

2022 年 2 月俄乌危机的突然爆发，实质上已重塑了后冷战、后疫情时代的国际安全格局。如何把握俄乌危机影响下国际安全形势的剧变，已经成为我们急需研究的重大命题。虽然目前俄乌危机仍以传统安全威胁为主要形态，但是已迅速传导至能源安全、粮食安全等诸多非传统安全领域。更为严峻的挑战在于，俄乌危机与疫情下累积的各类安全危机相叠加，必然成为世界和平与发展的重大威胁。所以，希望本书能成为俄乌危机下国际安全研究的起点。

第一章

新冠疫情与极端主义的
框架建构

第一节　新冠疫情与暴力极端主义框架建构

新冠疫情导致全球公共卫生危机的同时，伊斯兰极端主义、右翼极端主义均在利用因疫情危机而产生的分歧、局部冲突、治理失灵和民众不满等来推进激进化和煽动暴力袭击。对此，可以采用社会运动理论中的框架模式，研究暴力极端主义对新冠疫情的认知、框架建构问题，包括如何以共识动员推进激进化，同时以行动动员鼓动恐怖袭击。从框架建构的成效研判来看，虽然疫情期间暴力极端主义的恐怖活动受到一定限制，但是从框架共鸣度、安全和治理真空的扩大，特别是中长期国家的合法性危机来看，暴力极端主义的疫情框架建构值得关注。

引　言

新冠疫情可以说是自第二次世界大战以来世界面临的最大危机，[①] 而且可能对国际安全产生难以估量的严重冲击。除了直接导致全球公共卫生危机外，此次疫情也对暴力极端主义、恐怖主义等非传统安全领域造

---

① 危机是指一个国家的人口或基本价值构成严重威胁，并迫使其在时间压力和不确定性下作出政治反应的情况。威胁、紧迫性和不确定性是危机的三大特征。很明显，新冠疫情属于危机的范畴。详见 Phillip Y. Lipscy, "COVID－19 and the Politics of Crisis," *International Organization*, Vol. 74, Supplement 2020, pp. 1－30。

成间接的影响。

作为非对称对手的本性，极端恐怖分子往往具备明显的适应能力，并极力利用他们所感知的任何脆弱性。事实上，暴力极端主义和恐怖势力正极力把握疫情制造的机会结构。2020 年 7 月 6 日至 10 日，第二届联合国反恐周在线上举行，主题为“全球疫情环境中的反恐战略和实际挑战”。联合国秘书长古特雷斯指出，疫情下全球反恐工作面临更多的挑战，“基地”组织、“伊斯兰国”及白人至上主义者和仇恨团体等，都在利用因疫情危机而产生的分歧、局部冲突、治理失灵和民众不满等来推进其目标。疫情也凸显出人们在滥用数字技术、网络攻击和生物恐怖主义等新形式的恐怖主义面前的脆弱性。①

然而在现有文献中，关于灾难与恐怖主义、极端主义关系的实证研究并不丰富，大多聚焦于 2004 年印度洋海啸与当地恐怖主义关系的案例。② 在经验研究方面，贝雷比（Berrebi）和奥斯特瓦尔德（Ostwald）对灾难和恐怖主义之间的关系进行了评估。通过对 1970—2007 年 167 个国家内部恐怖主义、自然灾害、经济、人口等变量的考察，该研究发现，灾难与随后恐怖事件的频率及烈度存在正相关的关系。而且自然灾害与恐怖主义之间的关联性与国家的经济发展水平有密切的相关性，特别是较为贫穷、人均 GDP 较低的国家。③

因其固有的和持续的不确定性，研究人员将 COVID - 19 描述为“错误信息传播的完美风暴”。④ 为分析新冠疫情对激进化和恐怖主义的结构性影响，考虑到意识与行为的关联与综合，本节以暴力极端主义为研究

---

① 《联合国反恐周开幕：古特雷斯提出指导未来反恐工作的五大领域》，联合国新闻，2020 - 07 - 06，https：//news. un. org/zh/story/2020/07/1061401.

② P. Bauman, M. Ayalew and G. Paul, “Beyond Disaster：A Comparative Analysis of Tsunami Interventions in Sri Lanka and Indonesia/Aceh,” *Journal of Peacebuilding & Development*, Vol. 3, No. 3, 2007, pp. 6 - 21；Mcdowall, Siriporn, and Y. Wang, “An Analysis of International Tourism Development in Thailand：1994—2007,” *Asia Pacific Journal of Tourism Research*, Vol. 14, No. 4, 2009, pp. 351 - 370.

③ Claude Berrebi, Jordan Ostwald, “Earthquakes, Hurricanes, and Terrorism：do Natural Disasters Incite Terror?” *Public Choice*, Vol. 149, No. 3 - 4, 2011, pp. 383 - 403.

④ Starbird Kate “How to Cope with an Infodemic,” Brookings, April 2020, https：//www. brookings. edu/techstream/how - to - cope - with - an - infodemic/.

对象，主要包括伊斯兰极端主义和右翼极端主义两种类型。理论方面主要采用社会运动理论中的框架模式。框架通过聚焦、连接和转变等功能引导参与者的认知和行动，因而社会运动过程的同时也是一个框架建构过程；框架建构是一个行动导向的、斗争性的动态过程。以此为基础，本节将重点研究暴力极端主义对新冠疫情的认知、框架建构问题，包括如何以共识动员推进激进化，同时以行动动员鼓动恐怖袭击。

总体而言，在对 COVID－19 认知和叙事方面，伊斯兰极端主义侧重于宗教归因，即病毒源于真主的愤怒和惩戒；右翼极端主义强调阴谋论，即针对白人社会的阴谋。同时，两者都对疫情采取了煽动主义和实用主义的态度。伊斯兰极端主义者聚焦于疫情导致的安全真空和政府的脆弱性，趁机实现复苏或扩大势力范围；右翼极端主义者则煽动对少数群体的仇恨，宣称要加速现有制度的灭亡。然而，在新冠疫情影响下，各类极端主义势力的框架建构、叙事主题及行动有哪些异同，体现出激进化与恐怖主义发展的哪些趋势？这些问题有待深入分析。

一　诊断式框架与极端主义的叙事

自 2020 年 3 月以后，“伊斯兰国”的阿拉伯语周刊 *Al－Naba* 已发表了多篇关于 COVID－19 的文章或专题报道。从这些文章和报道中，我们可以了解该组织关于新冠疫情的认知，以及它如何以一种满足自身需求并推进自身目标的方式来构建这一框架。总体上，“伊斯兰国”的框架包括三个关键叙事：构建话语——疫情的伊斯兰化；“哈里发”信徒的人性化与西方的妖魔化；利用危机实施“伊斯兰国”战略。[①] 其他伊斯兰极端组织和右翼极端组织也在建构诊断性框架，但在问题归因等方面存在明显差异。

（一）天谴论

在框架谋划（又称框架规整）过程中，框架渲染是对既有价值和信念的美化、润饰、显化和激发。文化面向越来越成为框架渲染过程中的

---

① Sigal Maor－Hirsh, “ISIS in the Age of COVID－19: From Islamizing the Pandemic to Implementing the Jihadist Strategy,” ICT, April 2020, http: //www. ict. org. il/images/ISIS% 20During% 20Corona% 205. 0. pdf.

重要特征，即社会运动在框架谋划中着重使用符号、语言、身份等文化要素并凸显其价值理念。围绕突如其来的大规模新冠疫情，暴力极端主义在框架谋划的过程中，首先选取了支持者所熟悉的宗教、文化元素进行框架渲染。在以宗教式话语对病毒和疫情进行解读、区分“敌我”的同时，以天谴论作为认同政治和占领道德优势的叙事手段。

1. “伊斯兰国”

在认知和宣传层面，“伊斯兰国”首先对新冠病毒采取了伊斯兰化的策略，即以宗教话语对其进行解读，确定自身的道德优势以及对敌人的贬损。它的出版物 *Al – Naba* 将新冠病毒描述为“真主的惩戒”或“真主的战士”。

该组织 *Al – Naba* 第 220 期上发表了首篇关于 COVID – 19 的文章，题为“确实，真主的复仇是严重的”（引自《古兰经》85：12），并暗示这种疫情是真主对任何违背先知及其教义解释者的惩罚。[①] 在 *Al – Naba* 第 224 期，“伊斯兰国”发表了一篇题为“十字军最可怕的噩梦”的评论，要求其成员和支持者应利用其对手当前的弱点，毫不留情地发动越狱和袭击行动。[②]“伊斯兰国”发言人阿布·哈姆扎·古拉希（Abu Hamza al – Qurashi）在 2020 年 5 月 28 日发表题为“不信教者将知道最终的居所/家园属于谁”（引自《古兰经》13：42）的音频声明，再次重申新冠病毒为真主的惩戒。该声明认为，由于新冠病毒，“十字军战士”目前正在遭受“伊斯兰国”战士制造的种种苦难，例如他们的尸体被“扔到街上”、生活在强制实行的宵禁之下。[③]

2. “基地”组织

与“伊斯兰国”类似，在认知和叙事层面，“基地”组织也将 COVID – 19 定义为“真主的惩戒”，但它对病毒的回应稍显“温和”，认为应

---

① 具有讽刺意味的是，将病毒描述为真主的愤怒，否定了另一种阴谋论，即这种病毒是有意设计用以生物战的——IS 在其 *Al – Naba* 第 227 期的社论中驳斥了这种观点。

② Mohamed Mokhtar Qandil, “Terrorism and Coronavirus: Hyperbole, Idealism, and Ignorance,” April 2020, https://www.washingtoninstitute.org/fikraforum/view/terrorism – extremism – coronavirus – ISIS – al – qaeda – resurgence – covid – 19.

③ Aymann Jawad Al Tamimi, “New Speech by the Islamic State's Official Spokes – man: Translation and Analysis,” June 2020, http://www.aymennjawad.org/2020/06/new – speech – by – the – islamic – state – official.

对疫情唯有皈依和忏悔。“基地”组织发表了一份名为《前进之路：关于冠状病毒疫情的一句忠告》的声明。该声明长达六页，主要针对的是西方读者。声明称 COVID－19 为真主的“隐形战士”，已对美国经济实施沉重打击，新冠疫情“暴露了美国主导下全球经济的脆弱性”，呼吁西方大众接受邀请，皈依伊斯兰教。[①]

当然，面对新冠疫情，“基地”组织分支机构的应对策略更具实用主义的色彩。叙利亚的逊尼派极端组织“沙姆解放组织”（Hayat Tahrir al Sham，HTS）指示其追随者不要让病毒分散他们对付什叶派等敌人的斗争。该组织将此病毒称为“暂时流行病”，与“已经破坏了人民的宗教信仰及其尘世生活的”什叶派相比，这种病毒显得苍白无力。

（二）阴谋论（Conspiracies）

在右翼极端主义对 COVID－19 诊断式框架的建构中，阴谋论逐步成为叙事的重点。在右翼极端主义的圈子里，人们对新冠病毒进行了阴谋化的解读，在制造恐慌、排外情绪的同时，极力在社会内传播右翼的意识形态和塑造对立。英国反极端主义委员会主席萨拉·汗（Sara Khan）指出，阴谋论已成为新冠疫情下极端主义团体的明确策略之一，他们将阴谋论作为“诱饵”来获取支持、推动激进化，并试图使极端主义叙事常规化。[②]

右翼极端主义关于新冠病毒阴谋论的叙事五花八门。例如，新冠病毒是大公司或反西方国家开发的一种生物武器，目的是强制接种疫苗以奴役人类；病毒通过 5G 技术传播；疫情被精心策划以操纵美国的政治等。与此同时，在右翼极端主义的阴谋论叙事框架中，呈现出越来越浓厚的政治化趋势。在西方社会中广为流行的 QAnon [③]支持者断言，比尔·盖茨、索罗斯、大型制药公司等行为体制造了新冠病毒，而在全社

---

① Thomas Joscelyn, “How Jihadists Are Reacting to the Coronavirus Pandemic,” April 2020, https://www.fdd.org/analysis/2020/04/06/howjihadists－are－reacting－to－the－coronaviruspandemic/?mc_cid=a68c70e9a5&mc_eid=ba816b4660.

② Lizzie Dearden, “Coronavirus Conspiracy Theories must be Taken Seriously to Avoid ‘Serious Consequences’, Extremism Chief Warns,” *The Independent*, 2020－05－23.

③ 美国著名的阴谋论团体，主要在互联网络中散布政治主题的阴谋论。

会严格的防疫措施则是“深层政府”（Deep State）[①] 的阴谋。还有观点认为，新冠疫情的应对举措甚至病毒本身，只不过是政府专权或向精英输送利益的手段。

关于新冠病毒的阴谋论在互联网特别是社交媒体上持续泛滥。据统计，仅仅在2020年上半年的数月内相关主题在Twitter上增长了750%，在Instagram上增长了815%，在Facebook上增长了694%。[②] 右翼极端主义借病毒阴谋论的叙事，不断将少数族裔特别是亚裔群体污名化，而特朗普等政治领导人利用病毒对外国的无端指责无疑增强了这一趋势。

同时，在右翼极端主义对于阴谋论的框架建构中，由于网络信息传播的特性，越来越体现出受众的参与性。这种参与性源自互联网中的“众包”（crowd－sourcing）效应（或曰“群智”效应），即阴谋论追随者通过提供补充、扩展或本土化叙事的信息，自己塑造给定的理论。这种效应在QAnon上表现得尤为突出，其追随者依赖自己来解释和采取行动，而不是在运动背后的匿名用户（仅称为Q）的明确指示下进行。在“自己做研究”格言中，QAnon常常以精心制作的证据来论证自身的主张，在此过程中，他们往往自我认同为调查者或阴谋论研究者。

美国联邦调查局承认，包括QAnon等反政府、基于身份或边缘化的政治阴谋，对激发犯罪或暴力活动的影响日益增大。[③] 所以，关于新冠病毒的阴谋论也在危及西方社会内部的安全和稳定。2020年4月初，火车工程师爱德华多·莫雷诺故意使一列火车脱轨，试图使它撞上停靠在洛杉矶港口的美国海军医院船美慈号（Mercy），就证明了这一点。莫雷诺声称，他希望引起人们对COVID－19相关阴谋的关注，即美慈号将COV-

---

① 深层政府是指非经民选的，由军队、警察、政治团体等所组成，为保护其利益而秘密控制国家的集团。

② Milo Comerford, Jacob Davey, “Comparing Jihadist and Far－Right Extremist Narratives on COVID－19,” April 2020, https://gnet－research.org/2020/04/27/comparing－jihadist－and－far－right－extremist－narratives－on－covid－19/.

③ Jana Winter, “Exclusive: FBI Document Warns Conspiracy Theories Are a New Domestic Terrorism Threat,” August 2019, https://news.yahoo.com/fbi－documents－conspiracy－theories－terrorism－160000507.html.

ID－19 受害者带到古巴的关塔那摩湾。①

(三) 诊断式框架建构与转换的异同

各类极端主义势力对新冠疫情的诊断式框架建构虽然在动机上相似，但在责任归因、应对策略等方面仍有明显的差异。当然，它们在框架转换中又体现出高度的灵活性。

1. 框架建构机制

如前所述，面对新冠疫情，“伊斯兰国”的诊断式框架主要包括：构建话语——疫情的伊斯兰化；哈里发信徒的人性化与西方的妖魔化；利用危机实施“伊斯兰国”战略。与之类似，右翼极端主义疫情叙事的主题包括：(1) 确定要归咎的群体；(2) 反对政府的合法性；(3) 鼓励、动员—煽动暴力—反对外部团体。

尽管不同极端主义运动的世界观存在着深刻的差异，并且这些运动内部也有着明显的意识形态分歧，但这些运动的核心是危机下的认同建构和激进化。右翼极端分子和伊斯兰极端主义者在利用新型冠状病毒方面的图示机制和叙事框架上具有相似之处——病毒被赋予诊断式的功能解释：先前存在的敌人形象得到加强，虚假信息和阴谋论得到传播；在此基础上，根据这两种极端主义的世界观，这种病毒具有“积极”的性质，即右翼和激进的伊斯兰团体都认为这种疾病的影响至少部分有助于他们的事业。同时，这两类团体也利用病毒在他们的敌人中间制造恐惧。这种基于认同政治、错误归因的诊断式框架，无论采取哪种方式，都将成为极端组织推进激进化、鼓动暴力恐怖袭击的工具，并为其对立、仇恨的叙事辩护。

2. 框架转换

从框架言说的角度来看，恐怖组织通过调整其叙事框架，② 把对疫情的叙事不断从天谴论转移到机会论。而右翼组织则在凸显阴谋论，煽动

① US Department of Justice, “Train Operator at Port of Los Angeles Charged with Derailing Locomotive Near U. S. Navy’s Hospital Ship Mercy,” PRN 20－064, https: //www. justice. gov/usao－cdca/pr/train－operator－port－los－angeles－charged－derailing－locomotive－near－us－navy－s－hospital.

② 在某种程度上这也可以视为框架转型，当社会运动组织提出的方案、价值、信念等不能引起共鸣或没有吸引力的时候，需要寻求和培育新的价值和信念，重新进行架构活动。

反政府、反移民的情绪，从而有利于自身的政治认同。

客观来说，在疫情蔓延的第一阶段，伊斯兰极端主义的天谴论框架并未实现充分的动员效果，置身于“局外人”而非“受害者”的定位、使用“真主惩罚”等边缘价值作为动员框架，难以快速让受众理解、接受及形成共鸣，更难以促进激进化及恐怖行动。基于框架转换的视角，“伊斯兰国”的出版物逐步调整对新冠病毒的传播和由此产生的事态发展的框架，强化 COVID－19 作为“十字军的梦魇”的叙事。该组织宣称，由于在疫情蔓延的过程中，为打击“伊斯兰国”而成立的联盟和国际安全体系已退缩，该组织必须从这一形势中获取最大收益。“伊斯兰国”呼吁支持者利用西方社会处于弱势的这一时刻，并利用政府的分心以及军事、安全和医疗资源及人员的重新部署来发动攻击。与之类似，世界各地的伊斯兰极端势力也将新冠疫情视为地缘政治机会，“沙姆解放组织”甚至提出了“政治和经济崩溃”及国际体系瓦解的可能性。

右翼极端主义团体也同样机会性地对新冠疫情做出了反应，其叙事框架是围绕着利用既有的偏见来阐释危机。在它的叙事中，少数群体成为病毒传播的替罪羊，反政府言论得到强化，以表明政府利用这种疫情作为侵犯公民自由的机会。在疫情的初期阶段，右翼极端主义者或民粹主义者甚至“欢迎”新型冠状病毒的后果，错误地宣称它将对妇女和外国人发动致命攻击。新冠疫情被认为是迈向第三次世界大战的第一步，他们幻想这种病毒可能被用来专门杀死“非白人”犹太人、警察或其他执法机构成员。随着疫情的扩散，与伊斯兰极端分子类似，右翼极端主义也在调适自身的叙事，特别是将病毒用作攻击少数群体的工具。

二　促发式框架建构与极端主义暴力动员

促发式框架建构重点强调问题的严重性、任务的紧迫性、行动的有效性和道德的适当性。与之类似，极端主义社会认同理论认为，极端主义意识形态根植于危机解决方案的构造中——因为个体所属的“内群体”正面临着生存危机，因此必须采取激进、至上主义（supremacist）和暴力的解决方案。因此，伊斯兰极端主义和右翼极端主义都趁机利用正在肆虐的疫情来推进其运动和意识形态，并利用 COVID－19 作为“分化议题”（wedge issue）的建构框架，针对“外群体”进行归因并呼吁极端暴力。[①] 新冠疫情和安全、治理真空的结合，成为暴力极端主义建构促发式框架、鼓动把握机会采取行动的基础。

（一）利用安全真空

以新冠疫情下的中东局势为例，伊拉克等国近年出现的双重安全真空已成为“伊斯兰国”复苏的重要契机。一方面，伊拉克安全部队的重心一度被迫转向抗疫工作，同时疫情的肆虐分散了原本羸弱的伊拉克政府的资源和注意力。另一方面，因为疫情和本地冲突的激化，[②] 外国军队大大减少了基地、教官的数量及空中侦察次数，逐步撤离伊拉克。伊拉克政府及军队在疫情和外部支援减少的双重压力下，打击“伊斯兰国”的意愿和能力均受到不同程度的削弱。这种双重安全真空的出现，对复苏中的“伊斯兰国”组织是一个极大的鼓舞。

在 *Al－Naba* 第 226 期发布的声明中，“伊斯兰国”明确叫嚣，鉴于服从安拉是唯一可以阻止他愤怒的方式，现在必须进行“圣战”。以安拉的名义进行“圣战”、杀害敌人是其成员所肩负的责任。[③] “伊斯兰国”实质上将新冠疫情导致的全球危机视作机会之窗：恐惧蔓延，相关国家没有做好充分准备——既然疫情是由安拉创造的，因此必须信任安拉，执行“圣战”的指令比任何时候都要紧迫和重要。

1. 越狱行动

为了补充人力资源，“伊斯兰国”极力鼓动其成员和支持者突袭监狱，将其支持者从伊拉克和叙利亚的监狱和拘留营中释放出来。通过大肆渲染叙利亚监狱及难民营中穆斯林的悲惨境遇，“伊斯兰国”指明作为施害者的西方应对侵犯穆斯林人权的行为负责。同样，强调被关押在叙

---

① Milo Comerford, Jacob Davey, “Comparing Jihadist and Far－Right Extremist Narratives on COVID－19,” April 2020, https://gnet－research.org/2020/04/27/comparing－jihadist－and－far－right－extremist－narratives－on－covid－19/.

② 在 2020 年 1 月初卡西姆·索莱曼尼将军被杀后，美国与伊朗支持的什叶派民兵发动了针锋相对的火箭袭击，此后美国逐步减少了在伊拉克的军事存在。

③ Aymann Jawad Al Tamimi, “Coronavirus and Official Islamic State Output: An Analysis,” April 2020, http://www.aymennjawad.org/24046/coronavirus－and－official－islamic－state－output.

利亚北部的“伊斯兰国”成员的苦难，目的是向支持者表明，该组织没有忘记这些人的命运；同时，该组织将自身塑造为穆斯林的代表，强调西方侵略战争的“真正受害者”一直是穆斯林逊尼派，而不仅仅是“伊斯兰国”。

在 *Al – Naba* 2020 年 3 月 19 日发布的时事通讯中，“伊斯兰国”鼓励其追随者“利用新冠疫情解救‘穆斯林囚犯’”，包括其在叙利亚监狱和拘留营的成员。针对在伊拉克（摩苏尔）、叙利亚（巴古兹）和利比亚（苏尔特）等地被关押的数千名“伊斯兰国”武装分子，利用新冠疫情对伊拉克和叙利亚造成的混乱和安全真空，通过越狱行动“解救”武装分子实现人员补充和战略复苏，是“伊斯兰国”在疫情暴发初期最主要的目标之一。

实际上，在“伊斯兰国”的兴起及发展壮大过程中，它最成功的行动之一是 2012—2013 年的“破墙”越狱行动。这一轮越狱行动持续时间长，组织水平高，特别是 2013 年 7 月伊拉克阿布格莱布监狱的越狱事件，使 500 多名囚犯得以逃脱。目前，叙利亚北部关押“伊斯兰国”囚犯的监狱由库尔德民兵组织“叙利亚民主力量”管理。但是由于过度拥挤和人手不足，“叙利亚民主力量”称这些监狱为定时炸弹。据伊拉克情报机构称，“伊斯兰国”一直在策划代号为“打破藩篱”的越狱行动。这种类似于“破墙”的大规模越狱行动可以为“伊斯兰国”在伊拉克和叙利亚的复兴铺平道路。①

2020 年 3 月 30 日，叙利亚东北部的格韦兰（Gweran）监狱发生了一场大规模骚乱，其间十余名“伊斯兰国”囚犯趁乱逃脱。2020 年 5 月初，“伊斯兰国”武装分子在叙利亚东北部的哈赛克（Hassakeh）监狱制造了骚乱，甚至一度占领了该监狱。2020 年 8 月 2 日，“伊斯兰国呼罗珊省”对阿富汗楠格恰尔省监狱发动袭击，造成数十人死亡，大量囚犯越狱。该监狱关押着约 1500 名囚犯，其中包括约 300 名“伊斯兰国”恐怖分子。

---

① Aviva Guttmann, “Islamic State Could Be about to Hit Back – and the World Is Paying Little Attention,” May 2020, https://theconversation.com/islamic – state – could – be – about – to – hit – back – and – the – world – is – paying – little – attention – 136340.

2. 行动动员

“伊斯兰国”的直接行动目标在于，利用伊拉克日益衰弱的反“伊斯兰国”联盟，重新夺回在伊拉克失去的“势力范围”。可以看到，自2020年以来“伊斯兰国”所谓的“圣战”正在卷土重来——他们不再以直接控制伊拉克和叙利亚的固定领土为目标，而是发动更“积极”的袭击行动配合促发式框架，鼓动更多的同情者和支持者加入。据统计，伊拉克和叙利亚境内的“伊斯兰国”武装人员总数超过1万人。其突击队主要在伊拉克西部和北部的逊尼派省份、叙利亚东部以及叙伊边境地带活动，利用疫情和伊拉克政治动荡造成的安全漏洞，重新在农村发动长期叛乱，以及在巴格达和其他大城市发动零星行动。2020年初至5月，“伊斯兰国”已制造超过430起袭击事件；仅2020年4月，“伊斯兰国”在伊拉克就实施了110起袭击，这是2020年1月份的两倍，[①] 也是自2019年12月以来最高的事件纪录。[②] 在叙利亚，“伊斯兰国”在幼发拉底河以东的地区开展了攻击行动，并在中部沙漠地区巴迪亚开辟了活动营地。

自2017年被击溃以来，“伊斯兰国”一直在缓慢地重建它在伊拉克和叙利亚的网络。它似乎也试图证明，与世界上大多数其他恐怖组织和叛乱组织不同，尽管新冠病毒对其行动施加了种种限制，但该组织仍然有能力采取协同行动。从某种意义上说，“伊斯兰国”意识到这是一个值得炫耀的机会，也是一个展示自身能力的机会，证明它可以在严峻的地形和城市地区行动，直接挑战伊拉克的安全部队。直到2020年末，虽然“哈里发国”的实体瓦解，但“伊斯兰国”继续在伊拉克和叙利亚重建其网络，保持稳定的攻击行动节奏，并以充足的资金持续发动一系列低水平的破坏、伏击和恐怖主义行动，为可预见的未来做准备。所以说，“伊斯兰国”正在以自身的行动作为促发式框架，通过彰显自身的行动能力对支持者进行宣传和鼓动。

---

① 马丁·格伦：《恐怖活动卷土重来》，新华网，2020 - 05 - 14，http：//www. xinhuanet. com/world/2020 - 05/14/c_ 1125984413. htm.

② Lucente Adam, “Islamic State Steps up Attacks in Iraq during Coronavirus Lockdown,” April 2020, https：// www. al - monitor. com/pulse/originals/2020/04/is - attacks - iraq - coronavirus - lock-down. html.

3. 鼓励分支全球行动

随着各国政府被迫将注意力和资源集中在应对 COVID－19 的影响上，“伊斯兰国”迅速呼吁其追随者利用这一局势，这也成为对其分支的“行动指令”。很明显，在这一形势判断和行动动员下，“伊斯兰国”分支在非洲、亚洲乃至欧洲的活动再次抬头。

在非洲，2020 年“伊斯兰国”在西非和萨赫勒地区的分支组织不断加大袭击力度，严重恶化了当地的安全形势。恐怖势力控制着马里和布基纳法索的大片农村地区，他们正在侵入尼日尔的西南部。尤其是在莫桑比克，隶属于“伊斯兰国中部非洲省”（ISCAP）的武装分子在 2020 年发动了多次袭击（包括 2020 年 3 月底对一个战略港口发动的重大袭击），造成 700 多人丧生，另有 20 万人流离失所。“伊斯兰国西非省”等分支组织在乍得湖流域的活动则有增无减。

在南亚地区，“伊斯兰国”的分支机构持续通过袭击活动展现自身的生存能力。2020 年 3 月 25 日，“伊斯兰国呼罗珊省”对阿富汗锡克教庙宇发动袭击，造成 26 人死亡；2020 年 4 月初，“伊斯兰国呼罗珊省”宣称对阿富汗巴格拉姆机场的火箭袭击负责；2020 年 4 月中旬，“伊斯兰国”宣布对马尔代夫发动首次袭击。尽管这次袭击只涉及五艘政府船只的毁坏，但无疑具有重要的象征意义，因为“伊斯兰国”进一步证明了其向新国家扩散的能力。

通过凸显末日叙事，暗示 COVID－19 作为真主的惩戒，东南亚地区的“伊斯兰国”附属组织利用疫情加大了筹款和宣传活动力度。同时，“伊斯兰国”在东南亚的重要分支“阿布沙耶夫”组织也未停止在当地的恐怖活动。在菲律宾，在安全部队追捕哈提卜·哈詹·萨瓦贾安（Hatib Hajan Sawadjaan）① 的过程中，“阿布沙耶夫”组织的武装分子杀害了 11 名菲律宾士兵。2020 年 8 月 24 日，“阿布沙耶夫”组织还在菲南部的霍洛市发动了连环爆炸恐怖袭击，造成至少 17 人死亡。

在欧洲，2020 年法国、英国至少发生了两起“伊斯兰国”煽动的恐怖袭击。让西方社会深感不安的是，德国当局在 2020 年 4 月中旬破获了

---

① 萨瓦贾安是“伊斯兰国”在东南亚分支“阿布沙耶夫”组织的新任首领，其前任为伊斯尼隆·哈皮隆。

一个由四名“伊斯兰国”成员（全部为中亚籍）组成的恐怖小组。在“伊斯兰国”叙利亚领导层的指示下，该小组试图策划对美国在德国的军事设施和人员的袭击。

（二）生物恐怖主义及病毒武器化（Weaponizing COVID－19）

从恐怖主义的角度来看，将病毒作为武器的动机部分是鉴于它可能产生的后果，在很大程度上也基于目标社会脆弱性的研判。恐怖主义的逻辑在于，通过肉体伤害或威胁来制造恐怖，以此作为一种胁迫手段。COVID－19 造成的社会混乱、经济损失和死亡威胁可以说是恐怖主义的完美剧本。也正是在这一逻辑下，虽然新冠疫情中的阴谋论不断泛滥，但并不妨碍生物恐怖主义或将病毒武器化成为右翼极端主义促发式框架的重要内容。

作为报复手段，在疫情暴发的初期，极右翼组织极力鼓动将 COVID－19 用作生物武器以制造恐慌和威胁。例如，他们在社交媒体上敦促受感染的极右翼支持者去当地的犹太教堂，尽可能多地拥抱犹太人；对当地的少数族群、交通系统咳嗽，或者去银行取小面额纸币，污染它们，然后去购物等。对此，美国政府正式将传播该病毒视作恐怖主义行为，已经有两人因为威胁传播病毒而面临恐怖主义罪行的指控。然而，右翼极端分子仍公然在互联网上号召追随者在疫情期间发动袭击，而且冠状病毒实际上已重塑恐怖分子的袭击计划。最为极端的形式是，受“COVID－19 源自犹太人”这一阴谋论的蛊惑，美国密苏里州的新纳粹成员蒂莫西·威尔逊（Timothy Wilson）企图炸毁一家医院而被 FBI 击毙。[①] 这也表明，关于病毒的阴谋论在现实中可以成为促发恐怖袭击的有效框架。

但总体而言，由于恶意传播而可能造成的任何额外感染，在新冠疫情的情况下可能相对微不足道；同时，发动这种攻击的窗口期相对较小，因为疫苗的开发和大规模接种，这种生物恐怖主义的危害已大大减弱。当然，恶意传播新冠病毒必然对公共卫生及防疫措施造成消极的影响。

① Henry Zeffman, “NeoNazi Plot to Blow up Hospital is Foiled by FBI,” March 2020, https://www.thetimes.co.uk/article/neo－nazi－plot－toblow－up－hospital－is－foiled－by－fbi－b7hgcf936.

（三）加速主义与加布洛运动

随着新冠疫情在欧美国家的肆虐并导致严重的感染率及社会失序，西方右翼极端主义长期鼓吹的“加速主义”（accelerationism）再次勃兴，并成为此类运动主要的促发式框架。简单来说，加速主义的意识形态认为，西方政府已无可挽回地被多元文化政策、自由主义和多样性等“堕落”的价值观所毁灭。该运动提倡使用暴力和恐怖主义以加速系统的灭亡，而不是消极地等待“暴力内战”。制造混乱、政治紧张并煽动“种族圣战”，这将唤醒白人群众并最终导致整个系统崩溃。① 以此为促发，加速主义的行动框架直接明了——当前的政治、社会秩序是一种失败，必须通过暴力来加速其灭亡。

受其鼓动，典型如美国的布加洛运动（Boogaloo movement）已发展成为一股强大的右翼极端势力，严重威胁社会秩序与安全。布加洛运动是一个组织松散的极右翼反政府的极端主义运动。运动的追随者通常被称为“布加洛男孩”或“布加洛布瓦”，他们试图通过再次发动内战，以重塑白人统治的美国社会，这一目标被他们称为“布加洛”。

在框架建构和渲染的过程中，布加洛运动发展出一种日渐连贯的叙事方式，其中包括殉道者神话以及频繁紧密的联系网络，在分享暴力文化和内部笑话的同时，策划现实世界中的行动，比如针对警察的暴力袭击或武装集会等。“他们的叙事试图以神话般的对抗来重现美国革命的光荣历史”；同时，“布加洛运动试图将各种对政治和种族的不满群体合并起来，将他们汇集成一个具有技战术能力的反政府暴徒组织。这些暴徒看起来很像美国版的‘伊斯兰国’或‘基地’组织分子。”② 布加洛运动表明，受社交媒体启发的恐怖主义已经从独狼式的威胁行为者演变为一种基于模因的叛乱，它可以在短时间内联合起来并造成重大的威胁。在疫情封锁期间，包括布加洛运动在内的极右翼组织在网络中的支持率大大提高。

---

① Ware Jacob, “Siege: The Atomwaffen Division and Rising Far – Right Terrorism in the United States,” *Terrorism and Political Violence*, Vol. 20, 2019, pp. 417 – 437.

② Alex Goldenberg, Joel Finkelstein and John Farmer, “How the Boogaloo Movement is Turning Memes into Violent Action,” June 2020, https://www.brookings.edu/techstream/how – the – boogaloo – movement – is – turning – memes – into – violent – action/.

随着新冠疫情的暴发，布加洛运动的极端论调一度在社交媒体中迅速传播。在 Twitter、4chan 等社交媒体中，右翼极端主义成功实现了“boogaloo”与新冠疫情之间的框架桥接。据不完全统计，在 2020 年 2—3 月，在 4chan 讨论区宣传“boogaloo”的帖子中，有 26% 与疫情密切相关。① 监测报告显示，截至 2020 年 4 月中旬，Facebook 上有 125 个群组积极支持“boogaloo”想法，其中超过 63% 是在 2 月至 4 月创建的。这些群组成员总数超过 72000 人，而且有一半是新会员，这表明相关势力已成功地利用 COVID－19 吸引了新的追随者。②

（四）伊斯兰极端主义与右翼极端主义促发式框架的差异

在疫情暴发的初期，右翼极端分子一度试图通过生物恐怖主义和暴力叛乱，在新冠疫情中制造混乱。同时，伊斯兰极端、恐怖组织也敦促加强对敌人采取行动。暴力极端主义势力的行动呼吁或者说促发式框架，内在地显示出相关势力内部在组织层面上的协调性和行动共识上的连贯性。当然，两者在疫情下策略选择的不同也反映出两股势力内在的组织化差异。

凯勒·昂（Kyler Ong）和努尔·阿齐玛（Nur Aziemah Azman）研究了疫情期间右翼极端分子和“伊斯兰国”的动员框架，认为两者的差异体现了右翼极端势力和伊斯兰极端主义在利用公共卫生危机时所采取的首选技术、策略和程序。就“伊斯兰国”而言，它具有更加组织化的层次结构，即使它越来越多地授予其分支机构策划与发动攻击的自主权。相比之下，右翼极端势力缺乏“中央”权威或指挥结构，可能导致利益的分散化。这些因素不可避免地在双方极端分子如何、何时以及在何处寻求发动袭击方面形成了不确定性。③

---

① Milo Comerford, Jacob Davey, “Comparing Jihadist and Far－Right Extremist Narratives on COVID－19,” April 2020, https: //gnet－research. org/2020/04/27/comparing－jihadist－and－far－right－extremist－narratives－on－covid－19/.

② Tech Transparency Project, “Extremists are Using Facebook to Organise Civil War Amid Coronavirus,” April 2020, https: //www. techtransparencyproject. org/articles/extremists－are－using－facebook－to－organize－for－civil－war－amid－corOnavirus.

③ Kyler Ong, Nur Aziemah Azman, “Distinguishing Between the Extreme Far－right and Islamic State's (IS) Calls to Exploit COVID－19,” *Counter Terrorist Trends and Analyses*, Vol. 12, No. 3, 2020, pp. 18－21.

1. **行动呼吁的差异**

在促发式框架中，“伊斯兰国”通过媒体宣传持续呼吁“圣战者”对敌人发动进攻。为了激励追随者，通过将自身定位为穆斯林的保护者，以获得更大的吸引力并扩大队伍，“伊斯兰国”呼吁支持者利用 COVID－19 疫情来“解救”“穆斯林囚犯”，特别是目前被拘留在叙利亚的拘留所和难民营中的数千名“伊斯兰国”战斗人员。然而，COVID－19 在欧洲、南亚等重要地区的大规模爆发严重制约了该组织自身的行动，为此，它发布了警告行动人员逃避欧洲的指令，并就如何应对这一疫情提供了指导。所以，“伊斯兰国”在疫情期间的主要行动，仍然是利用伊拉克等国的安全真空，频频发动进攻以求东山再起。

对极右极端分子来说，疫情暴发初期的社会恐慌和混乱为其在网上宣传阴谋论和煽动暴力提供了机会，这也转化为通过 Telegram 等各种加密渠道发动攻击的明确呼吁，无论是通过直接武装暴力，还是将病毒用作生物武器——即鼓励感染者将病毒传播给执法官员和非白人群体，从而使病毒成为武器——都表明极右团体在极端性和排他性上正在践踏文明准则。

2. **组织因素的差异**

除了意识形态方面的根本差异，伊斯兰极端主义与右翼极端主义之间最明显的区别在于组织性的因素。

伊斯兰极端主义行动框架的核心是强有力的组织设计，具体包括：垂直领导和控制机构，行动部门及协调机制，为行动提供指导的意识形态。例如，“伊斯兰国”具有更加等级化的组织结构，它曾经建立了一个“准政府”，对伊拉克和叙利亚的大片领土进行“统治”。相比之下，极右翼在很大程度上是分散的，有着不同的影响中心。这种去中心化或扁平化的组织结构，使独狼式袭击成为右翼极端势力主要的行动方式。此类袭击往往与网络中种族主义、白人至上主义导致的个人自我激进化有关。在疫情的背景下，他们试图自己解决问题，包括把自己变成“武器”，从而为生物恐怖袭击提供便利。

对于右翼极端主义运动而言，除了种族主义、白人至上主义等少数几个获得普遍接受的意识形态目标外，其组织结构由于缺乏中央权威或指挥机构，使右翼支持者无法围绕上级机构制定自身目标、接受战略建议或行动指示。而且右翼极端主义在组织层面的高度分散化和利益多元化，又不可避免地造成内部矛盾和利益分裂。所以说，组织、目标和利益方面的分散，实质上限制了右翼极端主义围绕新冠疫情的促发式框架建构。这种分散和无序，也导致了右翼极端主义的整体行为朝聚众型、宣泄型路径发展。

三　框架建构与行动效果分析

总体而言，对于许多伊斯兰极端主义和右翼极端主义势力来说，新冠疫情已成为证实自身意识形态合理性、促进激进化、鼓动暴力和武装进攻的“天赐良机”。暴力极端主义对这种机会的把握，首先体现在它们的框架建构和推广过程中。所以，自从新冠疫情暴发以来，疫情一直处于暴力极端主义媒体宣传和信息传播的前沿。极端主义团体把传染病的蔓延当作真主（上帝）对敌人的惩罚，他们宣扬种族仇恨、启示录式的阴谋论和末日叙事。除了利用诊断式框架明确疫情的责难者外，暴力极端势力更试图以促发式框架鼓动暴力。以“天谴论”叙事为例，恐怖分子通过把新冠病毒描述为“真主的愤怒”以实现对敌人的污名化。但是，如果他们将它扭曲为“真主的考验”，将促发更多的恐怖威胁。

一般来说，学界倾向于以共鸣度来检验框架建构在动员上的有效性。然而，除了对框架本身的效果进行评估外，我们仍需结合具体场域及行动，考察框架建构对运动总体性的影响。所以，对于新冠疫情下暴力极端主义框架建构的成效，我们可以从激进化、填补安全治理真空、争夺合法性等短期、长期不同的阶段进行评估。

（一）框架共鸣度与激进化

共鸣度是框架建构效果的集中体现，具体包括中心度、经验可信度和感受通约度等八个指标。可以说，在集体行动动员方面，暴力极端主义利用新冠疫情的框架建构较好地引发了部分受众的共鸣，这有利于推进激进化过程。

1. 个体焦虑

除了严重的致命率，新冠疫情对日常生活的破坏、导致的大范围失业及收入锐减，不可避免地影响到个体的现实和精神生活。这可能导致低水平的潜在心理症状，从焦虑增加到轻度妄想，这些症状可能会随着破坏持续时间的增长而恶化，进而导致新的或复发的自我毁灭行为（self - destructive behaviors），例如家庭虐待或滥用药物等。① 在危机时期，人们常常需要调节机制来应对恐惧和焦虑，例如转向宗教寻求慰藉等。但是，这些不确定性和心理挫折使人们更倾向于激进的叙事，这些叙事寻求把各种"他者"作为替罪羊，并承诺简单的解决办法。②有大量证据表明，实际或感知到的个人损失、挫折感和死亡恐惧促进了激进化，所有这些都可能与疫情有关。③

事实上，新冠疫情期间信息（准确或虚假的信息）是在一个充满恐惧和不确定性的环境中传播的。正如在科特迪瓦所看到的，对大流行的恐惧可能导致破坏性的行动——一个在建的卫生中心被抗议者摧毁。根据当地居民的说法，这座建筑建于阿比让的尤普贡地区，被认为距离人们的住所太近。在焦虑加剧的背景下，错误信息传播或分歧性叙事可能会动员一些人采取行动。④也正是在这种气氛中，恐怖组织试图引诱弱势群体，通过利用他们的恐惧、期待和愿望，将他们中的某些个体引入极端主义的叙事中。

2. 社会隔离

在大流行导致普遍性个体焦虑的同时，为遏制病毒传播而采取的社会封锁措施，也会增加激进化的可能性，因为人们在网络及社交媒体中花费更多的时间，以在不确定性中寻找答案，而将自己暴露在极端主义宣传之下。自从新冠疫情暴发以来，Youtube、Facebook、Twitter 等社交媒体中与"世界末日"、"十字军"和"马赫迪"（Mahdi）等概念相关的

---

① Taub Amanda, "A New COVID - 19 Crisis: Domestic Abuse Rises Worldwide," *The New York Times*, 2020 - 04 - 06.

② B. Ambra, L. . Mannetti and A. Kruglanski, "The Closing of Open Minds: Need for Closure Moderates the Impact of Uncertainty Salience on Outgroup Discrimination," *British Journal of Social Psychology*, Vol. 55, No. 2, 2016, pp. 244 - 262.

③ Basit Abdul, "The COVID - 19 Pandemic: An Opportunity for Terrorist Groups?" *Counter Terrorist Trends and Analyses*, Vol. 12, No. 3, 2020, pp. 7 - 12.

④ William Avis, "The COVID - 19 Pandemic and Response on Violent Extremist Recruitment and Radicalization," May 2020, https://reliefweb.int/sites/reliefweb.int/files/resources/808 - COVID19%20 - and - Violent - Extremism.pdf.

极端主义资料激增。例如，Telegram 上与极右意识形态团体有关的加密频道用户大量增加。仅在 2020 年 3 月，一个白人至上主义频道的用户就增加了 800%，而其他类似的右翼意识形态频道增加了 6000 多个用户。[①] 在美国开始实施封锁和社会隔离的措施时，极右内容和在线参与度增加了 13%；在封锁措施实施 10 天之后，参与度增加了 21%。[②]

由于社交活动受限，焦虑的个体可能变得更容易激进化，他们花费更多的时间在社交媒体上与朋友和家人交流，以消费社交媒体上制作的材料，这实质上有利于极端主义叙事框架的扩散。同时，在保持社交距离的同时，与他人的隔离及正常社会交往本身的疏远也意味着，激进化的相关行为难以被外人察觉。

3. 框架共鸣度

有研究考察了“伊斯兰国”的外围支持者在新冠疫情初期的反应，通过具体的内容分析梳理其主题和叙事。研究者从在线平台 Telegram、Twitter 和 Rocket. Chat 上收集并整理了 2020 年 1 月 20 日至 4 月 11 日 442 条“伊斯兰国”在线支持者的数据，确定了 11 个重要主题和叙事，为进一步分析“伊斯兰国”支持者对 COVID－19 的认知建立了一个基本框架。[③] 外围支持者关注议题与“伊斯兰国”“官方”宣传之间的内在联系表明，新冠病毒为“伊斯兰国”提供了一个团结支持者的主题，成为促进极端主义信念的机会，从而有助于巩固“伊斯兰国”的支持基础（见图 1－1）。

---

① Perrigo Billy, “White Supremacist Groups Are Recruiting With Help From Coronavirus—and a Popular Messaging App,” April 2020, https: //time. com/5817665/coronavirus－conspiracy－theories－white－supremacist－groups/.

② Silke Andrew, “COVID－19 and Terrorism: Assessing the Short－and Long－term Impacts,” May 2020, https: //www. poolre. co. uk/wp－content/uploads/2020/05/covid－19－and－terrorsim－report－V1. pdf.

③ Chelsea Daymon, Meili Criezis, “Pandemic Narratives: Pro－Islamic State Media and the Coronavirus,” June 2020, https: //ctc. usma. edu/pandemic－narratives－pro－islamic－state－media－and－the－coronavirus/.

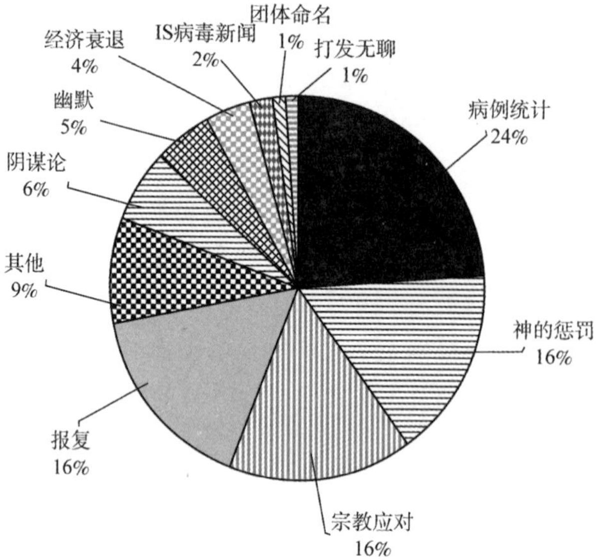

图1-1 “伊斯兰国”支持者关于新冠病毒内容的主题和叙事分类

资料来源：Chelsea Daymon, Meili Criezis, “Pandemic Narratives: Pro-Islamic State Media and the Coronavirus,” CTC, June 2020, https://ctc.usma.edu/pandemic-narratives-pro-islamic-state-media-and-the-coronavirus/.

还有研究通过对六个右翼极端主义运动[①]从2020年2月下旬至4月下旬两个月在开源平台Telegram上发布的言论进行分析，确定了六个“危机框架”：（1）移民：COVID-19的传播是移民穿越漏洞百出的边界引发的；（2）全球化：COVID-19的传播是全球化和多元文化主义的结果；（3）治理：COVID-19的影响是治理不善导致的；（4）自由：COVID-19导致安全化国家的扩张；（5）适应力（Resilience）：极右团体创造了对COVID-19的适应力；（6）阴谋论：COVID-19源自阴谋，当然也有对阴谋理论的普遍反思。[②]该研究表明，伴随着大量传统的关于移民、

① Génération Identitaire; Identitäe Bewegung Deutschland; Hundred Handers; Nordic Resistance Movement; CasaPound Italia; British National Socialist Movement 六个右翼运动。

② Richard McNeil-Willson, “Framing in Times of Crisis: Responses to COVID-19 amongst Far Right Movements and Organisations,” ICCT, June 2020, https://icct.nl/wp-content/uploads/2020/06/Framing-in-times-of-crisis-Responses-to-covid-19-amongst-far-right-movements-and-organisations.pdf.

民族纯洁性和仇外心理的隐喻，极右翼团体正极力散布关于病毒的阴谋论，鼓励暴力、破坏或仇恨等犯罪行为。

（二）行动：安全、治理真空与政府合法性

从暴力极端主义与国家的关系来看，无论是叛乱型、恐怖网络型，还是松散团体型暴力恐怖势力，均与国家（政府）在空间控制、意识形态及合法性等方面存在全面的竞争。在新冠疫情引发的危机下，两者在上述领域的竞争必然发生重大转变。

一方面，随着国家军事和经济资源捉襟见肘——最初用于打击暴力极端主义团体的资金和医疗卫生供应继续被转用于应对疫情，其安全治理的资源和能力必然会受到挑战。这将产生两个相互关联但又各自独立的影响：（1）损害现有的反恐成果；（2）在弱势国家中出现安全、治理真空并被极端主义团体填补。疫情持续的时间越长，各国从疫情和金融衰退中恢复的周期就越长，极端—恐怖组织在萨赫勒、阿富汗、伊拉克、叙利亚和也门等地区和国家增强影响力的机会就越大。

另一方面，作为反现状、反国家的行为体，与结构相对僵化的政府体系相比，暴力极端势力更具适应性和灵活性，更容易适应不断变化的环境，在不利的情况下生存和扩张。国家治理危机的出现，为极端、恐怖势力的意识形态宣传、框架叙事扩展提供了现实土壤，后者将进一步加大对合法性的争夺。暴力极端主义可以针对疫情防控出现的一系列危机，不断调适、丰富自身框架，扩大自身的影响。对反叛势力而言，危机可能成为证明自身治理能力的机会。事实上，国家必须证明其绝对的治理能力，以维护信誉、民众支持和合法性，而反叛势力只需证明相对于政府的相对能力，即可获得同样的结果。

1. 短缺与无力应对

面对新冠疫情，政府的防治能力及其绩效与政治合法性密切相关。极端主义团体的常用话语是，政府要么不能或不愿采取行动，因此不应被视为合法。面对新冠疫情，国家防疫物资和应对能力的缺失，将为暴力极端主义的扩张创造机会，这在非洲的萨赫勒地区尤为明显。

目前，COVID－19 已经传播到萨赫勒地区的许多国家。由于卫生基础设施有限，资源匮乏以及卫生状况不佳，这种疾病正在进一步破坏国家的稳定。原本存在的安全、治理危机加上公共卫生危机，同时导致了

人道主义危机。随着 COVID－19 可能造成进一步的动荡，萨赫勒地区“支持伊斯兰与穆斯林”组织（Jama'a Nusrat ul－Islam wa al－Muslimin，JNIM）、“大撒哈拉伊斯兰国”（Islamic State in the Greater Sahara，ISGS）等团体也有了更多的机会来利用当地的脆弱性，扩大支持以实现其在该地区的目标。①

一方面，COVID－19 加剧了萨赫勒地区安全局势的恶化。“支持伊斯兰和穆斯林”组织、“大撒哈拉伊斯兰国”和其他极端主义团体不断通过利用该地区累积的问题而扩大影响：治理不善、忽视大量地区和群体的诉求、民族间的紧张关系等（通常是由于资源短缺）。另一方面，COVID－19 加剧了萨赫勒地区相关政府的治理危机。暴力极端主义团体已经表现出能够融入当地社区的能力，提供原本无法获得的服务，包括医疗保健和安全保障。在萨赫勒地区，“支持伊斯兰和穆斯林”组织、“大撒哈拉伊斯兰国”等暴力极端团体正在填补当地的治理真空。

2. 不满与不平等

为应对新冠病毒的传播和扩散，许多国家被迫采取了限制社会流动、加强社交距离、关闭学校企业和部分公共空间等措施。在许多右翼极端主义团体看来，政府对社会活动的限制是对公民自由的侵犯，甚至包括佩戴口罩等防疫措施，也被某些群体刻意与阴谋论联系起来。同样，相关社会的限制措施也成为极端势力分裂性叙事的组成部分。“博科圣地”的首领阿布·巴克·谢考（Abu Bakr Shekau）就声称，临时关闭清真寺等政策的实质在于反伊斯兰。② 更为严峻的挑战在于，因疫情防控措施导致的企业停产、失业和收入锐减等现实经济问题，引发了相关群体的强烈不满。公共卫生危机与社会经济停滞所引发的共振，都在加剧相关群体的不满，从而引发对政策有效性的质疑。

---

① William Avis, “The COVID－19 Pandemic and Response on Violent Extremist Recruitment and Radicalisation,” May 2020, https://reliefweb.int/sites/reliefweb.int/files/resources/808－COVID19%20－and－Violent－Extremism.pdf.

② U. Okpara, “How the COVID－19 Pandemic may Hinder Efforts to Address Shocks from Climate Change and Violent Extremism in Lake Chad,” April 2020, https://www.nri.org/latest/news/2020/how－the－covid－19－pandemic－may－hinder－efforts－to－address－shocks－from－climate－change－and－violent－extremism－in－lake－chad.

同时，在许多国家中由于抗疫物资、公共医疗服务的短缺，加上疫情对国家经济的冲击，都可能会大大加深社会中的不平等和分化。同样，因为病毒传播与扩散的突发性以及各地防控力度的差异，不同群体可能在感染率、住院率和死亡率等方面均存在差异。这些差异化的因素都可能成为极端主义建构不平等话语框架的原材料，即以差异塑造不满，以不满制造分歧。

3. 合法性争夺

对于新冠疫情，尽管大多数恐怖组织缺乏资源来进行全面的医疗应对，但即使付出了不少的努力也有助于获得积极的关注，并凸显政府的不足之处。[①] 例如，黎巴嫩真主党部署了 1500 名医生、3000 名医护人员，20000 多名积极分子，以及 100 多辆紧急车辆来应对 COVID - 19 和消毒公共场所，[②]这实质上刻意与黎巴嫩政府的防控能力形成了鲜明对比。在许多情况下，暴力极端主义组织试图通过提供医疗卫生、社会服务等公共产品以填补国家治理的空白，并将自己融入当地社区。这在萨赫勒等地区尤其明显，当地社区对"支持伊斯兰和穆斯林"组织、"大撒哈拉伊斯兰国"等组织的支持，往往与这些组织的意识形态观点脱节，而是与它们所提供经济或安全保障的能力挂钩。在那些本来治理不善的地方，这可能只会进一步削弱政府的合法性。历史经验表明，在欧洲一些地区，1918—1919 年的流感大流行与 20 世纪 30 年代初对德国纳粹的支持率上升之间存在联系。[③]

反过来，政府在安全、稳定及发展层面的绩效认同也与公众对疫情防治措施的信心密切相关。在 2020 年 5—7 月对 10000 多名尼日利亚人的调查发现，暴力冲突与新冠病毒应对之间存在新的关系。数据显示，暴

---

① 然而，这种亲社会的活动迄今为止在拥护极右意识形态的恐怖分子中并不存在，这一点十分明显。

② Perry Tom and Laila Bassam, "Hezbollah Deploys Medics, Hospitals against Coronavirus in Lebanon," Reuters, 2020 - 03 - 25, https://www.reuters.com/article/us - health - coronavirus - hezbollah/hezbollah - deploys - medics - hospitals - against - coronavi - rus - in - lebanon - idUSKBN21C3R7.

③ Blickle Kristian, "Pandemics Change Cities: Municipal Spending and Voter Extremism in Germany, 1918 - 1933," Federal Reserve Bank of New York Staff Reports, 921, https://www.newyorkfed.org/medialibrary/media/re - search/staff_ reports/sr921.pdf.

力受害者可能更不信任尼日利亚政府的疫情应对措施。① 例如，在卡杜纳州，没有不安全感的受访者中，58%—63% 的人对政府的疫情应对措施持积极态度，而经历过安全威胁的人这方面的数据只有 44%—55%。这表明，减少不安全感将有助于增强人们对政府在其他领域（例如应对 COVID－19）的信心。

（三）社会结构：短期制约与长期影响

为避免框架建构论通常存在的意志决定论倾向，我们仍需结合社会结构因素对暴力极端主义的框架建构及其行动的影响进行补充。整体而言，新冠疫情削弱了恐怖主义行动的“顺畅度”，其程度取决于恐怖分子活动地区的“停滞”程度和政府的控制能力。但是，新冠疫情又为恐怖分子提供了许多机会，甚至可以起到激励作用。很明显，受新冠疫情严重肆虐的冲击，使许多国家的国家能力或国家力量受到了直接的削弱，这将在中长期改变极端、恐怖势力与国家间的实力结构。

1. 短期制约

新冠疫情引起的普遍社会停摆将在某种程度上影响绝大多数恐怖分子。除了少数完全孤立的极端分子外，大多数恐怖组织和网络的成员同样容易受到 COVID－19 的感染，其活动也会受到普遍的社会疏远措施、供应链和运输系统中断的影响。② 实践表明，由于封锁措施，某些类型的犯罪大幅下降。然而，这些下降可能是短期的，一旦封锁措施放松并且开始恢复正常工作和社交活动，我们可以预期相关数据可能大幅增加。

同时，媒体对新冠疫情的高度关注也可能阻止一些潜在的恐怖分子在新冠疫情期间发动袭击。如果缺乏足够的媒体聚焦，恐怖组织制造轰动性袭击事件的动机也可能受限。即使是以 COVID－19 病毒发动生物恐怖袭击，这种策略也不能保证可以制造轰动性的媒体效应。现实情况是，在疫情肆虐的背景下，如果缺乏必要的检测，人们接触到的任何人都可

---

① Aly Verjee, “Is Insecurity Undermining the Coronavirus Response? Evidence from Nigeria,” August 2020, https://www.usip.org/publications/2020/08/insecurity－undermining－coronavirus－response－evidence－nigeria.

② Nicholson Dylan, “COVID－19 an Opportunity for Terrorists or a Threat to Their Existence,” April 2020, https://www.defenceconnect.com.au/key－enablers/5995－global－terror－and－covid－19.

能是病毒携带者——确定责任将是困难的，而且远非瞬间的，从而使恐怖主义的目标之一——灌输恐惧——最小化，而且目前的环境也可能增大了公众的承压能力。

如前所述，短期内最有可能增加的恐怖主义威胁在于冲突地区。由于预算减少、军事人员的健康风险以及优先事项的转移，一些国家可能不得不缩减反恐行动。恐怖分子将设法利用安全真空及疫情导致的国际反恐合作减少的机会，在局部地区实现复苏或扩大控制范围。

2. **长期影响**

对新冠疫情对国际极端、恐怖主义的长期影响，目前还难以做出准确的评估。因此，我们只能从疫情是否扩大了极端、恐怖组织招募和激进化的机会结构方面进行研判。在许多方面，COVID－19 的累加效应尤为明显，即加剧了许多国家中激进化和暴力极端主义的潜在诱因。极端主义的现有和复杂驱动因素将在整个疫情中继续存在，并且某些因素可能因新冠疫情的多种经济，社会和政治影响而加剧。①

很明显，COVID－19 已经直接给许多国家的经济造成了严重的冲击。例如，世界银行 2021 年 6 月发布的《全球经济展望》指出，全球增长前景依然面临严重的下行风险，包括新冠疫情再度卷土重来以及新兴市场和发展中经济体债务高企带来的金融压力。在低收入国家，疫情的影响导致之前取得的减贫成果出现倒退，并加剧了粮食不安全状态以及其他长期存在的挑战。② 特别是对于非洲撒哈拉以南地区，由于疫情限制措施加剧了该地区多国政治和安全紧张局势，2020 年该地区经济严重受挫，而且面临疫苗接种滞后、通货膨胀、粮食危机等诸多挑战。即使最初的危机得以消除，这种疫情的经济影响也会得到凸显，并将持续制造心理压力及社会不满。因此，在暴力极端主义的叙事框架中，激进化与对政府合法性的质疑将在中长期持续下去。

那些国库耗尽、国民生产总值缩水的政府将面临困难的抉择，不得

① William Avis，"The COVID－19 Pandemic and Response on Violent Extremist Recruitment and Radicalisation，" May 2020，https：//reliefweb. int/sites/reliefweb. int/files/resources/808－COVID－19%20－and－Violent－Extremism. pdf.

② 世界银行：《全球经济展望》，2021－06－20，https：//www. shihang. org/zh/publication/global－economic－prospects.

不在国家收入减少的情况下，以牺牲国防支出（包括反恐资金）为代价，养活人民并振兴经济。除此之外，卫生、安全、治理等各类危机的叠加，将全面恶化冲突国家的投资环境和借贷能力。此外，由于疫情导致的国际合作重心转移，将削弱国际安全合作。

结　语

如前所述，集体行动框架具有使动性、斗争性和动态性的三个特征。在与原有极端主义意识形态、“主框架”或预后式框架高度协调的情况下，暴力极端主义利用新冠疫情进行的诊断式、促发式框架建构明确了施罪者的责任、强化了对“他者”目标的仇视性及对暴力的鼓动性。尤其需要指出的是，面对世界疫情的发展变化，极端主义势力展现出框架转换的高度灵活性。

经过多年“反抗西方压迫”的叙事框架建构后，2014 年叙利亚战争以及随后“伊斯兰国”宣布建立“哈里发”，为极端主义受众提供了一系列更清晰、更有说服力的理由，再加上容易获得的实际机会，促成了暴力的集体行动。与此形成对比的是，拿起武器应对新冠疫情的必要性明显不足。一般而言，伊斯兰极端主义叙事框架的主线是“压迫—愤怒—荣耀”。即“我们一直被西方压迫；现在我们对他们感到愤怒并要与之抗争；未来，我们将获得胜利或殉道的荣耀”。对于新冠疫情，天谴论叙事归因为来自真主的惩罚，这意味着没有西方或阿萨德政权等人格化加害者可以直接负责，尤其是随着病毒的扩散穆斯林世界也遭受病毒的肆虐。天谴论叙事的促发措施——赞同极端分子对宗教的解释并加入他们的暴力“圣战”——远非不言自明，而是取决于他们是否被接受为可信的意识形态拥护者。相比之下，机会主义的鼓动填补疫情造成的安全、治理真空，进而实现“伊斯兰国”的复苏就更具有明确的可操作性。

同样，右翼极端主义对新冠病毒采取了阴谋论的诊断式框架，但是组织的分散性、归因主体（敌人）的多元性，以及各类病毒阴谋论间的自相矛盾，都可能削弱其叙事的动员能力。随着疫情常态化和政府应对措施常规化，阴谋论叙事的边际效益逐步递减。同样，阴谋论的归因和鼓动以病毒为武器发动恐怖袭击之间，也存在诊断式框架与促发式框架之间的脱节。然而，因“乔治·弗洛伊德事件”引发的种族冲突和骚乱，为右翼极端势力利用混乱和不稳定鼓动加速主义的促发式框架提供了新的机会。虽然这与新冠疫情的暴发并没有直接关系，但是再次凸显了一种深刻的政治不公正感对触发大规模动员的重要性。①

随着疫情导致的经济衰退和不确定性的持续，极端主义的叙事将能够与广泛的情绪和不满联系起来，推进激进化和极端暴力。随着疫情中长期影响的显现，暴力极端主义将不断对现有框架进行调适，继续以分裂性话语、两极对立的叙事进行归因和动员，特别是将敌意定位于外群体之中。内外群体之间的敌对叙事不可避免地导致极端主义的强化及循环。

联合国秘书长古特雷斯在联合国反恐周提出了未来反恐工作的重点领域，“需要通过对新冠疫情敏感的整体方法来解决恐怖主义言论的传播。与新冠疫情相关的心理、社会、经济和政治压力急剧上升，绝不能允许恐怖分子利用这些裂痕和脆弱性”。② 对于新冠疫情期间暴力极端主义的框架建构及其对激进化和暴力的鼓动，我们必须予以高度的重视，针对当前的疏漏及可能出现的危机拟定明确的“反框架”和打击极端主义策略。首先，需要对暴力极端主义在中国活动的类型、组织、国际化水平，特别是其疫情叙事的支持程度进行评估。其次，圈定疫情期间易受极端主义叙事影响的群体，制定“反框架”措施。再次，需要在网络和社交媒体中阻隔暴力极端主义叙事框架的传播。最后，可考虑拟定后疫情时期的凝聚计划，从心理、民生等角度疏导部分民众的不满和焦虑。

第二节　疫情肆虐下暴力极端主义动员评估

自新冠疫情暴发三年来，纵观极端主义的暴力行为、意识形态叙事、招募和筹资，显然到目前为止，疫情对暴力极端主义的影响并未完全体

---

① 当然，这种从天谴论到机会论，从阴谋论到加速论的框架转换，在一定程度上也反映出极端主义框架建构中，诊断性框架和促发式框架之间的脱节。

② 《联合国反恐周开幕：古特雷斯提出指导未来反恐工作的五大领域》，联合国新闻，2020－07－06，https：//news. un. org/zh/story/2020/07/1061401。

现出来。尽管有 COVID－19，2016 年开始的全球极端主义暴力的下降轨迹也持续到 2020 年。同样，在意识形态领域，在最初将 COVID－19 作为“神罚”或寻求展示自身的治理能力而纳入自身叙事之后，暴力极端主义组织随后的信息传递更多的是关于日常发展的一般信息。当然，暴力极端主义对 COVID－19 的叙事和动员策略也存在内在的差异。整体上，伊斯兰极端主义者并没有把 COVID－19 整合到原有的意识形态框架之中，而是更侧重于把握国际安全治理真空带来的机会。右翼极端主义则充分利用疫情、疫苗注射等带来的社会分化，把 COVID－19 当作丰富自身意识形态和扩大动员能力的材料。当然，从招募和筹集资金的趋势来看，除了封锁和旅行限制降低了极端主义组织的实际行动和筹集资金的能力外，极端主义的发展轨迹并没有明显的变化。总而言之，有研究指出，COVID－19 更像是现有暴力极端主义趋势的助推器和加速器，但很难断定，……它是否会导致更大的暴力，或者 2016 年开始的下降轨迹是否会持续下去。①

引　言

自 2019 年新冠疫情暴发以来，疫情在全球的肆虐三年有余，如何评估 COVID－19 对暴力极端主义的影响自然成为一项阶段性的任务。所以，此次新冠疫情在很大程度上正在重塑各国政治、经济、文化生活的方方面面。也正因为如此，围绕新冠疫情对国际安全特别是暴力极端主义的影响进行阶段性的评估，自然是十分重要的。

暴力极端主义围绕新冠疫情的框架建构及动员至少有三个相关的目标：激发现有的支持者，激进化和招募新的支持者，煽动人们采取暴力行动。

总体而言，新冠疫情对各类暴力极端主义的影响并未全面释放出来。由于此次新冠疫情是对全球政治、经济、文化等领域的全方位冲击，暴力极端主义也在这种冲击中进行调适和寻找机会，但是它们在意识形态、

① Raffaello Pantucci, “Mapping the One－Year Impact of COVID－19 on Violent Extremism,” RSIS, March 25, 2021. https://www.rsis.edu.sg/wp－content/uploads/2021/03/CTTA－March－2021.pdf.

框架建构层面的动员并没有转化为“积极”的行动。疫情导致的社会、经济“停摆”实质上也导致了暴力极端主义动员——行动链条的脱节。然而，从一个较长时期的轨迹来看，COVID－19将使暴力极端主义的负面能量逐步释放出来，从而对相关国家的社会稳定及国际安全造成全面冲击。

另外，在暴力极端主义内部，新冠疫情造成的影响也是不均衡的。总体上，右翼极端主义无论是在思想动员还是在具体行动方面都有了“长足”的发展，它们已成为西方世界内极具结构性和破坏性的力量。同时，右翼极端主义与民粹主义、民族主义的衔接也可能对国际关系及国际安全造成负面冲击。伊斯兰极端主义在疫情中并未呈现出爆发性发展的势头，这可能源于伊斯兰极端主义意识形态在对疫情的解读和动员上缺乏足够的能力，但是也可能源于它正在行动层面寻求突破，按照自身的规律和路径把握疫情带来的机会结构。

一 暴力极端主义利用疫情的“思想”动员

在COVID－19出现的早期，各类暴力极端主义团体在对病毒的认知和利用层面上存在一定的相似性。在末日叙事的框架建构中，部分团体试图以此煽动对世界毁灭的恐慌或暴力。在工具性利用方面，不断有团体试图实现病毒的武器化，以此作为袭击的手段。也有一些具备实力的团体，试图利用政府对疫情应对能力的不足，填补对特定地区的治理真空，从而建立自身的合法性。当然，对于大部分暴力极端主义团体来说，它们都在机会主义地利用疫情导致的危机，即利用政府和反恐部门关注重心转移和资源分散的机会，寻求扩大自身的影响力和控制范围。

1. 伊斯兰暴力极端主义

自疫情暴发以来，伊斯兰极端主义者采取不同的、有时甚至是矛盾的修辞策略，试图迅速将这种新的意外现象纳入他们惯常的叙事和主题中。然而，尽管“基地”组织和“伊斯兰国”对COVID－19抱有期望并展开了相应叙事，但它们的煽动性似乎并没有从COVID－19中明显体现出来。

在对COVID－19病毒及疫情的诊断式框架建构中，伊斯兰极端主义在早期曾将其称作对异教徒的“神罚”，随后也试图实现病毒的武器化，但大多无果而终。正如联合国监测组的报告所指出的那样，“IS（IL）继续强调其在2020年3月通过的关于疫情的‘对傲慢和不信的神圣惩罚’的说法，并劝说追随者在国际反恐力量被削弱的情况下攻击敌人。然而，对于这种疫情，还没有形成成熟的IS（IL）战略。这包括通过利用有传染性的支持者来感染对手来实现病毒的武器化，这在3月IS（IL）内部被提出来，但没有作为一个实际的提议而取得进展。”①

同样，“基地”组织也并未将COVID－19的叙事作为自身宣传的重点。如前所述，“基地”组织对病毒和疫情的宣传更为“柔性”，一方面，它试图通过关注、同情西方弱势群体的疫情遭遇，赢得他们的好感以推进自身的极端主义叙事；另一方面，近两年来“基地”组织正利用疫情和国际反恐格局调整带来的局部安全真空，加大在南亚和非洲的势力扩张。因此，近两三年来，“基地”组织并未将重心放在疫情上。

同时，“基地”组织的附属分支也在不同的场合发表了关于新冠疫情的评论。总体而言，无论是“博科圣地”还是索马里青年党都未切实把COVID－19的叙事作为自身宣传的重点。在实践层面，只有黎巴嫩真主党、叙利亚“沙姆解放阵线”（HTS）等实力较强的团体切实提供了部分医疗服务。当然，这些团体的抗疫工作只是它们弥补国家治理真空、争取合法性政策的延续，与它们在当地建立“有效政府”的目标相一致。②然而，玛尔塔·弗兰（Marta Furlan）根据对叙利亚的“沙姆解放阵线”（HTS）和阿富汗塔利班的案例研究认为，“反叛统治者比政府更有能力应对（如COVID－19）紧急情况，因为他们不需要证明绝对的治理能力，而是相对于政府的治理能力。”③而且这些活动的真正价值在于其宣传价

---

① “Twenty – seventh Report of the Analytical Support and Sanctions Monitoring Team Submitted Pursuant to Resolution 2368（2017）Concerning ISIL（Da'esh）, Al – Qaida and Associated Individuals and Entities,” United Nations Security Council, February 3, 2021, https：//undocs. org/S/2021/68.

② Kabir Taneja, Raffaello Pantucci “Beware of Terrorists Offering COVID – 19 Aid,” Observer Research Foundation（ORF）, April 17, 2020, https：//www. orfonline. org/expert – speak/beware – of – terrorists – offering – covid19 – aid – 64731/.

③ Marta Furlan, “Rebel Governance at the Time of Covid – 19：Emergencies as Opportunities for Rebel Rulers,” *Studies in Conflict and Terrorism*, 2020, DOI：10. 1080/1057610X. 2020. 1816681.

值，而不是改变当地的现实。[①]如上节所述，在马里、尼日尔或布基纳法索，像“支持伊斯兰和穆斯林组织”（JNIM）和“大撒哈拉地区的伊斯兰国”（ISGS）这样的组织得到支持往往不是因为他们的极端主义意识形态，而是因为他们有能力提供基本服务，如安全、基本医疗或在某些情况下提供就业。对于许多战乱和冲突肆虐的地区而言，当地的宗教极端势力只是在疫情暴发的早期，利用其突发性和不确定性机会主义地发布 COVID－19 的相关信息，他们的重点仍是加大对控制区域的争夺和针对对手发动袭击。

此外，虽然试图将 COVID－19 病毒武器化的说法充斥于互联网络，但是并没有成为暴力极端主义普遍推广的实践。通过咳嗽或打喷嚏等方式传播病毒的方法，随着社会对病毒防控水平的提升、防疫疫苗的大规模注射，特别是西方社会对疫情的麻木反而丧失了对极端分子的吸引力。

除了相对较少的个人因当前的健康危机而变得激进被动员起来参与恐怖主义外，恐怖分子的招募工作并没有因为疫情的因素在短期内迅速增长。当然，西方国家在应对新冠疫情的整体失败而导致严重的公共卫生危机和治理危机，这恰恰是许多伊斯兰极端势力所乐见的。因此，伊斯兰极端主义并不会轻易放弃将 COVID－19 武器化的想法，这可以成为他们与西方邪恶势力进行“非对称”斗争的有效工具。

2. 右翼极端主义

与伊斯兰极端主义围绕 COVID－19 病毒及疫情的框架建构成效相反，西方国家的右翼极端主义利用此次新冠疫情危机实现了“突破性”的发展。近两年来，右翼极端主义已成为影响西方社会的一股重要思潮和势力。特别是在美国，各类右翼极端主义团体、思想和暴力行为充斥于政治、卫生、社会及文化领域。从鼓动“二次内战”的“布加洛运动”，到极右型军事武装团体“骄傲男孩”，再到 Incel 运动、QAnon 阴谋论者，特别是泛滥于 8kun、4chan 或 Gab 等网站上的极端主义言论，美国的右翼

---

① Kabir Taneja, Rafaello Pantucci, “Beware of Terrorists Offering COVID19 Aid,” Observer Research Foundation（ORF）, April 17, 2020, https：//www. orfonline. org/expert－speak/beware－of－terrorists－offering－covid19－aid－64731/.

极端主义自疫情暴发以来得到迅猛发展。①

疫情暴发以来右翼极端主义在西方迅速崛起的一个重要原因，在于它们动员框架建构的“成功”，以及实现了疫情与现存问题的衔接。西方的极右翼团体不仅大谈特谈这种流行病，甚至还改变了他们的行为或意识形态，以吸收与 COVID－19 有关的叙述。② 围绕疫情的框架建构，右翼极端主义的阴谋论叙事取得了明显成效，最明显的表现在于针对 5G 天线桅杆的暴力事件以及越来越多的对新冠疫情的否定和排斥。同时，右翼极端主义围绕疫情的框架建构直接把矛头指向非白人种族和少数族群的身上。在美国，新冠疫情危机与“黑人的命也是命”引发的种族关系危机交织在一起；在欧洲，种族主义势力则在疫情中再次渲染移民危机；澳大利亚安全部队也一再指出，他们在 COVID－19 期间看到了极右活动剧增。③

同时，右翼极端主义在框架建构中极力实现与现存问题的桥接，扩大自身的动员力并试图走向主流。在美国，围绕 COVID－19 限制的叙事被放入到反联邦政府的话语中，利用人们对公民自由权利的担忧来扩大右翼极端主义的影响。④ 同时，在特朗普任职总统时期，他刻意煽动种族紧张局势和对左翼抗议者的愤怒，既助长了右翼极端主义，又加剧了美国国内的政治极化。而极化的政治环境正成为右翼极端主义不断发展的沃土。

在 COVID－19 暴发之前，白人至上极端主义在欧洲、北美和亚洲部分地区（澳大利亚和新西兰）的威胁就已经很严重了，通过框架建构和框架桥接，右翼极端主义在新冠疫情中加速了其自身的发展。他们将这

---

① Raffaello Pantucci, “Terrorist Threats Post－COVID－19,” EICTP, March 19, 2021. https：//www. eictp. eu/wp－content/uploads/2021/03/EICTP－Katalog－Langfassung－Terrorism－Vol－2－002. pdf.

② “Member States Concerned by the Growing and Increasingly Transnational Threat of Extreme Right Wing Terrorism,” CTED Trends Alert, July 2020, https：//www. un. org/sc/ctc/wp－content/uploads/2020/07/CTED_ Trends_ Alert_ Extreme_ Right－Wing_ Terrorism_ JULY. pdf.

③ Samaya Borom, “Increased Visibility of Far－Right Movements in Australia during the COVID－19 Pandemic,” GNET Insights, September 24, 2020, https：//gnet－research. org/2020/09/24/increased－visibility－of－far－right－movements－in－australia－during－the－covid－19－pandemic/.

④ Blyth Crawford, “Coronavirus and Conspiracies：How the Far Right is Exploiting the Pandemic,” The Conversation, September 15, 2020, https：//theconversation. com/coronavirus－and－conspiracies－how－the－far－right－is－exploiting－the－pandemic－145968.

一疫情纳入其激进化的叙事中，比暴力伊斯兰教徒更具有说服力，影响也更大。特别是在美国，右翼极端主义已经渗透到主流社会中，不仅关于病毒的阴谋论泛滥，也助长了种族间的严重隔阂乃至暴力，这种状况的发展将可能引发更为严重的危机。①

3. 独狼式暴力极端主义的滋长

除了伊斯兰极端主义和右翼极端主义外，在西方社会中，由于新冠疫情导致的社会封锁及各类极端思想在网络上的泛滥，出现了独狼式暴力极端主义滋长的现象。在意识形态层面，它除了吸收“主流”的宗教或右翼极端主义外，还可能是多种极端思想的混合。疫情期间这种新型的独狼式极端化现象，已引起了研究者的关注。②

首先，这种现象是网络激进化的产物。在新冠疫情期间，由于社会封锁及管控措施的需要，人们不得不将大量的时间花费在互联网中。这很自然地增加了接触各类极端思想的可能性。而暴力极端势力在疫情中也加大了在网络中的宣传和煽动力度。互联网可以以说成了暴力极端主义的沃土。网络上的匿名程度往往会产生一种抑制效应，反过来又会助长敌意和分化。此外，网上极端主义渠道的出现可以促进用户与周围环境的隔离，并被纳入志同道合者的封闭“回音室”，在其中，极端主义的信仰和态度可以得到进一步的加强和放大。

其次，近年来，随着暴力极端主义在组织结构上越来越转向“扁平化”，疫情管控措施和社交网络的发展强化了这一趋势。恐怖主义暴力与有组织的网络和等级制度之间的联系正在发生变化，走向“后组织化”。在这种情况下，个人、团体的联系和结构不再像过去那样清晰。

最后，极端主义意识形态的混合。在这种独狼式极端主义的激进化过程中，可能并没有明确的极端思想主线，而是混合了各种矛盾问题和想法的意识形态进行激进化。这些激进的年轻人的意识形态似乎是他们

---

① Raffaello Pantucci, “After the Coronavirus, Terrorism Won't be the Same,” Foreign Policy, April 22, 2020, https: //foreignpolicy. com/2020/04/22/after – coronavirus – terrorism – isis – hezbollah – 5g – wont – be – the – same/.

② Raffaello Pantucci, “Terrorist Threats Post – COVID – 19,” EICTP, March 19, 2021. https: //www. eictp. eu/wp – content/uploads/2021/03/EICTP – Katalog – Langfassung – Terrorism – Vol – 2 – 002. pdf.

从网上找到的各种极端材料中自我创造的思想组合。①

今天的许多独狼式极端分子是自我选择的，在组织上不受束缚。他们的灵感可能来自于对暴力的憧憬，而不是对任何特定意识形态的承诺，这可能是他们个人不满情绪的释放。有研究认为，此类独狼式暴力极端主义发端过程中，对所谓“意义”的追求和展示成为一个重要的因素。即人们不再仅仅为了推进政治或宗教意识形态而实施恐怖主义行为，在这个由社交媒体影响的时代，年轻人被极端主义思想或表演性的暴力行为所吸引，以赋予他们生活的意义和重要性。② 同时，这些自我激进化的年轻人，也试图以沉迷于极端主义思想或通过暴力的展示来转移新冠疫情的巨大压力和不确定性。

二 总体评估与展望

由于此次新冠疫情仍在肆虐，疫情发展的不确定性仍然比较明显，所以 COVID－19 对暴力极端主义的具体影响仍未有定论。上述对暴力极端主义在疫情期间动员和行动的阶段性总结表明，不同类型的暴力极端主义利用疫情的动员和行动成效各有差异，围绕疫情的动员和行动之间也存在脱节。但总体而言，疫情暴发以来暴力极端主义的总体态势需要引起警惕。从理论上看，暴力极端主义的动员主要依赖于不满情绪与极端主义意识形态的桥接。后者作为一个意义系统，既强调此种不满的普遍性，又煽动暴力。③ 显然，新冠疫情的暴发和肆虐，使得社会中的不满、焦虑情绪在累积。在此背景下，以高度脆弱性为特征的社会环境或现实状况可能会带来进一步的风险。

首先，新冠疫情的突然暴发为暴力极端主义的发展提供了一个战略机会框架。由于疫情对各国政府治理能力及国际反恐合作的巨大冲击，各类极端势力在很大程度上迎来了安全及管控的真空期。兰德公司曾有

① Raffaello Pantucci, “Terrorist Threats Post－COVID－19,” EICTP, March 19, 2021. https：//www. eictp. eu/wp－content/uploads/2021/03/EICTP－Katalog－Langfassung－Terrorism－Vol－2－002. pdf.

② Raffaello Pantucci, “Shape－Shifting Terrorism：The New Challenge,” Straits Times, September 19, 2021.

③ Berger JM., *Extremism*, Cambridge, MA：The MIT Press, 2018, p. 131.

研究探讨了自然灾害对政府应对恐怖主义威胁的能力的影响：灾害发生后，政府的能力会有所下降，但在两年内，当局通常能够重新取得优势。[1] 然而，此次新冠疫情导致的危机已远远超出了公共卫生危机的范畴，所以，政府在应对暴力极端主义的重心和能力恢复上仍需要数年的时间。

其次，从暴力极端主义的发展轨迹来看，动员与行动的暂时脱节并不意味着威胁的降低。也就是说，没有暴力并不等同于没有威胁。一些专家甚至指出，暴力活动的平息实际上是更危险的时刻，因为正是在这些时刻，各团体才能够在安全部门的关注之外准备和计划更多的攻击。然而，暴力极端主义团体叙事方式的转变在多大程度上实质性地改变了组织的能力，或者这些叙事方式的转变会持续多久，都很难评估。[2] 虽然 COVID－19 在疫情的前两年似乎起到了抑制重大恐怖活动的作用，但暴力极端主义作为恐怖主义的主导意识形态并没有消失，甚至可能在等待时机而不是退缩。事实上，COVID－19 似乎是现有危机态势和安全威胁的助推器和加速器。

最后，此次新冠疫情导致的系统性危机正在逐步显露出来，它在导致全球经济衰退的同时，也在加速世界的分裂和极化。所以，在这一背景下，暴力极端主义及其驱动的恐怖主义将可能终止逐年下降的趋势，在个别国家或地区强势反弹。近两年来，右翼极端主义正利用疫情导致的各类危机和政治极化实现了迅速崛起。在疫情危机的冲击下，许多国家出现经济衰退、社会分裂、政治动荡的可能性大大增加。而且随着时间的推移，疫情的负面影响只会变得更加严重，这必将引发暴力极端主义和恐怖主义的连锁反应。

毫无疑问，COVID－19 可以被视为暴力极端主义和国际恐怖主义发展的一个关键驱动因素。不断加剧的全球健康危机对安全，特别是对恐怖主义有着巨大的影响。通过推进源于社会经济凝聚力削弱的、与疫情有关的社会分化，它很可能对社会激进化倾向产生加速效应，从而对出于政治动机的暴力行为产生加速效应。

---

① Claude Berrebi, Jordan Ostwald, "Earthquakes, Hurricanes and Terrorism: Do Natural Disasters Incite Terror?" RAND Working Paper, 2011, https://www.rand.org/pubs/working_papers/WR876.html.

② Raffaello Pantucci, "Mapping the One－Year Impact of COVID－19 on Violent Extremism," RSIS, March 25, 2021.

第二章

新冠疫情下右翼民粹主义的极端化

第一节　从右翼民粹主义到右翼极端主义

研究当代西方的右翼极端主义，首先需要理解当代西方政治与社会的内在变迁。这种变迁的直接产物在于，民粹主义势力逐步登上政治舞台的中心，成为影响西方社会内部种族、族群及阶层关系的重要力量。这也是从民粹主义到右翼民粹主义，再到右翼极端主义的不断极化、异化的发展过程。这最终导致了右翼极端主义在西方社会的迅速滋长，最终成为社会安全及国家安全的重大威胁。在西方民粹主义极化和异化的过程中，此次新冠疫情的暴发成为关键的推动力量。一方面，民粹主义在疫情过程中的危机表演和危机政治强化了自身的右翼叙事和排他性导向；另一方面，右翼民粹主义的种族主义、排他主义倾向在疫情的归因和责难中不断强化。这两方面的原因成为右翼极端主义在西方肆虐的内在动力。需要看到的是，随着新冠疫情的全球肆虐以及俄乌危机的激化，右翼极端主义的国际化进程也在加速，它将成为影响后疫情时代国际安全的重要隐患。

一　民粹主义在西方的滥觞

民粹主义的兴起是西方政治及社会不断变迁的产物。由于西方内部阶层关系、族群关系的剧烈调整，再加上外部各类危机的影响和刺激，民粹主义已成为近年来西方政治的底色。

（一）民粹主义的逻辑

西方国家中的民粹主义并非新现象，然而围绕民粹主义的概念和内涵，学术界仍未有定论。根据扬－维尔纳·米勒的最新梳理，他认为民粹主义的逻辑在于：它是一种特定的对政治的道德化想象，是一种在政治领域内一群道德纯洁、完全统一的人民，对抗一群被视为腐败的，或者其他方面道德低下的精英们的认知方式。民粹主义最核心的主张是，只有一部分人才算真正的人民。①

围绕着“人民”的代表性和权益，民粹主义的诉求主要集中在激进左翼和激进右翼，后者将文化问题政治化，而两类激进政党则以民粹主义方式将经济问题政治化。两者在文化和经济维度中的差别如图 2－1 所示。

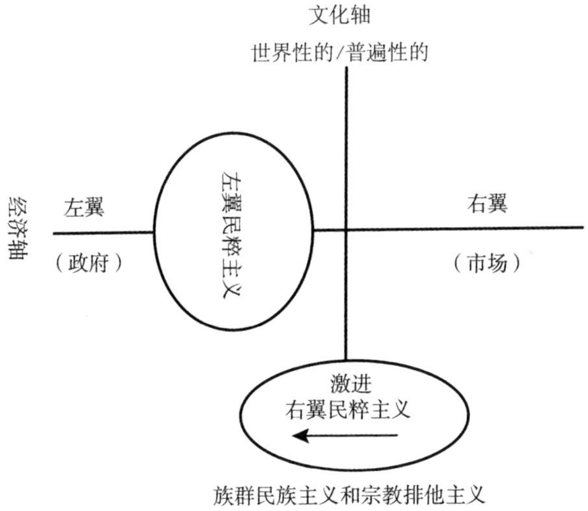

图 2－1 左翼与右翼民粹主义

资料来源：Kenneth M. Roberts, “Populism and Polarization in Comparative Perspective: Constitutive, Spatial and Institutional Dimensions,” *Government and Opposition*, First View, 2021, pp. 1－23.

① ［德］扬－维尔纳·米勒：《什么是民粹主义》，钱静远译，译林出版社 2020 年版，第 25—28 页。

对于左翼民粹主义来说，“人民”是以经济上的劣势和政治上的边缘化来定义的，它被建构在横轴上的左极附近，在那里可以采用统计主义措施来实现再分配的目的。与之相对，右翼民粹主义的“人民”是围绕着特定的——通常是本土主义的民族和文化身份而构建的，靠近纵轴的下极，与靠近上极的世界主义、多元文化和普遍主义价值相对立。然而，这一结构并不要求在空间上位于横轴（经济）中心的右侧：西方特别是欧洲的右翼民粹主义在经济轴上随着时间的推移向左移动。他们与主流政党的区别主要在于在文化轴线上的定位，创造了一个交错的社会文化和政治鸿沟。①

这种政治空间的二维概念化为理解美国的两极分化及其与右翼民粹主义的关系提供了一个新的框架。事实上，无论是作为候选人还是在白宫，特朗普都以各种方式将文化轴线上的下一极政治化。他主张修建边境墙和采取其他严厉措施，阻止移民进入美国，甚至在边境将移民儿童与父母分开，并将他们安置在拘留营。他迎合福音派选民及白人民族主义倾向，将“美国优先”和“让美国再次伟大”作为其救赎性的民族—民粹主义口号的基石。

但与此同时，特朗普也在经济轴上与传统右翼相背离。其公开做法是通过放松共和党正统的市场原教旨主义，采取更多的民族主义和保护主义立场来吸引上图左下角区域的蓝领阶层选民。但是，特朗普的经济政策是否真的符合这些蓝领阶层选民的利益又是另一回事——由于保护主义立场与其他更正统的共和党立场，如大规模减税和放松监管政策一起包装，特朗普也迎合了该党的传统商业选区，使他的民粹主义具有明显的交易和财阀气息。

（二）民粹主义与疫情危机政治

所谓“危机政治”，是指处理大规模危机的政治和反应，如自然灾害后的城市治理（如 2004 年印度洋海啸灾难），对恐怖袭击的政治反应（如“9·11”恐怖袭击），大规模灾难的政治（如福岛第一核电站灾难）

---

① Kenneth M. Roberts, “Populism and Polarization in Comparative Perspective: Constitutive, Spatial and Institutional Dimensions,” *Government and Opposition*, First View, 2021, pp. 1 - 23.

或应对和适应金融危机的政治（如希腊政府债务危机）等。①

危机政治与民粹主义的兴衰一直存在着紧密的关联。在冷战时期，美欧等西方国家先后经历了“9·11”事件后的非传统安全危机、2008年金融危机、难民危机等一系列危机，而自2019年暴发的新冠疫情危机已经突破了公共卫生危机的范畴，具有系统性危机的色彩。然而，危机与民粹主义是相互伴生的，民粹主义近年在西方世界的迅速发展，并非仅仅源于危机的促动，而是民粹主义势力在积极地进行危机表演并延续危机态势。

1. **危机表演**

有研究指出，作为一种传播风格，民粹主义受益于两极分化和有利于冲突的传播时代。②所以，民粹主义者不能简单地被视为对外部危机做出反应的应对者，而是积极表演和传播危机感的行为者。

那么，民粹主义行为者究竟是如何进行危机表演的？在他们的语言、框架和表述中，他们是如何将失败“壮观化”的？在这个过程中，民粹主义行动者会采取六个主要步骤，将失败提升到危机的高度，并试图将“人民”与那些应对危机负责的人区分开来，提出简单的危机解决方案，并将自己塑造的“强大领导力”合法化，作为避免或结束危机的方式。具体而言，其步骤主要包括：③

（1）失败鉴定（Identify Failure），即确定或选择一个特定的失败，并将其作为一个紧急事项加以关注。其实质是将某一特定的失败作为获得关注和建立危机感的一种方式。

（2）通过与更广泛的框架相联系并加上时间维度，④ 将其提升到危机

① Arjen Boin, Paul't Hart, Eric Stern and Bengt Sundelius, *The Politics of Crisis Management: Public Leadership under Pressure*, New York: Cambridge University Press, 2005.

② Blumler J., "The Fourth Age of Political Communication," *Politiques de Communication*, Vol. 6, No. 1, 2016, pp. 19-30.

③ Benjamin Moffitt, "How to Perform Crisis: A Model for Understanding the Key Role of Crisis in Contemporary Populism," *Government and Opposition*, Vol. 50, No. 2, 2015, pp. 189-217.

④ 一个重要的时间维度是这些危机表演的基础。民粹主义者把他们的呼吁说成是必须在很短的时间内完成，否则就会发生可怕的事情。这种紧迫性将局势提升到必须立即处理危机，而且不受程序性制衡影响的强有力的、果断的政治行动被认为是可取的。

的层面。也就是将这一选定的失败与其他失败联系起来，从而将其置于一个更广泛的结构或道德框架内。由此，民粹主义行为者试图将一系列不同的现象同质化为危机的表现，从而将失败提升到危机的水平。

（3）框定危机中人民与责任者的对立。在这种危机框架中，因为“人民”往往是一个模糊的符号，主要依赖于对“敌人”的指认，来赋予“人民”身份以及意义。正如有研究所指出的，“民粹主义者往往更确信他们不是谁，而不是他们是谁”。[①] 对特定社会群体的妖魔化，尤其是对精英的反感，为民粹主义者提供了假想敌，但这也是身份建构的一个重要组成部分。

（4）利用媒体宣传业绩。媒体在制造危机、传播危机信息和延续危机感方面起着核心作用。为了获得媒体的充分关注，民粹主义政客必须在他们的行为、风格或他们的信息方面表现得非同寻常。通过利用他们的新颖性或局外人的地位，发表具有煽动性或争议性的言论，进行充分的危机表演。[②]

（5）提出简单的解决方案和塑造“强有力”的领导。一旦失败被壮观化，危机感被制造和传播，下一个重要步骤就是证明自身拥有解决危机的方法。民粹主义行动者能够通过一些表演性的方法做到这一点，包括将其他政治行动者描绘成无能者，同时提出自己“简单而有力”的解决方案。

（6）继续表演危机。民粹主义者的一种方法是转换他们采用的危机概念，另一种策略是扩大危机或崩溃的范围和规模。通过危机的延续，民粹主义者的危机表演也将继续。

2. 危机循环

有证据表明，民粹主义者——无论是执政还是在野，更可能从对新矛盾的持续抱怨中获益，而不是从危机的实际爆发中获益（如 COVID - 19 危机）。事实上，民粹主义者是危机操纵者，他们努力为永久的危机循环提供

---

① Taggart, P., *Populism*, Buckingham: Open University Press, 2002, p. 94.

② Linda Bos, Wouter van der Brug and Claes de Vreese, “Media Coverage of Right - wing Populist Leaders,” *Communications*, Vol. 35, No. 2, 2010, pp. 141 - 163.

动力。① 具体机制如图 2－2 所示：

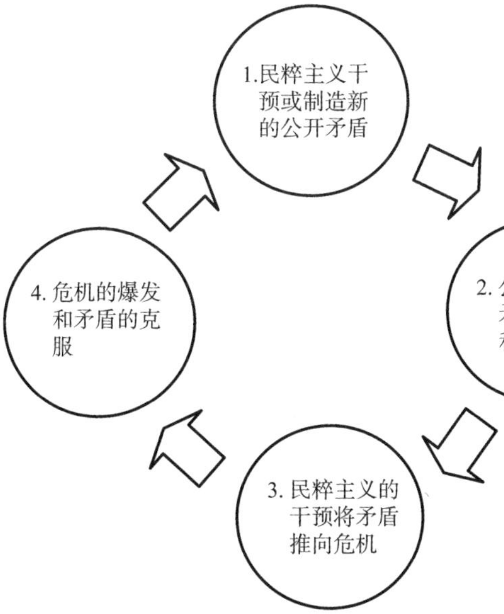

图 2－2　民粹主义者助长的永久性危机循环

资料来源：Giuliano Bobba and Nicolas Hubé, "Between Mitigation and Dramatization: The Effect of the COVID－19 Crisis on Populists' Discourses and Strategies," in Giuliano Bobba and NicolasHubé, eds., *Populism and the Politicization of the COVID－19 Crisis in Europe*, Palgrave Macmillan, Cham, 2021, p. 141.

在外部冲击中，如大流行的爆发，所有政治行为者突然发现自己处于第 4 点，即危机已经爆发，必须找到解决方案。这对民粹主义者来说是最糟糕的状况，因为公民认为问题是真实存在的，或者直接经历了这些问题，所以必须迅速实施政治反应。在这些关键时刻，争端和极化往往为各方以民族团结的名义达成非敌对的默契留下空间。然而，这种紧急状态一旦结束，民粹主义者又开始实施永久性的危机策略，从而助长

① Giuliano Bobba, Nicolas Hubé, "Between Mitigation and Dramatization: The Effect of the COVID－19 Crisis on Populists' Discourses and Strategies," in Giuliano Bobba and NicolasHubé, eds., *Populism and the Politicization of the COVID－19 Crisis in Europe*, Palgrave Macmillan, Cham, 2021, pp. 131－150.

了新矛盾的出现（第 1 点）。因此，民粹主义助长了“危机的循环”。

3. 新冠疫情危机与民粹主义的危机表演及危机循环

此次新冠疫情危机在全球肆虐的过程中，包括各类民粹主义势力在内的西方政治力量自然也难以独善其身。对于很多执政的民粹主义政党而言，此次疫情危机已成为自身执政能力的重要考验，而依靠民粹主义的传统动员手段，特别是对科学、卫生精英（专家）的质疑、忽视抗疫的科学规律已明显无法应对疫情危机。例如美国、巴西、印度、英国等民粹主义政党执政的国家都出现了疫情应对乏力、组织混乱的局面，并导致了严重的公共卫生危机。

一方面，疫情危机对民粹主义政府执政能力及合法性的重创，并没有杜绝相关民粹主义势力对危机的表演和利用。在民粹主义的叙事逻辑中，其危机表演的主要目的是将“人民”与对危机负责的精英进一步区隔和对立。而疫情危机引发的公共卫生危机、经济受挫和社会焦虑，在很大程度上充实了民粹主义的叙事逻辑。与此同时，随着疫情的常态化，西方国家特别是美国国内的政治极化围绕着疫情管控与经济开放之间的矛盾进一步加剧，这使得民粹主义的政治影响在加大。

另一方面，随着危机事态的发展，民粹主义势力不断利用新的矛盾和问题试图推进危机的循环建构。从新冠疫情的“阴谋论”到疫情的否认主义，从拒绝口罩到拒打疫苗，各类政治势力围绕抗疫工作的争议和矛盾不断扩大。而这些对科学抗疫工作的抵制和抗拒，又导致了病毒的持续传播和延续，促发了新的危机循环。

二　排他主义：从民粹主义到右翼民粹主义

在西方民粹主义的演变过程中，它逐渐实现了经济议题与民族（文化）议题的深度结合。通过与排他性民族主义进行衔接，西方民粹主义逐步向右翼民粹主义发展。

1. 民粹主义与民族主义的相似性

民粹主义和民族主义的兴起和滥觞都与身份政治运动密切相关。自近代以来，西方世界共经历了三波身份政治的洗礼。第一波身份政治发生在 18—19 世纪的西方民族国家建构时期。第二波身份政治出现在 20 世纪 60—70 年代的西方民权运动时代。第三波身份政治形成于 21 世纪初，始于“9·11”事件和第二次海湾战争，历经叙利亚内战、全球金融危机、欧洲移民危机，到美国特朗普政府时期达到一个高峰。这一波身份政治的最突出表现是对立化的身份认同开始撕裂西方主流社会。①

扬-维尔纳·米勒指出，对于民粹主义者来说，以下等式永远成立：任何他们以外的人都可以被斥为不道德的，从而不是严格意义上“人民”的一员。换言之，民粹主义总是某种形式的身份政治。② 而身份政治的核心在于“我们”与“他们”之间的区分及对立。民粹主义作为身份政治的内在属性，使其可以实现与其他意识形态的衔接，最典型的就是民族主义。

在身份政治的区隔中，民粹主义与民族主义都以“我们”与“他们”的界限为核心。民粹主义作为一种意识形态，根植于代表一个道德共同体的主张。民粹主义对“我们”的界定是，他们是简单的、有德行的“人民”，与控制社会政治权力杠杆的、邪恶的、利己的精英阶层相区别。所以说，民粹主义是一种独特的想象政治世界的道德化方式，包含着某种排他性的、道德化的代表权宣示。③ 相比之下，根据安德森的表述，民族是一个“想象的共同体”，拥有或寻求对一个历史家园的主权控制。因此，民族主义是对这样一个国家政治共同体的渴望和效忠。

在身份政治的认同边界塑造中，民粹主义纯洁、勤劳的“人民”不仅与道德败坏的上层精英分开，而且有可能与被描绘为“寄生虫”或“海绵人”的离经叛道的下层社会分开。④同样，民族主义的边界不仅将外族区隔，也将所谓的“内部的外来者”分开。作为“二等公民”，民族主义的“内部的外来者”被置于公民等级中的不平等地位。

近年来，民粹主义频繁使用种族民族主义形式的话语策略，诉诸或者预设国家内部种族民族的同一性、统一性和凝聚性。这些策略通常基

---

① 涂锋：《身份政治第三波与西方国家的政治衰败——基于国家建构视角的分析》，《政治学研究》2021年第3期。

② ［德］扬-维尔纳·米勒：《什么是民粹主义》，钱静远译，译林出版社2020年版，第4页。

③ ［德］扬-维尔纳·米勒：《什么是民粹主义》，钱静远译，译林出版社2020年版，第50页。

④ Brubaker R., “Populism and nationalism,” *Nations Nationalism*, Vol. 26, No. 1, 2020, pp. 44-66.

于同一性谬误和恐吓论据谬误。同一性谬误想象“本”民族是一个文化上同质的社群。恐吓论据谬误则参考据称威胁到所谓本民族同质性的危险外力。另外，种族民族主义形式的民粹主义还使用预设或强调差异的策略，利用差异谬误，强调本民族相对于其他国家或少数族群特征的明显差别，旨在与其严格划清界限。于是，所有被认为属于其他国家或少数族群的人就自动受到了排斥。此外，种族民族主义民粹也利用优越策略，积极为自身构建独特的、较他者优秀的特质。[①]（见表2－1）

表2－1　民粹主义与民族主义的认同边界塑造

我们与他们的边界设定	民粹主义	民族主义
谁是“我们”	道德群体	想象的主权群体
谁是“他们”	腐败的精英阶层 离经叛道的下层社会	外族 “内部的外来者”
谁代表“我们”？	个人主义的领导	领导人 国家机构 社会观念和日常实践
是否容许多元化	否	是
我们和他们之间界限的性质	道德上的对立 在公共领域明显区分	分离 在民族国家体系中共存

资料来源：Prerna Singh, “Populism, Nationalism, and Nationalist Populism,” *Studies in Comparative International Development*, Vol. 56, No. 2, 2021, pp. 250－269.

2. 民粹主义与排他性民族主义的衔接

与一般意义上的民族主义不同，排他性民族主义体现出更为明显的非包容性即排外主义色彩。它是民族主义从温和走向极端的重要过渡阶段。在民粹主义不断向右翼倾斜的过程中，它与排他性民族主义在身份政治层面找到了共同点。在国内政治中，民粹主义与排他性民族主义之

① ［奥］露丝·沃达克：《恐惧的政治：欧洲右翼民粹主义话语分析》，杨敏等译，上海人民出版社2020年版，第76—77页。

间的逻辑衔接和递进，主要表现为两个方面：①

一方面，将人民塑造为弱势者和受害者。当民粹主义者将人民塑造为弱势者的时候，他们只代表本民族（他们承认的）成员，并不包括外族成员。那些真正在社会经济上地位低下的群体，如移民及其后裔，即使属于该国公民，也被排除在“弱势人民”的范畴之外。②这种排他性建构的逻辑基础在于，作为弱势者的人民是多元文化社会中其他民族、移民群体的受害者。他们生活在城市的贫困地区，承受移民及外族群体在犯罪、就业、教育等经济社会层面的各类威胁。因此，民粹主义和排他性民族主义的衔接，最终使排他性民族主义的要求合法化，成为人民—弱势群体意志的代表。③（见表2－2）

表2－2　民族主义、民粹主义、民族民粹主义的框架差异

	民族主义框架	民粹主义框架	民族民粹主义框架
认同诉求	民族认同	政治认同	民族政治认同
目标	提升国家民族的利益	提升政治群体的利益	提升核心政治民族的利益
内群体	民族内的所有成员	政治群体内的所有成员	核心政治民族群体
外群体	民族的他者与其他国家	精英；建制派	精英及民族的他者

资料来源：Erin K. Jenne, “Populism, Nationalism and Revisionist Foreign Policy,” *International Affairs*, Vol. 97, No. 2, 2021, pp. 323－343.

另一方面，反对多元主义及精英。在将人民塑造为弱势者和受害者的同时，民粹主义的符号——“精英”也通过与排他性民族主义的衔接获得了意义。他们认为，政治精英提升了外族群体和移民的权利，同时损害了自己国家的利益。所以，各类精英背叛了人民，自然不能代表

① De Cleen, B., “Populism and Nationalism,” In C. Rovira Kaltwasser, P. Taggart, P. Ostiguy and P. Ochoa Espejo, Eds., *Handbook of populism*, Oxford: Oxford University Press, 2017, pp. 342－362.

② Caiani Manuela, della Porta and Donatella, “The Elitist Populism of the Extreme Right: A Frame Analysis of Extreme Right－Wing Discourses in Italy and Germany,” *Acta Politica*, Vol. 46, No. 2, 2011, pp. 180－202.

③ Mudde Cas, Cristóbal Rovira Kaltwasser, eds., *Populism in Europe and the Americas: Threat or Corrective to Democracy?* New York: Cambridge University Press, 2012.

人民。

总而言之，民粹主义与排他性民族主义衔接的结果，是民粹主义在内外群体边界的建构、认同诉求和目标等方面进一步收紧，许多学者将其称为民族—民粹主义。

3. **右翼民粹主义的本质**

如前文所述，在身份政治机理的连通下，民粹主义与民族主义得以衔接起来。然而，民粹主义在强化自身排他性的同时，已经呈现出越来越明显的民族主义属性。研究表明，对于民粹主义激进右翼（PRR）政党，如法国国民阵线（National Front）、奥地利自由党（Freiheitliche Partei Österreichs）和比利时佛兰德人利益党（Vlaams Belang）等，不能仅仅通过民粹主义的概念来理解它们，甚至民粹主义也不是其政治理念中最重要的因素。这些政党项目的核心不是民粹主义，而是激进的右翼政治。而激进右翼政治的核心是排他性的族群——文化民族主义（ethnic - cultural nationalism，也被称为本土主义）。①

首先要看到的是，右翼民粹主义所定义的“民族”是一个有限的、有主权的且长期存在的社群，与具体的领土空间紧密相连，从根本上是通过内/外（成员/非成员）对立及其群外建构的。国家身份、成员身份的获得是根据遗传和血统界定的，取决于“血缘”。当然，这样的国家和民族主义概念与种族主义背后的理念紧密相连。

源于“人民”VS“精英”的对立结构，民粹主义在一定程度上具有内在的排他性。然而，民粹主义中“弱势的人民”与“精英”之间的对立结构，更准确的定义应该是“对抗性”，因为它与“排他性”仍有实质上的差异。② 虽然民粹主义象征性地将“精英”从“人民”的范畴中排除，但是与排他性民族主义因民族文化背景而将某些群体排除在政治参与（政治排斥）和国家资源获取（物质排斥）之外相比，“人民”与“精英”的对立本身并没有将“精英”排除在民主程序和国家资源获取

① Cas Mudde, *Populist Radical Right Parties in Europe*, Cambridge: Cambridge University Press, 2007.

② De Cleen, B., "Populism and Nationalism," in C. Rovira Kaltwasser, P. Taggart, P. Ostiguy, and P. Ochoa Espejo Eds., *Handbook of Populism*, Oxford: Oxford University Press, 2017, pp. 342 - 362.

之外。

所以说，如果作为弱势群体的人民和精英之间的上下对立是民粹主义所固有的，那么对特定社会经济或民族文化群体的排斥就不是民粹主义本身的问题。它是民粹主义与其他话语（如民族主义）衔接的结果。所以说，排他性民粹主义之所以具有排他性，主要是因为其排他性的民族主义。[①] 从这个角度来看，右翼民粹主义的本质是排他性民族主义，它已偏离民粹主义传统的对抗目标——精英，而越来越倾向于将矛头指向民族与文化的他者。

以特朗普为代表的美国右翼民粹主义为例，它一直在大肆宣言和利用对“他者”的敌意。[②] 作为竞选的意识形态宣示，特朗普在 2015 年的总统竞选公告中赞扬了“伟大的美国人民”（底层美国白人），他们正受到来自俄罗斯等对手国家“前所未有的”威胁，这些国家利用“我们愚蠢的领导人”（民主党和不忠诚的共和党）来赢得胜利。同时，特朗普指责民主党领导人允许穆斯林恐怖分子和墨西哥罪犯进入美国，呼吁“全面彻底关闭进入美国的穆斯林”，并在南部边境建立实体墙，以保护美国人免受种族的威胁。在一系列的修辞动作中，特朗普将政治领域重塑为一个民族外群体与政治精英合谋征服内群体——“伟大的美国人民”的阴谋。

三　暴力化：从右翼民粹主义到右翼极端主义

身份政治的实践具有一种自我分裂的趋向。身份政治总是在构建自身内部的差异性和争议性，而无法塑造一个持续有效的政治行动联盟，也无法建立稳定化的政治意愿和行动力。[③] 可以说，从民粹主义到右翼民粹主义，在身份政治的不断分化下，最终催生了更具极端性和暴力性的

---

① De Cleen, B. , “Populism and Nationalism,” in C. Rovira Kaltwasser, P. Taggart, P. Ostiguy, and P. Ochoa Espejo Eds. , *Handbook of Populism*, Oxford: Oxford University Press, 2017, pp. 342 – 362.

② Berk Esen, Sebnem Yardimci – Geyikci, “An Alternative Account of the Populist Backlash in the United States: A Perspective from Turkey,” *Political Science and Politics*, Vol. 52, No. 3, 2019, pp. 445 – 450.

③ 涂锋：《身份政治第三波与西方国家的政治衰败——基于国家建构视角的分析》，《政治学研究》2021 年第 3 期。

右翼极端主义。

1. 右翼民粹主义与“恐惧政治”

政治学家安东·佩林卡指出，民粹主义通过寻找替罪羊来简化复杂的发展态势。[①]排他主义并非右翼民粹主义的终点，沿着自身的动员路径，右翼民粹主义进一步制造了对“他者”的恐惧和仇恨。露丝·沃达克指出，所有的右翼民粹政党都将某种种族、宗教、语言、政治上的少数群体作为“替罪羊”工具化了，将即使不是所有，也是大多数的不幸现实归罪于他们，然后将相应的群体建构成可能威胁、危害“我们”和“我们国家”的一种存在。这个现象被称为“恐惧的政治”。[②]

这种“恐惧政治”的前提在于，使“他者”成为问题的替罪羊。在右翼民粹主义的叙事中，对于所有的恐惧和挑战都给出了简单明了的答案：替罪羊“他者”。“他者”是敌人，应当为我们当前遭遇的苦痛负责。“颠倒受害者——施罪者”、“替罪羊”和“阴谋论构建”这些话语策略都属于右翼民粹言论的必备“工具箱”。一旦特定谋略或操控意图便利合适，任何人都有被建构为危险“他者”的可能。当然，目前建构“他者”的一个新动向是，“与其说当代民粹主义动员大家针对假想中的上层敌人，不如说他们更多针对假想中的外国敌人。民粹主义变得越来越种族主义、民族主义。”[③]

右翼民粹主义“恐惧政治”在指定“替罪羊”的同时，也试图在价值领域宣示“人民”的利益。他们所要极力维护的价值，即是右翼民粹主义的核心意识形态，主要表现在：（1）“人民”是右翼民粹主义的核心建构，而且越来越强调遵循本土主义标准；（2）右翼民粹主义强调“中心地带”（或家园）应该受到保护，不容许危险外来者侵犯。这样，就构建了威胁场景——家园或“我们”受到了“他们”（社会内部或外面的

---

① Pelinka, A. , “Right – Wing Populism: Concept and Typology,” in Wodak, R. , KhosraviNik, M. and Mral, B. eds. , *Right – Wing Populism in Europe: Politics and Discourse*, London: Bloomsbury, 2013, pp. 3 – 22.

② ［奥］露丝·沃达克：《恐惧的政治：欧洲右翼民粹主义话语分析》，杨敏等译，上海人民出版社 2020 年版，第 3 页。

③ Pelinka, A. , “Right – Wing Populism: Concept and Typology,” in Wodak, R. , KhosraviNik, M. and Mral, B. eds. , *Right – Wing Populism in Europe: Politics and Discourse*, London: Bloomsbury, 2013, p. 9.

陌生人）的威胁；（3）保护祖国（或中心地带、家园）意味着信仰某个共同的历史叙事，该叙事中“我们”要么是英雄，要么是不幸的受害者。这样就建构了修正主义历史，将过去所有的灾难都融入“人民”的成功故事，或者融入奸诈与背叛的故事；（4）“他们”是异类，并且对“我们”有所图谋。阴谋论是恐惧话语建构和右翼民粹主义修辞的重要组成部分；（5）除了民族主义、本土主义和民粹主义的议程，右翼民粹政党还倡导传统的、保守的价值观和道德观（家庭价值观、传统的性别角色），并想维持现状。[①]

2. 右翼极端主义

虽然发端于右翼民粹主义，但是右翼极端主义的核心意识形态仍缺乏明确的宣示，反而是碎片化的。

根据荷兰政治学家卡斯·穆德（Cas Mudde）在其著作《极右意识形态》（*The Ideology of the Extreme Right*）中的定义，即右翼极端主义运动至少包含以下五个特征中的三个：民族主义（nationalism）、种族主义（racism）、仇外心理（xenophobia）、反民主（anti - democracy）和强烈的国家导向（strong state advocacy）。伊丽莎白·卡特（Elisabeth Carter）将右翼极端主义的最低限度（minimal definition）定义为一种包含威权主义（authoritarianism）、反民主、排他性（exclusionary）、整体民族主义（holistic nationalism）的意识形态。她认为这种定义既满足概念的必要规定，又兼顾了概念的简洁性和外延的充分性。[②] 也有研究表明（见图2 -3），极右意识形态在反穆斯林（Anti - Muslim）、反移民（Anti - Migrant）、排外主义（Xenophobic）和文化至上主义（Cultural Supremacism）方面趋同。[③]

---

① ［奥］露丝·沃达克：《恐惧的政治：欧洲右翼民粹主义话语分析》，杨敏等译，上海人民出版社 2020 年版，第 96—97 页。

② Carter, Elisabeth, “Right - Wing Extremism/Radicalism: Reconstructing the Concept,” *Journal of Political Ideologies*, Vol. 23, No. 2, 2018, pp. 157 - 182.

③ Davey Jacob, and Julia Ebner, “The Fringe Insurgency: Connectivity, Convergence and Mainstreaming of the Extreme Right,” ISD, Oct. 2017, https://www.isdglobal.org/wp - content/uploads/2017/10/The - Fringe - Insurgency - 221017_ 2. pdf.

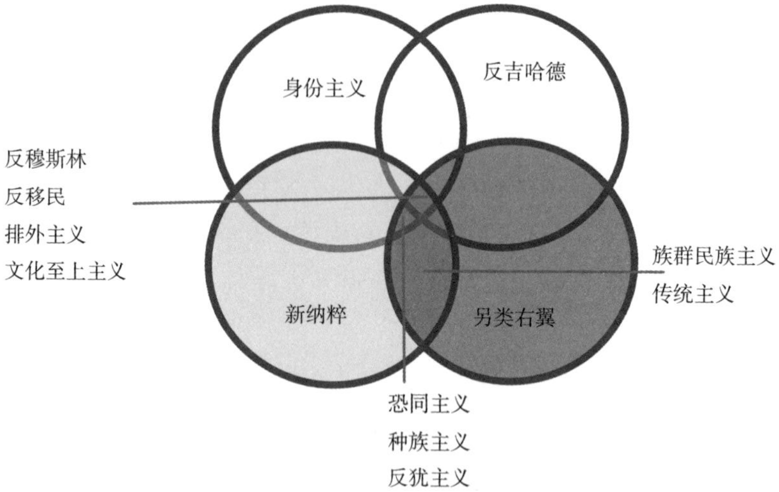

图 2－3　极右翼意识形态的汇合点

资料来源：Davey Jacob and Julia Ebner, "The Fringe Insurgency: Connectivity, Convergence and Mainstreaming of the Extreme Right," ISD, Oct. 2017, https://www.isdglobal.org/wp-content/uploads/2017/10/The-Fringe-Insurgency-221017_ 2. pdf.

在实践上，随着暴力活动的增加，右翼极端主义逐步走上西方政治的舞台，并逐渐呈现常态化。2020 年 10 月，美国国土安全部的年度威胁评估宣布，国内暴力极端主义是美国面临的最紧迫、最致命的威胁。而且，西方学者不得不承认，右翼极端主义在 2021 年 1 月 6 日对美国国会大厦的袭击事件中达到了顶峰：这场残忍的袭击是由已经成为主流的极右翼思想推动的。① 面对此情形，2021 年 6 月，拜登政府发布了美国首个《打击国内恐怖主义国家战略》（*National Strategy for counter Domestic Terrorism*），强调提高媒体素养和培养抵御网上虚假信息的能力，以及解决助长国内极端主义（包括种族主义和枪支管制不足）的根本条件。

① Cynthia Miller-Idriss, "The End of the Wilsonian Era," *Foreign Affairs*, September/October 2021, https://www.foreignaffairs.com/articles/united-states/2021-08-24/war-on-terror-911-jan6.

第二节　右翼极端主义：发展演变与意识形态

近年来，在西方和全球各类经济、政治和社会危机的背景下，极右现象势头强劲，其实力和活动范围都在扩大。通过利用社会不满和日益严重的不安全气氛，极右运动积累了更大的影响力。一是极右政党在主流政治中迅速崛起，二是右翼极端主义意识形态的动员能力在不断增强。如前文所述，COVID－19 为右翼极端主义个人和团体提供了一个难得的机会，他们可以利用当前的恐慌、不满和不确定性来推进他们的目标。在此背景下，右翼极端分子扩大了他们的在线活动：如宣传阴谋论；通过虚假信息加剧恐慌和不信任；参与网络骚扰活动；呼吁发动直接攻击等。

在某种程度上，在西方民粹主义中滋长而来的右翼极端主义正在反噬民主政治的根基。因为右翼极端主义者认为现有的国家机制本质上是腐败的，试图推翻当前的政治制度和既定的社会秩序，以建立一个白人至上的民族国家。在这个意义上，他们与伊斯兰极端主义并无实质性区别。然而，与伊斯兰极端主义不同的是，右翼极端主义缺乏一个连贯的意识形态来界定可接受的行为参数。尽管在主题上有共同之处，21 世纪的右翼极端主义并不是一个具有单一意识形态凝聚力的运动。相反，它包含了庞杂的意识形态团体和子团体，其理念各异甚至互斥。每个意识形态团体都有着不同的信众、亚文化及核心信仰，这在一定程度上影响了他们的行动方式和发展走向。

一　右翼极端主义的兴起与泛滥

从整体上而言，理论界对右翼极端主义在西方的肆虐已展开了相对全面的研究。其中的一个重要原因在于，右翼的极端化已成为西方国家安全与稳定的现实威胁。这种威胁是否随着右翼极端主义的国际化而成为国际安全的重要隐患，则是需要高度警惕的问题。

1. 对右翼极端主义（或称“极端右翼”）的界定

根据社会认同理论，在集体认同的建构过程中，由于内群体和外群体相互构成，因此对外群体的识别与构建一个独特的内群体身份同样重要。如果外群体的存在本身被成功地描述为对内群体、成员及其共同身份的威胁，那么针对外群体成员的暴力行动就很容易被证明是维护内群体的必要手段。①

极端主义的意识形态是以集体认同的建构为基础的，内外群体的界限及其关系是极端主义认同建构和实施动员的核心。极端主义的意识形态结构是由两个关键的信念组成的，即认同是通过对内群体和外群体的定义而产生的，解决危机的方法是要求内群体采取行动。有研究就指出，极端主义指的是“认为内群体的成功或生存永远离不开对外群体采取敌对行动的需要”。②

通过识别敌人，同时提供强大、稳定的集体身份、目的和意义，极端主义运动也吸引了那些感到被更广泛的社会或自己的社区孤立的人，并在那些认为自己面临生存威胁的人群中找到了存在感。在此基础上，极端主义意识形态为复杂的历史起伏提供了简单的答案，同时也为当前的问题提供了解决方案，如果采用“正确”的手段，还能实现乌托邦式的未来愿景。

相对于传统上组织性驱动的暴力极端主义，西方国家越来越关注“由意识形态驱动的暴力极端主义”（Ideologically Motivated Violent Extremism，IMVE）。加拿大安全与情报局（CSIS）指出，由意识形态驱动的暴力极端主义的支持者受到一系列影响，并不是一个单一的信仰体系的驱动。IMVE 的激进化更多的是由各种思想和不满的结合造成的，形成了一种个人化的世界观，其灵感来自各种来源，包括书籍、视频、在线讨论和谈话。由此产生的世界观往往以煽动、促成或动员暴力的意愿为中心。这些个人和小组的行动往往没有明确隶属于某个特定的有组织的团体或外部指导，但还是被网上的仇恨声音和信息所左右，这些声音和信息使

① Marilynn B. Brewer, “Ingroup Identification and Intergroup Conflict: When Does Ingroup Love Become Outgroup Hate?” in Richard D. Ashmore, Lee Jussim, and David Wilder, eds., *Social Identity, Intergroup Conflict, and Conflict Reduction* (Volume 3), Oxford: Oxford University Press, 2001, p. 27.

② J. M. Berger, *Extremism*, Cambridge: MIT Press, 2018, p. 44.

暴力正常化并提倡暴力。[1]

在西方学术界的研究中，其关注的重点是“极端右翼”（extreme right），而不是广义的“极右”（far right）。在西方的语境中，“极右”一词主要指那些“反建制”的右派，特别是那些敌视自由民主的人。“极右”是一个总称，从范畴来看，“极右”的内涵更广，通常包括两个子群体，即接受民主的本质，但反对自由民主基本要素的“激进右翼”（radical right）和完全拒绝民主本质的“极端右翼”（extreme right）。[2] 然而，对待自由民主的立场是否是“极端右翼”和“激进右翼”的本质区别，仍然值得探讨。

从行为方式来看，“极端右翼”与“激进右翼”存在明显的区别，前者更为明确地支持使用暴力或其他非常规手段来实现政治变革；在理念层面，激进右翼与文化民族主义的取向最为接近，它反对移民和伊斯兰教。激进右翼通常不关注种族差异，而是关注文化差异，声称伊斯兰教与西方的文化和社会无法相容。相比之下，极端右翼主要关注的是种族民族主义，主张建立在种族纯洁性思想基础上的社会，拥护极权主义原则。[3] 当然，在现实中，激进右翼和极端右翼往往存在诸多勾连，激进右翼常常成为极端右翼的观念基础。

右翼极端主义在西方社会中的滋长和泛滥，和相关国家中长期存在的种族主义、排外主义有直接的关系。所以，白人至上极端主义成为极

---

① 美国战略与国际研究中心（CSIS）的报告进一步强调：新冠疫情的流行加剧了仇外和反权威的言论，其中许多可能直接或间接影响到国家安全。暴力极端分子继续利用这一流行病，在互联网上扩大有关政府措施和病毒本身的虚假信息。一些暴力极端主义分子认为新冠疫情是一个真实但值得欢迎的危机，可以加速西方社会的崩溃。其他暴力极端主义实体则采用了关于疫情的阴谋论，试图使暴力合理化和正当化。这些说法正在破坏人们对政府诚信的信任和对科学知识的信心。虽然阴谋论言论的某些方面是自由表达的合法行为，但日益暴力并呼吁逮捕和处决特定个人的网上言论越来越令人担忧。详见 https：//www. canada. ca/en/security – intelligenceservice/corporate/publications/2020 – public – report. html。

② Cas Mudde, *The Far Right Today*, Cambridge: Polity Press, 2019, p. 7; Jacob Aasland Ravndal, Tore Bjørgo, "Investigating Terrorism from the Extreme Right: A Review of Past and Present Research," *Perspectives on Terrorism*, Vol. 12, No. 6, 2018, pp. 5 – 22.

③ Tore Bjørgo, Jacob Aasland Ravndal, "Extreme – Right Violence and Terrorism: Concepts, Patterns, and Responses," ICCT, 2019, https://icct. nl/app/uploads/2019/09/Extreme – Right – Violence – and – Terrorism – Concepts – Patterns – and – Responses – 4. pdf.

端右翼的一个重要分支，其最明显的特征是认为欧洲白人代表了一个在基因和文化上都比较优越的种族，应该处于国家或全球主导的地位。他们拥护种族民族主义，要求排斥其他种族并将其非人化，试图以暴力手段对少数族群或政府发动恐怖袭击。他们的最终目标是建立纯白人的民族国家或飞地，确保他们定义的“白人种族”的纯洁性和优越性。简言之，他们支持或使用暴力方式促进种族分离，其根源在于认为有一个共同的、纯粹的白人群体身份受到“他者”的威胁。

2. 极端右翼恐怖主义宣言与意识形态

近年来，国际上发生的多起重大极端右翼恐怖袭击事件都伴随着详细的、公开的宣言，公开宣扬恐怖分子的意识形态、动机和战术选择。这种宣言正迅速成为极端右翼恐怖主义的一个重要特征和组成部分。

例如，2019 年 3 月 15 日，极端右翼恐怖分子布兰顿·塔兰特（Brenton Tarrant）在对新西兰城市克赖斯特彻奇的两座清真寺发动大规模恐怖袭击（杀害 51 名穆斯林礼拜者）前，发布了名为“大替代”（The Great Replacement）的恐怖袭击宣言。该文件共 74 页，超过 16500 字。袭击前，塔兰特将该宣言张贴在 8chan 和 Twitter 上，并以电子邮件的方式发给新西兰总理杰辛达·阿登的办公室和一些媒体。

2019 年 8 月 3 日，美国极端右翼恐怖分子帕特里克·克鲁修斯（Patrick Crusius）对得克萨斯州城市埃尔帕索的西洛维斯塔（Cielo Vista）购物中心发动了大型恐怖袭击，并杀害 22 人，他也发布了名为“难以忽视的真相”（The Inconvenient Truth）的恐怖宣言。在恐怖袭击前，这一充斥着白人民族主义和“大替代”主题的宣言也发布在网上论坛 8chan 上。

国际反恐研究机构对多个宣言进行了文本分析后指出，作为极端右翼恐怖主义意识形态的重要宣示，此类宣言的主题主要涵盖：种族主义、西方文化（重点是美国、欧洲文化）、政治生态，以及将恐怖主义作为“自卫和反击的最后手段”。[①] 具体而言，其特征包括：

---

① “Testament to Murder: The Violent Far - Right's Increasing Use of Terrorist Manifestos,” ICCT Policy Brief, March 2020, https: //icct. nl/app/uploads/2020/03/Jaocb - Ware - Terrorist - Manifestos2. pdf; Rakib Ehsan, Paul Stott, “Far - Right Terrorist Manifestos: A Critical Analysis,” The Henry Jackson Society, Feb. 2020, https: //henryjacksonsociety. org/wp - content/uploads/2020/02/HJS - Terrorist - Manifesto - Report - WEB. pdf.

第一，这些宣言都提到了种族、移民和宗教问题，表明所谓的“种族和文明之间的冲突”已成为极端右翼恐怖主义最重要的推动因素。这在他们的袭击目标选择中表现得尤为明显，即重点针对移民城市、犹太教堂、清真寺或黑人教堂发动袭击。

第二，恐怖分子将保护西方文化视作关键目标。有研究认为，此类宣言已经摆脱了纯粹的种族动因，“战斗已经从基因转移到文化”，因此，维护欧洲作为西方文化和价值观的历史中心地位成为其重要的动员因素。①

第三，极端右翼恐怖分子的宣言糅杂了西方社会的主流政治话语，通过吸收某些政党的公开议题来提升自身的政治影响力。这也表明，当前的极端右翼恐怖分子对国内外的重大政治议题，保持着敏锐的嗅觉。②此类宣言明确反映出当前极端右翼恐怖主义的政治性。

第四，此类宣言都将自身的恐怖行径辩护为“自卫和反击的最后手段”。为了博取同情和支持，恐怖分子都喜欢把自己扮演为被压迫阶级的英雄，是“无奈的战士，被绝望所驱使”。③ 极端右翼恐怖分子不断宣扬拯救种族与文化的使命感，声称是自卫行为，目的是转移责任，把自己塑造成英雄。

由此可见，极端右翼恐怖主义在近年的迅速兴起并非孤立的个案，它是西方右翼极端主义不断滋长和泛滥的必然产物。这种恐怖宣言既是极端右翼意识形态的公然宣示，也将成为今后极端右翼恐怖主义的激发因素和引导路线。所以，对右翼极端主义的意识形态、组织结构、行为方式及其发展规律的梳理和研究，就成为国际社会反对极端主义和恐怖主义的重要任务。

3. 恐怖分子的极端化进程

通过上述恐怖宣言，我们在一定程度上可以把握恐怖分子极端化的粗略进程。马克·萨基姆的相关研究解释了恐怖分子在线下和线上极端

---

① Arie Perliger, “From Across the Globe to El Paso, Changes in the Language of the Far – Right Explain Its Current Violence,” The Conversation, August 6, 2019.

② Bruce Hoffman, *Inside Terrorism*, New York: Columbia Press, 2017, p. 43.

③ Ibid., pp. 22 – 23.

化的四个阶段：道德愤怒感、对世界的具体解释、与个人经历的共鸣以及通过网络进行动员。第一阶段，道德愤怒感，涉及对道德侵犯现象的认知反应；第二阶段，对世界的具体解释，将道德侵犯行为归结为与更大的社会问题有关，如认为这是对某个宗教或种族的战争；第三阶段，日常生活中的一些经历和看法导致的共鸣，如偏见和歧视等；第四阶段，被充分动员后，他们有可能根据他们强化的意识形态采取行动，成为恐怖分子。[①] 这四个阶段见表 2－3。

表 2－3　　极端化的四个阶段进程

第一阶段	道德愤怒感：对重大违反道德行为的反应
第二阶段	对世界的具体解释：将违反道德的行为视为与更大的关切有关，例如对自身宗教或种族的战争
第三阶段	与个人经历的共鸣：个人对日常生活中与偏见和歧视有关的看法
第四阶段	通过网络进行动员：通过与志同道合者联系，参与组织和承诺行动

图表资料来源：Sageman, M. , *Leaderless Jihad*: *Terror Networks in the Twenty－first Century*, Pennsylvania: University of Pennsylvania Press, 2008.

总体上，萨基姆的上述模型包含认知因素和情景因素：前三个因素是认知性的，并且可以相互作用，相互加强。第四个因素是情景性的，根据情境的差异，它可以成为极端分子利用社会网络进行动员的一种方式。这些阶段是反复出现的，但不一定是连续的。换句话说，它们都存在，但不一定按任何特定的顺序流动。[②]

同时，萨基姆曼的阶段性模型并不只适用于伊斯兰极端主义，因为任何类型的亚文化都有可能体验到道德愤怒感，形成对世界有问题的解释，将这种解释与个人经历产生共鸣，或通过组织、网络进行动员。这个四阶段模型为我们理解右翼极端主义的极端化进程，网络动员及独狼式右翼恐怖主义的产生与发展，都有一定的参考价值。

---

① Sageman, M. , *Leaderless Jihad*: *Terror Networks in the Twenty－first Century*, Pennsylvania: University of Pennsylvania Press, 2008, pp. 12－23.

② Ibid. , pp. 23－25.

从目前的态势来看，新冠疫情的长期社会、经济和政治影响，可能远远超过眼前的公共卫生危机。这会不会为政治和社会的持续分化提供肥沃的土壤，使极端分子能够将其引向暴力行动？这是需要关注的重要问题。

二 右翼极端主义的意识形态

需要看到的是，与伊斯兰极端主义不同的是，右翼极端主义的论点高度多元化，没有一个单一的、总体的意识形态框架来凝聚和指导它的发展。所以，右翼极端主义不是一个连贯的、集中的或容易定义的运动。相反，它包括一个由松散的个人、团体和子团体组成的流动、复杂和重叠的网络，由一套以种族团结、白人民族主义、仇外心理和种族危机为中心的叙事所联合。

1. 白人至上主义

一些白人至上主义运动通过歪曲社会达尔文主义和进化心理学等理论，断言种族之间存在根本的、无可争议的生物差异。所以，白人至上主义本质上是种族主义。当然，从叙事方式来看，目前极端右翼意识形态的重新抬头部分源于白人至上主义者的战略调整，即软化公开的种族主义言辞，以吸引更多的受众。[①] 因此，先前存在的、推动 20 世纪白人权力运动的进攻型白人至上主义、法西斯主义和新纳粹主义思想，通过一个新的所谓“白人受害者”的防御型框架被重新塑造。在此过程中，极端右翼已经被重组和改造，例如法西斯主义、纳粹主义和白人至上主义等极端思想被重新包装成身份主义、种族现实主义和白人民族主义等更容易接受的观点。

在白人至上主义的意识形态中，非白人移民被塑造成“对白人‘原住民’价值观、生活方式和文化完整性的根本威胁”，民族国家的

① Berbrier Mitch, “Impression Management for the Thinking Racist: A Case Study of Intellectualization as Stigma Transformation in Contemporary White Supremacist Discourse,” *Sociological Quarterly*, Vol. 40, No. 3, 1999, pp. 411 – 433.

初衷被构建为一种保护每种（种族）文化的纯洁性不被稀释的手段。[①] 基于此，对移民“问题”的解决方案是建立各种“坚不可摧”的民族国家，只允许“本土”民族居住，并由严格封闭的边界“保护”。[②]按照这种固有的本土主义逻辑，白人至上主义运动的一个长期野心是建立“种族国家”。

在种族关系层面，白人至上主义意味着对其他种族群体的强烈排斥。在危机时期，这种排斥倾向不断强化甚至带有明显的暴力色彩。仇恨犯罪报告数据和社会媒体对反亚裔言论的分析表明，自新冠疫情以来，反亚裔言论明显增加。益普索在2020年4月进行的民意调查显示，44%的受访者表示，某个特定的团体或组织应对这一流行病负责。[③] 皮尤研究中心在2020年6月进行的类似调查显示，31%的亚裔美国成年人表示，自新冠疫情开始以来，他们因其种族或族裔而受到了诽谤或嘲弄；39%的人表示，自大流行开始以来，这种情况变得更加普遍。[④]实际上，反亚裔的网上仇恨和暴力煽动已经转化为对亚裔美国人社区的线下攻击。在许多西方国家的第一次疫情封锁中，反亚裔仇恨犯罪在3月和4月首次飙升，与2019年相比，2020年激增了145%，[⑤]停止亚太裔仇恨报告中心在2020年3月19日至2021年2月28日记录了3795起针对亚裔美国人和太

---

① Hans - Georg Betz, Carol Johnson, “Against the Current - Stemming the Tide: The Nostalgic Ideology of the Contemporary Radical Populist Right,” *Journal of Political Ideologies*, Vol. 9, No. 3, 2004, pp. 311 - 327.

② Eino Sierpe, “Confronting Librarianship and its Function in the Structure of White Supremacy and the Ethno State,” *Journal of Radical Librarianship*, Vol. 5, No. 1, 2019, pp. 84 - 102.

③ “Public Poll Findings and Methodology: New Center for public Integrity/Ipsos Poll finds most Americans say the Coronavirus Pandemic is a Natural Disaster,” Ipsos, 28 April, 2020, https://www.ipsos.com/sites/default/files/ct/news/documents/2021 - 03/topline - usatoday - covid - and - asian - sentiment - 032121.pdf.

④ Neil Ruiz, Juliana Horowitz and Christine Tamir, “Many Black and Asian Americans Say They Have Experienced Discrimination Amid the COVID - 19 Outbreak,” Pew Research Center, 1 July, 2020, https://www.pewresearch.org/social - trends/2020/07/01/many - black - and - asian - americans - say - they - have - experienced - discrimination - amidthe - COVID - outbreak/.

⑤ “Fact Sheet: Anti - Asian Prejudice March 2021,” Center for the Study of Hate and Extremism at California State University, San Bernadino, March 2021, https://www.csusb.edu/sites/default/files/FACT%20SHEET - %20Anti - Asian%20Hate%202020%20rev%203.21.21.pdf.

平洋岛民的仇恨事件。①

2. “大替代”阴谋论

现代白人至上主义运动依赖阴谋论、二元对立论和世界末日论等叙事主题来推进自身的意识形态。其中，白人替代理论（White Replacement Theory）将上述三个主题纳入到一个单一的、连贯的、合法化的叙述中。它声称，白人种族正面临着灭绝的生存威胁，被打算冲淡白人文化和种族血统的非白人的涌入所危及。它将阴谋论、二元对立论和世界末日论结合起来，呼吁所谓“正义的力量”——白人、异性恋男人和女人起义，反对所谓“邪恶的力量”——非白人种族、犹太人、同性恋者和“种族叛徒”。这种叙事通过确立一种可感知的生存威胁，推动了一种激发极端行动的紧迫感。通过渲染迫在眉睫的威胁，白人至上主义动员其受众采取行动，使以自卫为幌子的暴力合法化。被称为“十四个字”② 的白人至上主义口号明确地阐述了这一概念，即“我们必须确保我们人民的生存和白人儿童的未来”。③

以白人替代理论中的阴谋论为例，它由三种相互关联的阴谋论组成，声称存在一个摧毁白人文明的邪恶阴谋：（1）起源于法国的“大替代理论”；（2）出现在美国的“白人种族灭绝理论”；（3）英国作家巴特耶尔（Bat Ye’or）发明的“欧拉比亚”（Eurabia）论。

第一，“大替代理论”是由法国作家雷诺·加缪在其2012年出版的《大替代》（*The Grand Remplacement*）一书中提出的。加缪认为，西方社会正受到来自非白人国家移民潮的围攻。这相当于“逆向殖民化”，欧洲

---

① Russell Jeung, Aggie Yellow Horse, Tara Popovic and Richard Lim, “Stop AAPI Hate National Report,” Stop AAPI Hate, 12 March, 2021, https://stopaapihate.org/wp-content/uploads/2021/04/Stop-AAPI-Hate-National-Report-210316.pdf.

② “14”这个数字符号经常与另一个符号“88”配对，它代表“希特勒万岁”（因为H是字母表的第8个字母）。在白人至上主义运动中，“1488”这个数字已经在文身、图形和符号中无处不在，代表对白人种族灭绝理论和纳粹意识形态的认可。

③ Anti-Defamation League, “New Hate and Old: The Changing Face of American White Supremacy,” ADL Center on Extremism, 2018, https://www.adl.org/sites/default/files/documents/New-Hate-and-Old_The-Changing-Face-of-American-White-Supremacy_2018_1.pdf.

白人正在被移民、混血和文化掺杂而取代。① 阴谋论的支持者认为，这种种族和文化的替代是由精英们（通常公开或隐含地被认定为犹太人）故意策划的，以削弱和消除欧洲白人的身份。大替代理论不仅主导了匿名社交媒体平台上暴力极端主义团体的叙述，还渗透到欧洲和其他地区的民粹主义、仇外主义政党所颁布的政治主流话语中。

第二，20 世纪 70 年代，“白人种族灭绝”论开始在美国白人至上主义秘密组织中流传。这种论点认为，白人人口正在经由移民、强制同化、堕胎、促进同性恋和暴力等方式被蓄意消灭，所谓的“平权行动”和其他邪恶的计划来剥夺白人男子的工作机会，也与白人人口的下降密切相关。②

第三，“欧拉比亚”（Eurabia）是英国作家吉赛尔·利特曼（Gisèle Littman）用笔名巴特耶尔（Bat Ye’or）创造的一个术语，描述了围绕欧洲蓄意的伊斯兰化阴谋。它指称存在一个由欧洲和阿拉伯政治精英参与的阴谋，旨在使欧洲伊斯兰化和阿拉伯化，威胁西方的价值观，破坏欧洲与美国和以色列的一致性。③

在极端右翼恐怖分子布伦顿·塔兰特以“大替代”为名发布的恐怖宣言中，通篇充斥着白人至上主义和“大替代”的阴谋论。贯穿该宣言的主导思想是，白人在西方国家被取代，这是违背他们的意愿的——在人口和社会文化意义上都是如此。④ 这可以说是塔兰特认为的所谓“入侵”威胁的核心所在。“大替代”意识形态则反映出右翼极端主义对现代西方主流文化被侵蚀和替代的普遍恐惧：一方面，西方社会正在遭遇家

① Davey Jacob, Ebner Julia, “The Great Replacement: The Violent Consequences of Mainstreamed Extremism,” Institute for Strategic Dialogue, 2019, http://www.isdglobal.org/wp-content/uploads/2019/07/The-Great-Replacement-The-Violent-Consequences-of-Mainstreamed-Extremism-by-ISD.pdf.

② Feshami, Kevan A., “Fear of White Genocide: Tracing the History of a Myth from Germany to Charlottesville,” Lapham’s Quarterly, September 6, 2017, https://www.laphamsquarterly.org/roundtable/fear-white-genocide.

③ van Buuren, Jelle, “Spur to Violence?: Anders Behring Breivik and the Eurabia conspiracy,” *Nordic journal of migration research*, Vol. 3, No. 4, 2013, pp. 205-215.

④ Dr Rakib Ehsan, Dr Paul Stott, “Far-Right Terrorist Manifestos: A Critical Analysis,” The Henry Jackson Society, Feb 2020, https://henryjacksonsociety.org/wp-content/uploads/2020/02/HJS-Terrorist-Manifesto-Report-WEB.pdf.

庭破裂、物质主义的个人主义、对名人的迷恋和普遍的道德败坏的侵蚀；另一方面，西方传统上以家庭为导向、更有社会凝聚力并具有共同体精神的社区，被思想守旧、高出生率的穆斯林移民社区所取代。除了批评最近的大规模移民过程，塔兰特还相当重视西方国家中穆斯林移民社区的生育率（这又被指责为刺激了人口和文化的快速变化）。所以，他要“反移民、反种族替代和反文化替代”。[①]

阴谋论和威胁感之间存在逻辑上的关联，特别是关于系统身份的威胁，或认为社会正在发生根本性变化。例如，QAnon 的影响者迅速利用其阴谋运动的反政府、“深层国家”的腐败、阴暗精英的叙事，以适应世界各国如何应对新冠疫情的公共卫生威胁。然而，QAnon 关于文明秩序将被颠覆的黑暗预言并不新鲜，它只是将各类反犹太主义、白人民族主义、反疫苗和反技术言论的激进叙事拼凑在一起，充斥着对少数群体乃至国家的暴力煽动。新冠疫情以深刻的方式颠覆了规范性社会秩序，这种破坏是在威胁到人们的安全感、稳定性和复原力的不确定性环境中发生的。因此，新冠疫情导致阴谋论的再次兴起是不可避免的。

3. 加速主义与暴力合法化

白人替代论的总体叙事构成了一个“警告”，即如果白人动员起来采取行动，就可以避免世界末日（白人种族灭绝），而加速主义（Accelerationism）则拒绝这种理想主义。加速主义认为，世界已经失去，即将到来的磨难是不可避免的。与其试图避免即将到来的灾难性革命，不如拥抱它，这将最终预示着一个完美的、乌托邦式的社会的出现，以取代当前腐败的制度。[②]

加速主义构成了一个独立的意识形态团体，其信念是西方政府正被多元文化、自由主义和多样性等“堕落”的价值观腐蚀，已经无可挽回地毁掉了。该运动不是被动地等待“布加洛”（Boogaloo），即暴力内战，而是主张使用暴力和恐怖主义，以加速系统的消亡；通过制造混乱、政

---

① “The Great Replacement,” p. 15.

② Kaplan, Jeffrey, “America's Apocalyptic literature of the Radical Right,” *International Sociology*, Vol. 33, No. 4, 2018, pp. 503 –522.

治紧张和煽动“种族圣战”，以唤醒白人民众，最终导致系统地全面崩溃。[①] 在当前反乌托邦的系统崩溃之后，一个完美的、基于民族主义的法西斯社会可能从灰烬中崛起。

在白人至上主义的背景下，加速主义认为现代社会是“不可救药的”，整个文明社会已经被非白人“入侵者”传播的堕落形式所淹没。暴力被认为是解决这一问题的唯一办法，加速主义者提倡社会应该被置于崩溃的境地，这样一个“建立在民族主义上的法西斯社会才能取而代之。”[②]正如罗布·梅（Rob May）和马修·费尔德曼（Matthew Feldman）所解释的，加速主义者提供的解决方案是制造“除颤性休克，这可以使种族……回到神话般的荣耀和统治地位”。[③]

所以，极端右翼最典型的叙述之一是必要的和即将发生的种族战争。通过同时将非白人和犹太人描绘成对白人种族生存的内在威胁，并以非人化的术语框定这种威胁，极右派创造了一种氛围，使暴力变得合法化并得到鼓励。[④]通过煽动无领导、细胞结构的恐怖主义和白人革命，鼓动随机射杀以制造冲突、混乱和无政治状态，加速主义代表的新一代白人至上主义者的政治方式有了明显转变：摒弃了建立合法、统一的新纳粹组织的策略，转而提倡“无领导抵抗”的战术，在正式的等级制度和集中领导之外运作。因此，加速主义小组通常基于共同的愿景和意识形态

---

① Ware, Jacob, “Siege: The Atomwaffen Division and Rising Far – Right Terrorism in the United States,” *Terrorism and Political Violence*, Vol. 20, 2019, pp. 417 – 437.

② Cassie Miller, “There is no Political Solution: Accelerationism in the White Power Movement,” *Southern Poverty Law Center*, 23 June, 2020, https: //www. splcenter. org/hatewatch/2020/06/23/there – no – political – solution – accelerationism – white – power – movement.

③ Rob May, Matthew Feldman, “Understanding the Alt – Right: Ideologues, ‘Lulz’ and Hiding in Plain Sight,” in Maik Fielitz and Nick Thurston, eds. , *Post – Digital Cultures of the Far Right: Online Actions and Offline Consequences in Europe and the US*, Columbia: Columbia University Press, 2019.

④ Alexander Meleagrou – Hitchens, Blyth Crawford and Valentin Wutke, “Rise of the Ractionaries: Comparing the Ideologies of Salafi – Jihadism and White Supremacist Extremism,” GW Program on Extremism, December 2021, https: //extremism. gwu. edu/sites/g/files/zaxdzs2191/f/Rise% 20of% 20the% 20Reactionaries. pdf.

运作，而不是基于组织结构或单一领导人的指示。①

同时，在极右翼恐怖主义的传播中，袭击事件由犯罪者为全球观众进行现场直播，反映暴力电脑游戏的内容，从而使“大规模暴力游戏化”。一方面，恐怖分子的宣言和现场直播在极右翼论坛上传播，成为“行为宣传”，并激励其他人模仿这种成功的高“杀伤力”攻击。另一方面，极右翼恐怖分子相互竞赛，将谋杀和恐怖主义框定为竞争行为，为暴力动员提供激励。

第三节　右翼极端主义与极右翼恐怖主义

近年来，西方右翼极端主义在组织结构、行为方式、政治参与等方面都发生了较大的变化，其中最大的威胁在于它向极右翼恐怖主义的升级。其中，2021 年美国大选后发生的“国会山事件”成为重要的转折点。

右翼极端主义和右翼恐怖主义在核心意识形态方面并无根本分歧，两者主要的区别在于行为方式及对待现制度的态度。因此，白人至上主义团体、极端右翼恐怖组织和极右民粹主义政党可以根据三个核心参数进行分类：（1）对暴力的态度——促进、支持、中立或拒绝暴力在促进极右派利益方面的作用；（2）对政府的态度——寻求从现有的政治机构中实现变革，或者相反，寻求无政府的系统崩溃；（3）对民主的态度——支持实施对现有民主制度的变革，或者说，促进建立一个以第四帝国为模式的法西斯民族国家。② 按照上述标准，如果积极促进暴力、反政府、支持法西斯式种族主义，此类右翼极端主义已上升为右翼恐怖主义。

① Eitan Azani, Liram Koblenz－Stenzler, Lorena Atiyas－Lvovsky, Dan Ganor, Arie Ben－Am, and Delilah Meshulam, “The Far Right: Ideology, Modus Operandi and Development Trends,” ICT, September 2020, https://www.ict.org.il/images/The%20Far%20Right%20%E2%80%93%20Ideology.pdf.

② Eitan Azani, Liram Koblenz－Stenzler, Lorena Atiyas－Lvovsky, Dan Ganor, Arie Ben－Am and Delilah Meshulam, “The Far Right: Ideology, Modus Operandi and Development Trends,” ICT, September 2020, https://www.ict.org.il/images/The%20Far%20Right%20%E2%80%93%20Ideology.pdf.

引 言

与意识形态领域的高度分化和多样化相匹配，右翼极端主义的组织结构和行为方式也是高度分散化和个体化的。“无领导抵抗”策略驱动下“独狼”网络连接而成的网络化、扁平化的组织结构，使右翼极端主义者的行为方式（极右翼恐怖主义）更具无组织性，也更难防治（见图2－4）。

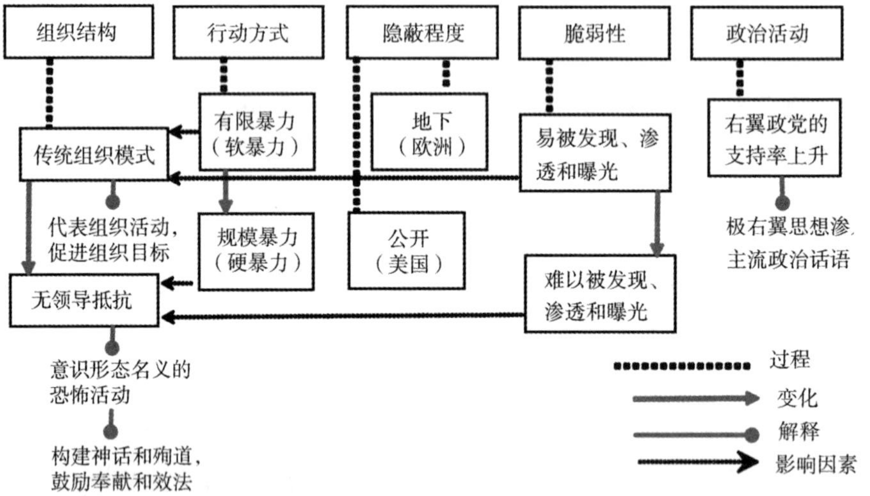

图2－4　西方右翼极端主义的演变

资料来源：Eitan Azani, Liram Koblenz－Stenzler, Lorena Atiyas－Lvovsky, Dan Ganor, Arie Ben－Am and Delilah Meshulam, “The Far Right: Ideology, Modus Operandi and Development Trends,” ICT, September 2020.

在过去的几年里，右翼极端主义运动在其组织结构、宣传工作和行动方式方面经历了许多重大转变和变化。组织结构从正式的、集中的、等级制的结构转变为原子化的、个人化的、网络化的结构，这对极端右翼恐怖威胁产生了深刻的影响。在这个分散的、异质的极端主义行动者集合中，意识形态框架是右翼极端主义动员的催化剂，决定了暴力行动的动机框架和战略方式。因此，这种意识形态框架决定了攻击者所选择的行动路线——无论是通过“有限”还是“大规模”的暴力。

一　右翼极端主义与极右翼恐怖主义的组织结构

自现代恐怖主义在19世纪中期出现以来，恐怖组织主要按照正式的、集中的、有组织的行动模式运作。在2001年“9·11”事件后，全球伊斯兰恐怖主义的威胁已成为西方政治舞台上的中心议题。全球“圣战”运动中充斥着各种恐怖组织，它们的教义和目标各不相同，但似乎都遵循一个类似的以组织为中心的行动模式。这一行动框架的核心是基于三个核心原则的组织设计：（1）一个集中的指挥和控制结构，指导整个组织的战略落实和发展轨迹；（2）一个武装部门，包括所有的武装职能和行动，包括建立、维护和培养该组织的进攻性行动基础（训练战斗人员、采购武器和后勤设备、获取目标等）和部署（战术计划和执行攻击）；（3）一个指导思想，为该运动的恐怖活动提供凝聚力、目的和理由。

极右翼运动的分散性及其对独狼式攻击和“无领导抵抗”行动策略的偏好，使得极右翼恐怖主义威胁几乎无法被识别、监测和预防。与具有明确行动指挥和控制结构的集中化、有组织的传统恐怖组织形成鲜明对比的是，现代极右派的后组织结构使潜在的恐怖分子能够深度潜伏，而极右派、法西斯主义、新纳粹和白人至上主义极端分子迅速扩大的在线生态系统为其提供了便利。这个庞大的、具有意识形态凝聚力的跨国数字网络极大地扩大了恐怖活动的范围，加速了激进化进程及其意识形态的传播。具体而言，右翼极端主义和极右翼恐怖主义组织结构的演变主要体现在以下方面：①

1. “无领导抵抗”策略

在传统上，恐怖组织是按照系统的组织等级制度运作的。这种内部组织结构决定了其成员的规范、世界观和行动方式，以确保中央领导层

---

① Eitan Azani, Liram Koblenz - Stenzler, Lorena Atiyas - Lvovsky, Dan Ganor, Arie Ben - Am and Delilah Meshulam, “The Far Right: Ideology, Modus Operandi and Development Trends,” ICT, September 2020, https: //www. ict. org. il/images/The%20Far%20Right%20%E2%80%93%20Ideology. pdf.

有能力指导和管理其下属小组和附属机构的行为。即使反恐战争迫使伊斯兰恐怖组织调整其组织结构并将其网络分散到全球各地，那些声称领导全球“圣战”运动的人仍按照“决策集中、执行分散”的管理模式对运动的轨迹和战略方向保持控制。① 在这种组织模式中，高层领导规定了整个组织的战略和战术标准，同时授权各地的中层战地指挥官按自己的意愿执行这些指令。

“无领导抵抗”策略首先由前三K党人和雅利安民族活动分子路易斯·贝姆（Louis Beam）在1983年5月《三K党际通讯》上发表的一篇文章中提出。在他的文章中，贝姆认为，叛乱运动传统上采用的金字塔式组织结构，使运动“容易成为政府渗透、诱捕和破坏的猎物”。因此，贝姆主张取消有组织的右翼恐怖主义，而由自主的“幽灵小组”为一个共同的目标独立行动。因此，共同的意识形态、叙事和理论构成了“无领导抵抗”策略的基础，使不同的个体能够在没有实际互动的情况下发展和维持集体身份。个体的自给自足将确保运动的持久性和复原力，因为即使有一个这样的小单位被渗透、暴露和摧毁，这对更广泛的组织来说也几乎没有影响。因此，“美国正在迅速进入警察国家暴政的黑暗长夜；在那里，现在被大多数人接受为不可剥夺的权利将消失。要让即将到来的黑夜充满了无数的抵抗点”。②

1995年美国俄克拉荷马城爆炸案是由“独狼”首次实施的大规模国内恐怖主义行为，③ 它标志着极右翼恐怖主义运动从一个等级森严、有组织的实体实施“有限暴力”，转变为一个无定形的、分散的集体策划的“大规模暴力”。

2. “独狼”网络

当前的极右翼恐怖主义在很大程度上是在传统的、等级结构的范式之外运作的，这体现出个体性不断增强的趋势。极右翼恐怖活动的这种个体化倾向是其网络化的体现。一方面，无定形的网络社区为各类恐怖

① Gartenstein – Ross, Daveed and Nathaniel Barr, “How Al – Qaeda Works: The Jihadist Group's Evolving Organizational Design,” *Current Trends in Islamist Ideology*, Vol. 23, No. 3, 2018, pp. 66 – 122.

② Beam Louis, “Leaderless Resistance,” *The seditionist*, No. 12, 1992, pp. 12 – 17.

③ 俄克拉荷马市联邦大楼爆炸案造成168人死亡，近700人受伤。

分子提供了匿名的、无组织践行意识形态的机会。另一方面在线互动参与也有助于将众多的右翼极端主义意识形态联系起来，创造出一个基于仇恨的叙事网络。

随着右翼极端主义从有组织的、集中的运动过渡到分散的、模糊的独狼网络，互联网在运动中的重要性进一步彰显，被视为“白色革命的工具”。[①] 在这种新的组织模式下，网络空间取代了物理领域，成为极端主义活动的主要运作环境，成为团体建设、激进化、动员和协调的载体。根据《纽约时报》的分析，西方安全部门“越来越关注‘美国极右翼与欧洲同行之间’分散的内部联系网络，并担心这些网络在特朗普时代已经有恃无恐，自 1 月 6 日（国会山事件）以来变得更加坚定”[②]。这些联系可以被认为是在三个层面实现的：意识形态、筹资和行动。每一个都影响着未来的方向和跨区域暴力极右运动的前景。

二　右翼极端主义与极右翼恐怖主义的行为方式

近年来，随着极右翼恐怖主义的激增，围绕该运动对公共秩序构成的新的恐怖威胁引起了西方政府的广泛重视。总体而言，右翼极端主义的肆虐造成了两种形式的暴力威胁：“有限暴力”（软暴力），主要通过极右组织的指导和鼓励；以及“大规模暴力”（硬暴力），由网上论坛和社交媒体上被极右思想煽动和意识形态激化的“独狼”实施，形成模仿型恐怖主义和“行为宣传”的恶性循环。右翼极端主义与极右翼恐怖主义行为方式的转变，主要体现在如下方面：[③]

1. 行动模式的转变

综上所述，极端右翼恐怖分子呈现出独特的行动模式和组织结构，

---

① Duke David, “The Coming White Revolution: Born on the Internet,” David Duke’s Official International Web Site, http: //www. duke. org/writings/internet. html.

② Bennhold, Katrin and Michael Schwirtz, “Capitol Riot Puts Spotlight on ‘ApocalypLcally Minded’ Global Far Right,” *New York Times*, January 24, 2021, hhps: //www. nyLmes. com/2021/01/24/world/europe/capitol – far – right – global. html.

③ Eitan Azani, Liram Koblenz – Stenzler, Lorena Atiyas – Lvovsky, Dan Ganor, Arie Ben – Am and Delilah Meshulam, “The Far Right: Ideology, Modus Operandi and Development Trends,” ICT, September 2020, https: //www. ict. org. il/images/The%20Far%20Right%20%E2%80%93%20Ideology. pdf.

包括以“无领导抵抗”为原则的“独狼”行为者居多，而非按照等级性的组织机构的指示行事。在行动模式上，近年来，极右翼恐怖分子越来越多地实施或企图实施大规模地伤亡袭击，这表明他们逐步从针对特定目标的、有限的“软”暴力策略转变为高强度、高伤亡的“硬”暴力。

这些行动方式在重点、范围和结果上也有所不同。前者是“有限的（软）暴力”，其典型特征是示威、纵火，偶尔也有针对特定目标的单一仇恨犯罪。有限暴力的实施通常是由极右组织或政党煽动、策划和监督的，他们努力保持在政治活动的公认范围内。后者是“大规模（硬）暴力”，其典型特征是由“独狼”或小团体实施的中、高强度攻击，他们单独行动，但通过网上的虚拟社区相互联系。这些造成大规模伤亡的攻击，往往伴随着书面宣言和攻击“直播”，目的是吸引大众的注意力和宣传右翼极端主义的意识形态，以煽动种族战争、加速系统崩溃。

2. 个人攻击者——以意识形态的名义进行攻击

随着极右翼极端主义在受欢迎程度和致命性方面的持续增长，该运动本身也发生了转变和分散化。极右恐怖主义曾经在既定的等级组织的领导和指导下实施，现在几乎完全由“独狼”行为者实施，在强大的意识形态力量的推动下采取暴力行动。

上述这两个平行的趋势在本质上是相互关联的，因为从组织策划的攻击到独立的“独狼”式恐怖主义的转变，构成了导致从有限暴力到大规模暴力的直接催化剂。尽管“独狼”恐怖分子在行动上有固有的局限性，他们的训练和资源远远少于他们的组织同行，但个人攻击者享有相对优势，特别是不受既定指挥系统的限制。由于没有等级组织可供破坏，没有确定的网络可供渗透，没有通信可供拦截和监测，“独狼”具有更大的隐蔽性和不可预测性，能够在执法部门的监控下谋划攻击，并减少他们被抓的机会。

同时，模仿犯罪也是极端右翼恐怖主义的一种普遍趋向。“白人种族灭绝”这一反复出现的主题是许多模仿性的极端右翼恐怖事件的一个重要动机，对极端右翼恐怖分子的偶像化也刺激了此类行为。① 此外，看似

① Jonathan Collins, “A New Wave of Terrorism? A Comparative Analysis of the Rise of Far - Right Terrorism,” *Perspectives on Terrorism*, Vol. 15, No. 6, 2021, pp. 1 -22.

普通的平民对穆斯林少数民族社区成员的攻击，与已知的极右组织没有直接联系，但这种现象在政治极端主义研究中产生了一个全新的研究领域，称为“无关联的恐怖主义”（unaffiliated terrorism）。它是指个人出于心理冲动而或多或少自发的仇恨犯罪。①

三 右翼极端主义与极右翼恐怖主义的发展变化

上述组织结构和行为方式的发展变化，实质上直接影响了右翼极端主义和极右翼恐怖主义的发生和作用机理。以美国国会山事件为转折点，右翼极端主义和极右翼恐怖主义最终演变为西方特别是美国内部的首要安全威胁。

1. 右翼恐怖主义在西方的发展

从极右翼恐怖主义的演变历程来看，近年来一直在持续发展。据统计，1970—1995 年，极右翼恐怖分子实施的袭击数量相对稳定，平均每年有 18 起袭击。截至 1995 年，极右翼恐怖主义经历了明显的下降，在 15 年的时间里，袭击次数下降到平均每年 6.5 次。自 2011 年以来，极右翼恐怖袭击的数量明显增加，2011 年至 2018 年 12 月共记录了 185 起事件。同时，每次袭击造成的伤亡人数也在增加。2017 年，有 11 人被极右翼恐怖袭击杀害；2018 年，约有 26 人被杀害（致死率增加 52%）；截至 2019 年 9 月底，有 77 人死于右翼恐怖主义。②

联合国安全反恐委员会（CTED）在 2020 年 7 月发表的一份报告中指出，极右运动是一个令人担忧的全球威胁，在过去五年中，右翼恐怖袭击增加了 320%。③ 传统上，极右翼恐怖主义的特点是高频率、低强度的攻击，也就是说，事件很多，但死亡人数很少。然而，近年来，极右翼恐怖主义的频率和杀伤力明显增加，在美国，自“9·11”事件以来，

---

① Sweeney M., Perliger A., “Explaining the Spontaneous Nature of Far - Right Violence in the United States,” *Perspectives on Terrorism*, Vol. 12, No. 6, 2018, pp. 52 - 71.

② Institute for Economics and Peace, “Global Terrorism Index 2019,” *START*, http://visionofhumanity.org/app/uploads/2019/11/GTI - 2019web.pdf.

③ Counter - Terrorism Committee Executive Directorate (CTED), “Member States Concerned by the Growing and Increasingly Transnational Threat of Extreme Right - Wing Terrorism,” July 6, 2020, https://www.un.org/sc/ctc/news/2020/07/06/cted - publishes - updated - trends - alert - response - extreme - right - wing - terrorist - groups - covid - 19/.

被右翼极端分子杀害的人已超过伊斯兰极端主义发动的恐怖袭击。[①]与2019年相比，2020年在美国发生的国内恐怖主义事件和阴谋增加了69%。[②]

美国政府已承认，国内恐怖主义对美国构成了最严重和致命的恐怖主义威胁。美国国土安全部（DHS）在2020年10月的国土威胁评估报告中指出，意识形态上的“独狼”犯罪者和小团体对美国构成了最可能的恐怖主义威胁，其中国内暴力极端分子构成是最持久和致命的威胁。2021年5月21日，美国国土安全部部长亚历杭德罗·马约卡斯（Alejandro Mayorkas）在参议院提名委员会作证时承认，根据2021年3月1日发布的美国国家情报总监办公室（ODNI）的一份报告，“受一系列意识形态影响并被美国最近的政治和社会事件激励的‘国内极端主义行为者’对国土构成了更大的威胁。”该报告认为，坚持右翼极端主义信仰的行为者，特别是那些倡导白人种族至上的行为者，今天构成了最致命的威胁，并且最有可能针对平民。[③]

2. 转型与模仿

上述恐怖袭击的数据表明，在极右翼极端主义的行动轨迹中，有两个突出的、相互关联的趋势，影响着袭击的数量和致命程度：第一，从“有限”（软）暴力转向大规模的伤亡袭击（硬暴力）；第二，从等级森严的组织模式演变为分散的独狼恐怖主义。

在20世纪，极右现象对公共议程和政治制度的影响变得非常明显，而且在最近几十年里，它的力量一直在增长。自20世纪以来，极右翼的演变通过其组织构成的结构性变化和运动运作策略的明确转变而变得十分明显。极右翼政治联盟已经从一个拥有集中行动指挥权的等级组织变

---

① Tore Bjørgo, Jacob Aasland Ravndal, “Extreme - Right Violence and Terrorism: Concepts, Patterns, and Responses”, ICCT, 2019, https://icct.nl/publication/extreme - Right - violence - and - terrorism - concepts - patterns - and - responses/.

② Doxsee, Catrina, Grace H. wang, and Seth G. Jones, “The Military, Police, and the Rise of Terrorism in the United States,” Center for Strategic and International Studies, April 12, 2021, https://www.csis.org/analysis/military - police - and - rise - terrorism - united - states.

③ “Domes Lc Violent Extremism Poses Heightened Threat in 2021,” Office of the Director of National Intelligence (ODNI), March 1, 2021, https://www.dni.gov/files/ODNI/documents/assessments/UnclassSummaryofDVEAssessment - 17MAR21.pdf.

异为一个高度分散的运动，其典型特征是受意识形态而非组织影响的“独狼”和“模仿者”实施攻击。与此同时，其恐怖活动的力度明显升级，逐步从“有限的”（软）暴力到“全面的”（硬）暴力，主要是由独狼行动者实施大规模的伤亡袭击。

1995 年 4 月 19 日，蒂莫西·詹姆斯·麦克维（Timothy James McVeigh）对俄克拉荷马市的阿尔弗雷德·P. 穆拉联邦大楼发动恐怖袭击，成为促成上述结构和行动变化的分水岭。这一国内恐怖行径成为美国历史上最致命的本土恐怖主义，也是第一次由“独狼”实施的、伤亡最大的恐怖袭击。在俄克拉荷马市爆炸案之前，白人至上主义的恐怖分子以被视为敌人的特定个人或团体为目标。麦克维偏离了这一既定框架，他打算实施大规模谋杀，以造成大量死亡，从而吸引更多民众的注意，并激励“武装兄弟”以白人至上主义思想的名义动员起来。此次袭击引发了极右翼运动轨迹的根本性转变，催生了新一代极端分子，他们的动机是模仿和复制麦克维的“独狼”式行动方式。同时，极右翼分子不再受到物理边界的限制，他们接受了互联网和社交媒体，将其作为传播信息的手段，与志同道合的人建立联系，并将其影响范围远远超出其特定的地理区域。在这个现代的、数字化的极右社区中，传统的组织等级制度已经过时，取而代之的是一个分散的、扩散的网络生态系统，在这个生态系统中，互联网被作为“无领导的抵抗”的武器。

研究认为，右翼极端分子恐怖袭击的增加越来越令人担忧，这不仅是因为他们的杀伤力不断升级，还因为全球不同的“独狼”恐怖分子之间的联系和相互模仿。自 2011 年以来，三分之一的极右极端主义袭击者直接受到其“前辈”的启发，寻求模仿其“榜样”的“成功”。[①] 随着极端主义网络论坛上在线宣言和全球直播的袭击事件激增，模仿式恐怖主义已成为极右翼“独狼”恐怖分子的主要作案方式，在“榜样效应”的推动下形成了一个暴力循环。

这种模仿传染反映了右翼极端主义意识形态的跨国效应，它通过不

① Liang, Christina Schori and Matthew John Cross, “White Crusade: How to Prevent Right - Wing Extremists from Exploiting the Internet,” GCSP, July 2020, https: //dam. gcsp. ch/files/doc/white - crusade - how - to - prevent - right - wing - extremists - from - exploiting - the - internet.

受管制的匿名在线平台得以促进。这些网络社区不受物理距离的限制，允许世界各地的匿名成员聚集在极端主义的回音室里，自由地传播宣传、激进化和招募新成员、交流战术和行动建议、指导成员躲避执法和反恐行动、资助恐怖活动并相互协调。①

同时，右翼极端主义通过在线网络系统为该运动提供了获得数字时代无边界、技术化金融解决方案的机会。右翼极端主义一直以来都能迅速适应技术进步的迅猛发展。因此，该运动将这种适应性落实到了金融领域，利用新技术、在线网络、支付系统和数字货币来筹集、储存、转移和掩盖其资金。②

还需要看到的是，极右翼分子在网络和实践中的国际化是同步进行的。苏凡中心的报告就指出，乌克兰已成为跨国白人至上极端主义的中心，吸引了来自世界各地的外国极端分子，在乌克兰东部的冲突地区进行训练和激进化。正如“圣战”分子利用阿富汗、车臣、巴尔干、伊拉克以及叙利亚的冲突来积累军事技能和战场经验一样，右翼极端分子也将乌克兰作为聚集、训练和激进化的安全港湾。③

3. 美国国会山事件

2021 年 1 月 6 日发生在美国的国会大厦叛乱事件在全世界引起了震动。截至 2021 年 9 月中旬，已有 608 人因该事件面临起诉。根据乔治·华盛顿大学的极端主义项目，超过 70 名被指控与国会大厦暴动有关的人

---

① Tiana Gaudette, Ryan Scrivens and Vivek Venkatesh, “The Role of the Internet in Facilitating Violent Extremism: Insights from Former Right - Wing Extremists,” *Terrorism and Political Violence*, 2020, https://doi.org/10.1080/09546553.2020.1784147; Tore Bjørgo, Jacob Aasland Ravndal, “Extreme - Right Violence and Terrorism: Concepts, Patterns, and Responses,” ICCT, 2019, https://icct.nl/app/uploads/2019/09/Extreme - Right - Violence - and - Terrorism - Concepts - Patterns - and - Responses - 4.pdf.

② “Bankrolling Bigotry: An Overview of the Online Funding Strategies of American Hate Groups,” Institute for Strategic Dialogue, 2020, https://disinformationindex.org/wp - content/uploads/2020/10/Bankrolling - Bigotry_ GDI_ ISD_ October - 2020L.pdf.

③ “White Supremacy Extremism: The Transnational Rise of the Violent White Supremacist Movement,” The Soufan Center, September 2019, https://thesoufancenter.org/wp - content/uploads/2019/09/Report - by - The - Soufan - Center - White - Supremacy - Extremism - The - Transnational - Rise - of - The - Violent - White - Supremacist - Movement.pdf.

有军事经验。①

美国联邦调查局局长雷将 1 月 6 日的国会山事件称为“国内恐怖主义”行为，② 并表示担心该事件可能成为暴力极端分子未来的一个灵感来源。美国情报机构汇编的一份解密报告对他的看法表示赞同，该报告指出，国内暴力极端主义分子可能“受到美国最近的政治和社会事件的激励”。③

在日渐严峻的右翼极端主义和恐怖主义的威胁下，2021 年 6 月，拜登政府发布了一项全国性的打击国内恐怖主义的战略，这是第一个此类战略。④ 最值得注意的是，与以往的政府文件相比，该战略将威胁称为“恐怖主义”而不是“国内暴力极端主义”。该战略在其方法上明显被认为是对意识形态的无视：无论何种意识形态导致了国内的恐怖主义行为——极左、极右、伊斯兰主义等，该战略都只关注意识形态的暴力表现，而不是意识形态本身。⑤总体上，这一战略已充分意识到极右翼恐怖主义这一暴力行径已成为美国国内安全的重大威胁，但是仅关注暴力本身而忽视其背后的意识形态因素，是否存在“治标不治本”的局限？这一问题值得深思。

---

① “Capitol Siege Cases,” George Washington University, Program on Extremism, September 15, 2021, https: // extremism. gwu. edu/Capitol – Hill – Cases.

② Lucas Ryan, “FBI Director Defends Agency in TesLmony, Calls Jan. 6 Ahack ‘DomesLc Terrorism’,” National Public Radio, March 2, 2021, https: //www. npr. org/2021/03/02/972970812/zi – director – defends – agency – in – tesLmony – calls – jan – 6 – ahack – domesticterrorism.

③ “Domes Lc Violent Extremism Poses Heightened Threat in 2021,” Office of the Director of National Intelligence (ODNI), March 1, 2021, https: //www. dni. gov/files/ODNI/documents/assessments/UnclassSummaryofDVEAssessment – 17MAR21. pdf.

④ “National Strategy for Countering Domestic Terrorism,” National Security Council, June 2021, https: //www. whitehouse. gov/wp – content/uploads/2021/06/National – Strategy – for – Countering – Domestic – Terrorism. pdf.

⑤ Mc Cord, Mary B. and Jason Blazakis, “A Road Map for Congress to Address Domestic Terrorism,” Lawfare, February 27, 2019, https: //www. lawfareblog. com/road – map – congress – address – domestic – terrorism.

第三章

新冠疫情与国际恐怖主义

第一节　新冠疫情与国际恐怖主义的总体态势

自2019年年底新冠疫情在全球暴发以来，疫情对国际恐怖主义的影响仍难以有一个直接和明确的结论。前面的章节充分论述了疫情对恐怖主义的意识形态——暴力极端主义的影响和刺激，以及恐怖组织在框架建构和动员层面对疫情早期引发的社会恐慌的利用。总体而言，与右翼极端主义直接“受益于”疫情导致的矛盾乃至对立不同，国际恐怖主义势力并未受疫情的过多影响，反而在稳步推进自身战略。

一　2020—2021年全球极端暴力事件的整体态势

暴力是衡量过去两年多的时间里COVID－19对恐怖主义影响的最明显指标。一些研究冲突的数据库，通过计算暴力和死亡事件，直观地反映出疫情时期全球极端暴力的总体状况。当然，每一个数据库都有其自身的局限性，而且相关数据库的数据更新和关注的重点也各有不同。

2019年全球恐怖主义指数（GTI）报告指出，“恐怖主义造成的死亡人数在2014年达到顶峰后，已连续第五年下降，2019年死亡总人数下降了15.5%，共有13826人。死亡人数的下降直接反映了恐怖主义影响的减少。”①

---

① “Global Terrorism Index 2020：Measuring the Impact of Terrorism,” Institute for Economics and Peace, November 2020, https：//www.visionofhumanity.org/wp－content/uploads/2020/11/GTI－2020－web－1.pdf.

针对2020年全球恐怖主义的暴力袭击状况，芝加哥大学的“芝加哥安全与威胁项目”（CPOST）在2021年3月发布的报告中指出，在“中东、撒哈拉以南的非洲、北非、中南亚（包括巴基斯坦和阿富汗），2020年的暴力事件有所下降。上述四个地区的袭击事件总体上下降了5%。在2020年的上半年，袭击事件的数量逐步下降，但是在下半年又有所回升”①。

“武装冲突地点和事件数据项目”（Armed Conflict Location & Event Data Project，ACLED）近年来对各类冲突指标进行了记录，相对而言，该数据库对近年冲突数据的收集和整理是较为全面的。武装冲突地点和事件数据项目累积年度数据的结论与上述两个报告基本一致，该数据清楚地表明了更广泛的全球趋势——根据各项指标，2019年和2020年的暴力活动整体在下降。② 但是该项目的数据显示，近两年来“战略发展”的指标有所增长，而“抗议”的指标则有大幅度上升。③

武装冲突地点和事件数据项目注意到的两个数据点，即“抗议”和“战略发展”，表明了恐怖主义暴力的潜在征兆。在这两种情况下，它们表明存在持续的愤怒，或酝酿中的紧张局势，两者均可能发展为暴力。更多的报道表明，反复封锁使一些组织的实际行动和实施袭击的能力变得更为复杂。④

其他地区性的专门数据也表明，疫情期间暴力事件的同比情况总体上呈现出静态性。例如，国际政治暴力和恐怖主义研究中心（ICPVTR）

---

① “Political Violence: January 1 - December 31, 2020,” Review, Chicago Project on Security & Threats, March 2021, https: //d3qi0qp55mx5f5. cloudfront. net/cpost/i/docs/Political_ Violence_ Review_ 2020_ CPOST_ . pdf? mtime = 1614368601.

② “Armed Conflict Location & Event Data Project (ACLED) Codebook,” https: //acleddata. com/acleddatanew/wp - content/uploads/dlm_ uploads/2019/01/ACLED_ Codebook_ 2019FINAL. docx. pdf.

③ ACLED Full Dashboard: https: //acleddata. com/dashboard/#/dashboard，在ACLED的术语中，“战略发展”被归类为与有政治动机的团体有关的事件，这些事件通常表明可能发生暴力的前兆，但不涉及暴力，而“抗议”则被归类为和平表达公众政治愤怒的事件。换句话说，ACLED认为在新冠疫情期间增加的两个指标是非暴力的，然而其趋势值得关注。

④ “The Impact of the COVID - 19 Pandemic on Terrorism, Counter - Terrorism and Countering Violent Extremism: Update,” UN Counter - Terrorism Committee Executive Directorate, December 2020, https: //www. un. org/sc/ctc/wp - content/uploads/2020/12/CTED_ Paper_ The - impact - of - the - COVID - 19 - pandemic - on - counter - terrorism - and - countering - violent - extremism _ Dec2020. pdf.

对2020年的年度评估显示，在报告所涉及的各个地区（南亚、东南亚、中亚以及中东地区），暴力事件在新冠疫情的一年中逐步减少或保持不变，特别是“伊斯兰国”在东南亚地区驱动的暴力事件呈逐年下降的趋势。① 监测泰国南部暴力事件的深南观察（Deep South Watch）统计表明，2020年上半年恐怖袭击有所下降，但到年底，暴力事件已恢复到与2019年大致相同的水平。②南亚恐怖主义门户网站（SATP）也记录了2019年至2020年南亚恐怖活动的总体下降趋势。③可是，暴力极端主义事件总体平稳态势的一个例外是欧洲，根据海牙国际反恐中心的研究，2020年欧洲的伊斯兰极端主义驱动的暴力事件激增——尽管伤亡率或事件发生率仍在低位数。当然，尚未有明确的证据表明欧洲此类事件的激增是由新冠疫情直接驱动的，它仍然是欧洲原有社会紧张关系（特别是右翼与移民）的产物。④

在2021年，国际恐怖主义态势发生了较大的变动，其中一个关键性事件在于以美国为首的北约联军撤离阿富汗，阿富汗塔利班组建临时政府。由于阿富汗局势的剧变，“伊斯兰国呼罗珊省”“巴基斯坦塔利班”等恐怖势力趁机利用阿富汗及巴基斯坦的安全真空和混乱局势，在迅速进行组织重组的基础上，接连在两国制造了多起大规模恐怖袭击事件。南亚地区恐怖主义态势的变化，表明疫情期间的恐怖势力并未受到直接的影响和冲击，它们随时可以把握地区安全格局变动及出现安全真空带来的机会。

二　疫情期间国际恐怖主义的组织格局整体稳定

以圣战派萨拉菲主义为动力的国际恐怖主义格局是去中心的、分散的，至少可以分为四类：“伊斯兰国”及其附属省份（或称 wilayats）、

① “Counter Terrorist Trends and Analyses,” Vol. 13, No. 1, January 2021, https://www.rsis.edu.sg/wp-content/uploads/2021/01/CTTA-January-2021.pdf.

② “Summary of Incidents in Southern Thailand, January 2021,” Deep South Watch Database, February 15, 2021, https://deepsouthwatch.org/en/node/11973.

③ “Number of Terrorism Related Incidents Year Wise,” March 14, 2021, https://www.satp.org/datasheet-terrorist-attack/incidents-data/southasia.

④ Raffaello Pantucci, “Mapping the One-Year Impact of COVID-19 on Violent Extremism,” RSIS, March 25, 2021, https://www.jstor.org/stable/27016615.

“基地”组织及其附属组织、其他圣战派萨拉菲主义组织，以及受到启发的个人和网络。这种分散的结构确保了全球各地不同的圣战派萨拉菲分子在 COVID－19 疫情期间整体的稳定。

首先，“伊斯兰国”的核心仍然在伊拉克和叙利亚，尽管几乎失去了它曾经在这些国家控制的所有领土。以埃米尔·穆罕默德·萨伊德·阿卜杜勒·拉赫曼·马乌拉为首（已被打死），“伊斯兰国”在伊拉克和叙利亚拥有约 1 万名武装分子。其近期目标是恢复该组织的领土控制和管理，并对叙利亚和伊拉克的政府军及其合作伙伴发动恐怖袭击和游击战。正如一份“伊斯兰国”文件所总结的那样，该组织致力于“以游击战打击不信教者和叛教者，为持久控制土地做准备”。① 虽然作为一个国际恐怖组织继续存在，但是“伊斯兰国”的组织结构也在不断调整。它在黎凡特地区的核心实体已经萎缩，但在伊拉克的领土上逐渐获得了一些空间。它的全球附属组织网络仍然松散，个别附属组织表现出更明显的向心力和与核心组织的联系。与此同时，“伊斯兰国”已越来越多地将权力从其在伊拉克和叙利亚的核心地区下放至阿富汗、菲律宾、利比亚、埃及、也门、中非和西非等国家和地区的偏远省份。当前，“伊斯兰国”重点支持其分支（省）向两个方向扩张，即南亚地区和非洲。

其次，“基地”组织的上层组织仍然藏匿在阿富汗和巴基斯坦，由艾曼·扎瓦希里和阿卜杜拉·艾哈迈德·阿卜杜拉（又称阿布·穆罕默德·马斯里）领导。其他一些“基地”组织的高级人物，如赛义夫·阿德尔，可能位于伊朗。同时，“基地”组织仍然在非洲、中东和亚洲保留了一些附属组织。例如，“阿拉伯半岛的基地组织”（以也门为基地）、“青年党”（以索马里为基地）、“支持伊斯兰与穆斯林组织”（Jama'a Nusrat ul－Islam wa al－Muslimin，以马里和萨赫勒的邻国为基地）、“伊斯兰马格里布基地组织”（以阿尔及利亚和邻国为基地）、“印度次大陆基地组织”（以阿富汗和巴基斯坦为基地）和“宗教守卫者”（Hurras al－Din，以叙利亚为基地）。此外，“基地”组织还与其

① “The Temporary Fall of Cities as a Working Method for the Mujahideen,” Al－Naba, April 2019, http：//www. aymennjawad. org/2019/04/islamic－state－insurgent－tacticstranslation.

他组织保持复杂的关系，如叙利亚的“沙姆解放阵线”，该组织拥有近万名武装分子，控制了叙利亚伊德利卜省的大部分地区。与“伊斯兰国”一样，“基地”组织的附属机构在行动、战术、招募和筹款方面基本独立于核心领导层。然而，在2020年，“基地”组织各附属机构的发展态势不一，在马里和索马里的分支机构发展迅速，而其他分支机构则面临较大压力。

再次，有一些联盟团体与“基地”组织或“伊斯兰国”维持着复杂的关系。它们没有成为正式成员，其领导人也没有向两者效忠。这种关系允许这些团体保持相对的独立性，但当它们的利益趋同时，可以与“伊斯兰国”或“基地”组织合作。此类外围组织与“基地”组织、“伊斯兰国”的联系是以圣战派萨拉菲主义的意识形态为基础的，如南亚地区的“羌城军”、东南亚地区的“伊斯兰祈祷团”等。有些组织并未基于圣战派萨拉菲主义的意识形态，但仍与“伊斯兰国”或“基地”组织合作。例如，塔利班的意识形态深受哈乃斐—德班迪宗教传统的影响，[①]但是它与“基地”组织之间基于个人联系、联姻及反美战斗历史等建立了复杂的关系。

最后，还有一些受到启发的个人和网络，虽然他们与“基地”组织或“伊斯兰国”成员没有直接联系，但受到他们的意识形态所启发，并对伊拉克、阿富汗、叙利亚、巴勒斯坦领土和其他国家的穆斯林受到的压迫感到愤怒。他们的动机往往是对西方和当地政权的仇恨。在没有直接支持的情况下，这些个人和网络很多都是业余的。当然，由“自我激进化”制造的“独狼”恐怖分子更为隐蔽、更难防范，也更可能造成重大的安全威胁。

三 疫情对恐怖主义行动层面的影响

在行动层面，疫情对恐怖主义的影响既有刺激，也有限制。当然，这种影响主要在于传统的恐怖袭击事件，对于恐怖组织所发动的规模性武装军事行动，其影响并不明显。

---

① Alex Strick van Linschoten, Felix Kuehn, eds., *The Taliban Reader: War, Islam and Politics*, New York: Oxford University Press, 2018.

（一）疫情下国际恐怖组织的目标

1. 增加攻击次数

国际恐怖分子曾威胁，他们将利用 COVID－19 的暴发在全球范围内加大恐怖袭击力度，特别是在遭受挫折后的西方国家中。然而，在疫情中，国际恐怖组织本身遭到了美国反恐力量的重创，其首领继续成为国际反恐力量打击的主要目标。在 2020 年，“基地”组织的多名重要头目在叙利亚、阿富汗等国被打死。2022 年 2 月，“伊斯兰国”头目在美军的反恐行动中丧命。

整体来看，国际恐怖组织在 2019—2021 年，并未能以新冠疫情为促发因素，增加对西方国家的恐怖袭击。但是，2020 年发生在欧洲的数起袭击事件仍然造成了重要影响。例如，2020 年 9 月和 10 月，法国接连发生了多起因讽刺杂志《查理周刊》和先知穆罕默德的漫画有关的恶性恐怖事件，造成数人死亡。11 月 2 日，一名“伊斯兰国”同情者在奥地利维也纳杀死了四个人。在德国，安全机构逮捕了一个由疑似“伊斯兰国”成员组成的小组，他们计划对驻德美军发动袭击。虽然此类恐怖袭击事件并非是由新冠疫情直接驱动的，但是它们反映出伊斯兰极端主义及国际恐怖主义在欧洲的渗透和影响。更重要的一点在于，新冠疫情进一步加剧了欧洲本土社会与穆斯林移民群体之间的紧张关系，这表现为在欧洲造成数十万病例死亡的疫情并没有削弱恐怖袭击制造的恐慌和愤怒，即使后者仅导致数人死亡。但是袭击发生的地点、受害者的身份、袭击的性质等因素造成的社会和政治影响都远远超过了死亡人数。

2. 将病毒武器化

正如一份联合国反恐报告所总结的那样，“虽然伊黎伊斯兰国的宣传将 COVID－19 描述为一种神圣的武器，但没有迹象表明伊黎伊斯兰国系统地试图将该病毒武器化”。[①]相反，“伊斯兰国”和“基地”组织更倾向于使用爆炸物、枪支、刀具和车辆发动传统攻击，部分原因是这些武器

---

① United Nations Security Council, “Twenty－Sixth Report of the Analytical Support and Sanctions Monitoring Team Submitted Pursuant to Resolution 2368 (2017) Concerning ISIL (Da’esh), Al－Qaida and Associated Individuals and Entities,” S/2020/7/17, July 23, 2020, p. 22.

和材料更容易获得和使用。

从另一个角度来说，在国际社会逐步摆脱对新冠病毒的恐慌、相关疫苗在许多国家得到普遍推广的情况下，国际恐怖组织要将新冠病毒武器化需要克服各种社会和技术因素的限制。相对而言，传统恐怖袭击模式的成本更低、收益更大。

3. 增加招募和支持者

需要承认的是，新冠疫情带来的影响（强制封锁、失业、经济困难、孤独、挫折和无聊）可能增加了大量人口对激进化的脆弱性。如前所述，研究发现随着极端主义团体在社交媒体上的扩散，相关的搜索流量和这些团体的订阅者也在增加。

伊斯兰极端主义和国际恐怖组织希望利用 COVID－19 导致的隔离、居家办公与学习人数的增加，特别是网上活动激增的机会来增加招募。他们的目标不仅是煽动信众的激进化，而且试图在网络中宣教。"基地"组织的一份文件认为，"我们要提醒非穆斯林利用他们被隔离的时间，从真实的资料中去了解伊斯兰教，阅读并思考伊斯兰教有别于其他所有宗教、主义和制度的优点"。① "伊斯兰国"也利用与 COVID－19 有关的标签，试图将互联网用户引向其宣传。

在国际恐怖组织利用新冠疫情扩大招募和支持者的问题上，很难给出直接的答案。与右翼极端主义者在网络空间中的高度活跃不同，伊斯兰极端主义者在疫情中更注重现实的行动以实现势力范围扩张。例如，国际恐怖组织在非洲萨赫勒地带、中非地区及南亚地区的扩张，很难说其招募和动员工作是以疫情为口号，还是把握了疫情制造的机会结构。

（二）COVID－19 给国际恐怖组织带来的限制

当然，在行动层面，恐怖分子由于 COVID－19 的传播而必须应对的

① Al－Qaeda，"The Way Forward：A Word of Advice on the Coronavirus Pandemic，" As－Sahab Media Foundation，March 31，2020，https：//ent. siteintelgroup. com/Statements/al－qaeda－central－advocates－islam－to－westerners－suffering－covid－19－pandemic－urges－muslims－embrace－religious－principles. html.

各种挑战和困难,[1]有必要对其进行评估，以便提供一个更加平衡的威胁评估。一般来说，恐怖分子更倾向于主动选择行动地区和目标，其方式是以最小化的努力和风险，换取最大化回报。[2] 有研究表明，在短期内，新冠疫情可能会改变恐怖分子的目标选择策略。[3]

第一，在疫情应对过程中，政府对公民行动自由的限制导致拥挤的空间相对减少，可能会降低常规恐怖主义战术的有效性，包括刺杀、爆炸和车辆冲撞等。政府的隔离措施、社会间隔要求以及对国内行动自由的限制，导致火车、地铁和机场等可能的交通攻击目标减少。在传统上，国际恐怖分子常常以交通工具为袭击目标，如 2004 年 3 月的马德里事件、2005 年 7 月的伦敦事件、2006 年 7 月的孟买事件、2010 年 3 月的莫斯科事件和 2016 年 3 月的布鲁塞尔事件等恐怖袭击。同时，由于体育赛事、商场、餐馆、音乐会和户外活动被不间断地关闭，恐怖分子也很难对大量人群进行袭击。以往的袭击案例包括 2013 年 4 月的波士顿马拉松爆炸案，2013 年 9 月的肯尼亚内罗毕的西门购物中心袭击案，2015 年 11 月的法国巴黎的餐馆、足球场和其他地点的协调袭击，2016 年 7 月的法国尼斯的巴士底日袭击，2016 年 12 月的德国柏林的圣诞市场袭击，以及 2017 年 5 月的英国曼彻斯特的阿丽亚娜·格兰德流行音乐会袭击等。

自 2021 年以来，许多国家由于经济活动和社会流动的压力，逐步放开了对公共场所及聚集性活动的防疫管控，对于国际恐怖分子来说，他们在人群密集的目标选择上也在恢复“主动”。事实上，他们仍优先选择人员聚集场所，发动大规模恐怖袭击以制造轰动性的影响。最典型的案例是“伊斯兰国呼罗珊省”在美军撤离前后，对阿富汗机场、清真寺及医院发动的多起大规模恐怖袭击。

---

① Jessica Davis, “Terrorism During a Pandemic: Assessing the Threat and Balancing the Hype,” Just Security, April 28, 2020, https://www.justsecurity.org/69895/terrorism – during – a – pandemic – assessing – the – threat – andbalancing – the – hype/; Sam Mullins, “Terrorism and COVID – 19: Are We Over – Estimating the Threat?” Small Wars Journal, June 25, 2020, https://smallwarsjournal.com/jrnl/art/terrorism – and – covid – 19 – are – we – overestimating – threat.

② Marchment Z., Gill P., “Spatial Decision Making of Terrorist Target Selection: Introducing the Track Framework,” *Studies in Conflict & Terrorism*, 2020, doi: 10.1080/1057610X.2020.1711588.

③ Stern S., Ware J. and Harrington N., “Terrorist Targeting In the Aage of Coronavirus,” *International Counter – Terrorism Review*, Vol. 1, No. 3, 2020, pp. 1 – 20.

第二，随着各国关闭边界，使得国际旅行大大减少。外国旅行的减少意味着外国旅游目标的减少。① 在过去的 20 年里，国际恐怖分子袭击了许多旅游目的地，如 2002 年 10 月和 2005 年 10 月的印度尼西亚巴厘岛，2005 年的埃及沙姆沙伊赫，2006 年 4 月的埃及达哈布，2015 年 6 月的突尼斯苏斯，以及 2017 年 8 月的西班牙巴塞罗那。另外旅行限制也影响了恐怖分子的行动自由，包括外国恐怖主义战斗人员的转移。

第三，由于全球、区域和国家供应链的中断，恐怖组织（特别是那些在偏远地区活动的恐怖组织）可能难以可靠地获得食品、药品、资金和武器。对人员和货物流动的限制也可能使恐怖组织失去"税收"或敲诈的收入。②

第四，对 COVID－19 的压倒性关注可能会暂时减少媒体对恐怖袭击的关注。对于某些恐怖组织来说，由于在疫情中难以通过制造恐怖事件获取足够的关注，它们可能选择将袭击计划推迟。

第五，在反恐技术层面，各国在防疫过程中使用大规模数字监控，如旅客信息预报（API）和旅客姓名记录（PNR）系统、面部识别和其他生物识别技术在客观上抑制了恐怖分子的自由流动和跨国转移。

四　恐怖主义原有的发展轨迹未变

对于新冠疫情下恐怖主义的发展态势，联合国反恐委员会执行局（CTED）根据地区的差异分为两种类型：非冲突地区和冲突地区，③因为 COVID－19 在冲突和非冲突地区可能的传播和反应方面存在重大差异。COVID－19 暴发前恐怖活动的区域差异基本上继续沿着类似的轨迹发展。在非冲突地区，旅行限制和检疫措施使潜在的计划和行动活动复杂化，

---

① 也要看到的是，新冠疫情已经导致了高度依赖国际旅游业的国家（特别是小岛屿国家）的经济活动严重萎缩。目前许多这样的国家面临着严重的经济和社会危机。

② 然而，这种国际流动性的降低，也可能导致因失业、收入减少引发的激进化问题。典型如新冠疫情迫使许多移民工人返回原籍国，从而导致汇款急剧减少，并可能加剧现有的不满情绪。例如，中亚国家就存在大量的移民工人，受疫情影响他们的就业和收入面临冲击，也必将造成新的激进化问题。

③ "The Impact of the COVID－19 Pandemic on Terrorism, Counter－Terrorism and Countering Violent Extremism," Security Council Counter－Terrorism Committee Executive Directorate（CTED）, 2020—2021.

从而使恐怖分子更难（但不是不可能）进行攻击。在冲突地区（恐怖主义最猖獗的地方），先前存在的治理不善、动乱和机构能力差距等问题，加上疫情的冲击，为恐怖主义的活跃及扩张提供了机会。

在新冠疫情肆虐的两年多以来，以“伊斯兰国”和“基地”组织为代表的国际恐怖势力继续以各自不同的方式蓬勃发展，尽管他们似乎面临着与各自更广泛的运作环境有关的问题，而不是与 COVID－19 具体相关的问题。整体而言，疫情下国际恐怖主义仍然按照其既定的轨迹稳步发展。①

例如，2020 年前三个月，“伊斯兰国”在伊拉克至少发动了 566 次袭击，比上一年增加了 94%，②总体上与 2019 年的袭击数量相当。即使我们承认“伊斯兰国”在 2020 年成功地加强了在伊拉克的行动，但据报道，在大流行开始之前，该组织在 2019 年年中就已经开始卷土重来。杰森·布拉扎基斯认为，“似乎更有可能的是，任何‘伊斯兰国’（在伊拉克）的重新崛起都与先前存在的反恐战略和决定有关”。③ 相关研究也认为，美国和伊朗的紧张关系和 COVID－19 的因素只是“伊斯兰国”在伊拉克复苏的加速剂，这种复苏在 2019 年年底就已经开始了。④

在撒哈拉以南的非洲也可以看到类似的情况。尽管分析家们迅速将该地区的袭击归因于新冠疫情的发生，但往往没有提供细节来明确地将两者联系起来。例如，2020 年 3 月底“博科圣地”屠杀了 92 名乍得士兵，但这很难证明该地区的恐怖分子通过利用 Covid－19 危机作为加强攻击的机会。因为在攻击发生时，乍得只有 3 个新型冠状病毒病例得到确

① 例如，联合国就作了相对权威的总结，详见 https：//www. un. org/sc/ctc/wp－content/uploads/2020/06/CTED－Paper% E2% 80% 93－The－impact－of－the－covid－19－pandemic－on－counter－terrorism－and－countering－violent－extremism. pdf.

② Michael Knights, Alex Almeida, “Remaining and Expanding: The Recovery of Islamic State Operations in Iraq in 2019—2020,” CTC Sentinel, Vol. 13, No. 5, 2020, pp. 12－27, https：//ctc. usma. edu/remaining－and－expanding－the－recovery－of－islamic－stateoperations－in－iraq－in－2019—2020/.

③ Jason Blazakis, “Is the threat from ISIS really more significant because of COVID－19?” The Hill, May 13, 2020, https：//thehill. com/opinion/national－security/497261－is－the－threat－from－isis－really－more－significant－because－of－covid－19.

④ Michael Knights, Alex Almeida, “Remaining and Expanding: The Recovery of Islamic State Operations in Iraq in 2019—2020,” CTC Sentinel, Vol. 13, No. 5, 2020, pp. 12－27, https：//ctc. usma. edu/remaining－and－expanding－the－recovery－of－islamic－stateoperations－in－iraq－in－2019—2020/.

认，该国也没有采取什么措施来对抗该病毒。此外，在撒哈拉以南非洲地区恐怖主义的发展态势，实质上发端于2004年。特别是自2011年以来，袭击事件急剧增加，几乎没有间断过。

所以说，国际恐怖组织都坚持着与病毒爆发前大致相同的发展轨迹，而新冠疫情的暴发助推了国际恐怖主义在冲突地区的发展和扩张。正是后者提供的机会结构，使得近年国际恐怖主义的发展易被忽视，实质上将导致严重的国际安全威胁。

第二节 国际恐怖主义的转型与分歧："基地"组织和"伊斯兰国"比较

2021年4月，美国总统拜登作出决定，在2021年9月11日之前从阿富汗撤出所有美军部队。在宣布撤军时，拜登宣称，"本·拉登已经死亡，'基地'组织在伊拉克和阿富汗的地位已经下降"。[①] 本·拉登确实死了，而且已经死了十多年；然而，"基地"组织并没有被打败，美国的撤军很可能是这个恐怖组织一直在等待的时机，以加速在阿富汗、巴基斯坦和整个南亚地区的重建战略。与此同时，"伊斯兰国呼罗珊省"利用北约从阿富汗仓促撤军导致的安全真空和混乱迅速崛起。2021年8月底发生在喀布尔的"伊斯兰国呼罗珊省"自杀式袭击，造成160多名阿富汗平民和13名美国军人死亡，这可能是新的恐怖活动的开场白，这场冲突也把"基地"组织和哈卡尼网络拖入"伊斯兰国"的对立面。[②]

如前所述，新冠疫情的暴发和肆虐并没有改变"基地"组织和"伊斯兰国"的既定发展轨迹。但与此同时，此次疫情恰好与国际恐怖主义的转型期相重合。那么，以两者为代表的国际恐怖势力，其现有的发展轨迹从何而来，又将走向何方？这是本节需要关注的主要问题。

---

① "Remarks by President Biden on the Way Forward in Afghanistan," The White House, April 14, 2021, https: // www. whitehouse. gov/briefing – room/speeches – remarks/2021/04/14/remarks – by – president – biden – on – the – way – forwardin – afghanistan/.

② "Diminished, but not Defeated: The Evolution of al – Qaeda Since September 11, 2001," The Soufan Center, September 2021, https: //thesoufancenter. org/wp – content/uploads/2021/09/TSC – Report_ diminished – but – not – defeated – the – evolution – of – al – qaeda – since – sept – 11 – 2001_ Sept – 2021. pdf.

一　恐怖组织生命周期之转型期

从恐怖组织的生命周期来看，其历程一般包括萌芽期、成长膨胀期、晦暗期、转型期到消亡期等不同阶段。转型期是恐怖组织避免直接消亡的重要方式。在转型期，恐怖组织开始通过不同的方式（分裂、合并、改革等）进行转型，若转型成功，将形成一个成熟的恐怖组织，其特点如下：逐渐形成明确、独立的思想和目标；资金和物质来源稳定；建立起较为成熟的运行机制；每年实施恐怖活动的数量和覆盖地域较为稳定。若转型失败，则进入消亡期。即恐怖组织逐渐丧失了继续存在的能力，逐渐走向灭亡。①

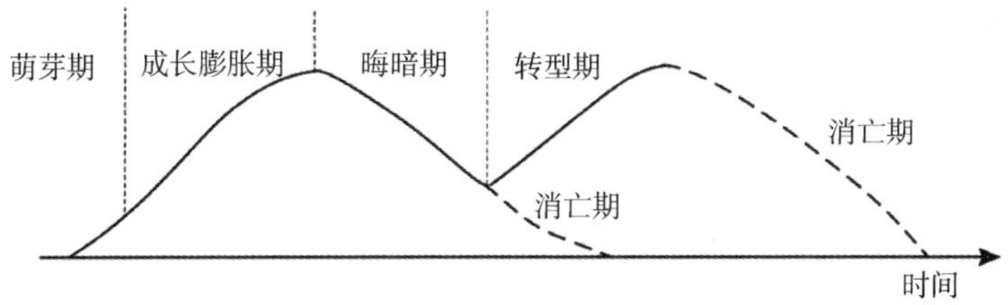

图 3－1　恐怖组织生命周期的演化

资料来源：张诗含：《恐怖组织生命周期的演化规律研究》，中国人民公安大学，硕士学位论文，2019 年。

作为“老牌”的国际恐怖组织，“基地”组织在发展过程中，曾经历了一个明显的调整转型期。2001 年“9·11”事件发生后，“基地”组织受到了美国的强力打击，哈立德·谢赫·穆罕默德等主要领导人被抓获或击毙，此时“基地”组织开始进行策略调整，不再直接参与到恐怖活动中，而是以资金援助、人员培训、信仰宣传等方式来支持当地恐怖极端分子和组织（如伊拉克“基地”分支），组织结构转变为松散的网状结构——由内而外依次由“基地”中央、地方分支机构与“圣战主义”盟友构成。当然，组织结构的扁平化和分散化并没有从本质上影响和制约

① 张诗含：《恐怖组织生命周期的演化规律研究》，中国人民公安大学，硕士学位论文，2019 年，第 27 页。

“基地”组织的发展能力。以其中央所在的阿富汗为例，它在“9·11”事件后的20年中，仍保持着稳定的发展势头。随着美国从阿富汗撤军以及随后塔利班的接管，人们对塔利班与“基地”组织的关系以及当今恐怖主义威胁的状况产生了疑问。结合“基地”组织庞大的网络，美国从阿富汗的撤军将为该组织提供重大机会。在塔利班保护下的安全避难所的重新出现可以为其提供必要的行动空间，以招募人员、重新武装和重新统一，从而可以重新关注西方。①

“伊斯兰国”的内部转型也源于外部反恐压力的变化。该组织作为“基地组织伊拉克分支”受益于2011年美军撤离伊拉克而迅速发展，在2013年脱离“基地”组织成立了“伊拉克和黎凡特伊斯兰国”。2014年，该组织宣布重建“哈里发”并达到发展顶峰。但是，在领土“哈里发”实体被击溃后，“伊斯兰国”再次进入转型时期。现在对于其转型结果仍未有定论，但是其分支已对南亚、西非、中非等地区的安全造成了严重威胁。

二 后“9·11”时期“基地”组织的转型

在过去的20年里，事实证明“基地”组织在全球反恐战争中具有顽强的生命力和适应性。全球反恐战争直接打击了“基地”组织的领导层，削弱了其在西方土地上发动大规模袭击的能力。作为回应，“基地”组织将其战略转向地方叛乱并利用宗派主义以及多个地区的地缘冲突进行转型和重组。研究表明，自“9·11”事件以来，“基地”组织的规模急剧扩大，目前在从萨赫勒到南亚的各种附属组织中拥有3万—4万名成员。②从整体上看，“基地”组织的转型必然对国际安全造成严重威胁。

---

① “Diminished, but not Defeated: The Evolution of al – Qaeda Since September 11, 2001,” The Soufan Center, September 2021, https://thesoufancenter.org/wp – content/uploads/2021/09/TSC – report_ diminished – but – not – defeated – the – evolution – of – al – qaeda – since – sept – 11 – 2001_ Sept – 2021.pdf.

② “Diminished, but not Defeated: The Evolution of al – Qaeda Since September 11, 2001,” The Soufan Center, September 2021, https://thesoufancenter.org/wp – content/uploads/2021/09/TSC – report_ diminished – but – not – defeated – the – evolution – of – al – qaeda – since – sept – 11 – 2001_ sept – 2021.pdf.

（一）从后“9·11”到后本·拉登时期“基地”组织的转型与发展

关于恐怖主义组织存续时间的研究发现，绝大多数此类组织的平均寿命都很短。[①] 著名恐怖主义学者大卫·拉波波特（David C. Rapoport）曾指出，近90% 的恐怖组织持续时间不到一年。[②]作为国际恐怖主义的鳌头，“基地”组织自成立以来已有30多年，且经历了“9·11”事件后国际反恐联盟的强力打击，以及组织灵魂人物本·拉登被击毙的两大严重挫折，但为什么它能得以长期存在甚至保持充分的活力呢？对“基地”组织及其非洲附属组织之间历史关系的研究表明，“基地”组织的高级领导层在很大程度上塑造了附属组织的意识形态特征、行动能力和领导结构。[③] 这种塑造能力使得“基地”组织的模式得以延续和扩展，并在外部压力下保持足够的韧性。

经过多年的发展，“基地”组织如今已成为全球“圣战”意识形态的中心与策源地之一。国际恐怖主义“战略大师”阿布·穆萨布·苏里（Abu Musab al - Suri）在他的著作中将“基地”组织描述为“一个号召、一个参考、一种方法”，并否认它是一个团体或组织。相反，艾尔·苏里（al - Suri）认为“基地”组织的“主要目标是刺激世界各地的团体加入‘圣战’运动”，[④] 即该组织的目标是为了“让‘圣战’的火焰在各地继

---

① Joseph K. Young, Laura Dugan, “Survival of the Fittest: Why Terrorist Groups Endure,” *Perspectives on Terrorism*, Vol. 8, No. 2, 2014, pp. 2 - 23; Laura Dugan, “The Making of the Global Terrorism Database and Its Applicability to Studying the Life Cycles of Terrorist Organisations,” in D. Gadd, S. Karstedt and S. Farrall, eds., *Sage Handbook of Criminological Research Methods*, Newbury Park, CA: Sage Publications, 2012; Martha Crenshaw, “How Terrorism Declines,” *Terrorism and Political Violence*, Vol. 3, No. 1, 1991, pp. 69 - 87.

② David C. Rapoport, “Terrorism,” in Mary Hawkesworth and Maurice Kogan, eds., *Encyclopedia of Government and Politics*, Vol. 2, London: Routledge, 1992; Brian J. Phillips, “Do 90 Percent of Terrorist Groups Last Less Than a Year? Updating the Conventional Wisdom,” *Terrorism and Political Violence*, Vol. 31, No. 6, 2019, pp. 1255 - 1265.

③ Eric Ouellet, Pierre Pahlavi, “The Institutionalisation of Al - Qaeda in the Islamic Maghreb,” *Terrorism and Political Violence*, Vol. 26, No. 4, 2014, pp. 650 - 665; E. Daniel Agbiboa, “Terrorism Without Borders: Somalia's Al - Shabaab and the Global Jihad Network,” *Journal of Terrorism Research*, Vol. 5, No. 1, 2014, pp. 27 - 34.

④ Lawrence Wright, “The Master Plan,” *New Yorker*, September 11, 2006, https://www.newyorker.com/magazine/2006/09/11/the - master - plan.

续燃烧”。[①]对此，著名恐怖主义专家丹尼尔·拜曼（Daniel Byman）认为，“‘基地’组织将‘圣战’作为信仰支柱必要性的宣传似乎取得了巨大的成功，必须被视为该组织的胜利”，而且“‘基地’组织所支持的全球‘圣战’运动依然强大”。[②]美国战略与国际研究中心的研究也证明，今天开展活动的“圣战”分子几乎是2001年“9·11”事件时的四倍，尽管“基地”组织不能将这些恐怖分子都归于自己旗下，但它确实在更广泛地推动这场运动方面发挥了不可或缺的作用。[③]

对于“基地”组织何以保持长期的发展，科林·P. 克拉克（Colin P. Clarke）以组织管理学中“麦肯锡7S框架”（战略、结构、风格、人员、技能、系统和共同的价值观）为基础，认为其中结构、技能和系统三个因素发挥了关键性的作用。[④] 但是作者在分析上述因素时，并未突出“基地”组织对其进行调适，以实现组织转型、避免组织衰亡的过程和作用。

除了躲避国际反恐力量对自身的精准打击、维护组织的存续外，后本·拉登时代“基地”组织的转型，还有一个原因是由于该组织试图维持自身的地位并与“伊斯兰国”展开全球竞争。对于“基地”组织来说，围绕组织竞争而逐步推进的转型过程主要体现在：与“伊斯兰国”的掠夺性方法相比，“基地”组织权威和领导力的渗透集中于加入地方叛乱，而不是完全篡夺它们；与“伊斯兰国”不同，“基地”组织一直小心翼翼

① Peter Bergen, *The Osama bin Laden I Know: An Oral History of al Qaeda's Leader*, New York: Free Press, 2006, p. 8.

② Daniel Byman, "Explaining Al Qaeda's Decline," *The Journal of Politics*, Vol. 79, No. 3, 2017, pp. 1106 – 1117.

③ Seth G. Jones et al., "The Evolution of the Salafi – Jihadist Threat: Current and Future Challenges from the Islamic State, al – Qaeda, and Other Groups," Center for Strategic and International Studies (CSIS), November 2018, https://csis – prod. s3. amazonaws. com/s3fs – public/publication/181221_ EvolvingTerroristThreat. pdf; Eric Schmitt, "Two Decades After 9/11, Militants Have Only Multiplied," *New York Times*, November 20, 2018, https://www. nytimes. com/2018/11/20/us/politics/terrorism – islamic – militants. html.

④ Colin P. Clarke, "Using the McKinsey 7S Framework to Assess Al – Qaeda Over Three Decades: Lessons for the Future," ICCT, December 2019, https://icct. nl/app/uploads/2019/12/using – the – mckinsey – 7S – framework – to – assess – al – qaeda – over – three – decades – lessons – for – the – future. pdf.

地避免树敌过多；利用网络媒体技术，“基地”组织采取了更为激进的媒体战略，即使它的宣传在复杂性和冲击性上仍稍逊于“伊斯兰国”；最后，它主要集中于有限度的关注，试图建立合法性和基层支持，而“伊斯兰国”采用的口号是“保持和扩张”，目标是将其“哈里发”扩大到伊拉克和叙利亚以外的地方。[①] 可以看到，在转型策略方面，“基地”组织制定的目标更为有限，重点施行渐进主义的方法。查尔斯·李斯特（Charles Lister）将其视作“有节制的实用主义”，[②]而阿里·苏凡（Ali Soufan）称其为“耐心战略”。[③]霍夫曼则认为“基地”组织目前的发展轨迹是经过深思熟虑的，它让“伊斯兰国”在西方国家的反恐行动中首当其冲，然后“静静地、耐心地重建”。[④]

总体而言，在转型策略方面，长期以来“基地”组织一直将恐怖袭击视为激发对全球“圣战”支持的一种手段，但最近该组织已转变为专注于其战斗人员所在的本地化冲突。当然，在打击以美国为首的西方目标的总体叙事下，“基地”组织不可能放弃全球“圣战”。可是，由于“基地”组织实施本地化战略并更为注重攻击“近敌”，它的成员急剧增长，但源于核心领导层及附属分支首领的变动和国际反恐力量的持续打击，该组织进行大规模攻击和对外行动的能力已受到限制。未来“基地”组织是否会将其战略重新聚焦于对“远敌”的打击，将取决于其领导层能否在意识形态上统一其网络，加强与各分支的协调与联动，避免在地方性冲突中分散自身的精力甚至引发反作用力。

① Bruce Hoffman, “Al – Qaeda’s Resurrection,” Council on Foreign Relations (CFR), March 6, 2018, https: //www. cfr. org/expert – brief/al – qaedas – resurrection.

② Charles Lister, “Hayat Tahrir al – Sham: To Unite or Divide the Ranks?” in Aaron Y. Zelin, ed., *How Al – Qaeda Survived Drones, Uprisings, and the Islamic State: The Nature of the Current Threat*, Washington Institute for Near East Policy, June 2017, https: //www. washingtoninstitute. org/policy – analysis/view/how – al – qaeda – survived – drones – uprisings – and – the – islamic – state.

③ Ali Soufan, “The Resurgent Threat of Al Qaeda,” *Wall Street Journal*, April 21, 2017, https: //www. wsj. com/articles/the – resurgent – threat – of – al – qaeda – 1492786991.

④ Bruce Hoffman, “Al Qaeda: Quietly and Patiently Rebuilding,” The Cipher Brief, December 30, 2016, https: //www. thecipherbrief. com/al – qaeda – quietly – and – patiently – rebuilding; Bruce Hoffman, “Al – Qaeda’s Resurrection,” Council on Foreign Relations (CFR), March 6, 2018, https: // www. cfr. org/expert – brief/al – qaedas – resurrection.

（二）“基地”组织转型的关键

在美国领导的西方反恐战争的冲击下，“基地”组织的领导层已被弱化，[①] 其在西方领土上发动大规模袭击的能力也被削弱了。但是，“基地”组织不断发展的能力是由其意识形态的弹性和广泛的吸引力以及战略适应性所驱动的——最明显的证据是它通过发展区域分支机构和附属机构而采用特许经营模式。通过这种方式，“基地”组织的网络现在从西非延伸到南亚，已经深入到当地并有能力利用当地的教派和地缘冲突进行破坏，招募追随者，并促进该组织的全球恐怖议程。在此过程中，“基地”组织的转型重点涉及如下领域。

1. 组织结构转型

恐怖组织的组织结构通常包括自上而下的垂直结构、水平和网络化的结构，或是两者的混合体——同时拥有稳固的核心和灵活的外围。通过组织结构转型，“基地”组织已发展为由“基地”组织中央、各地分支、“圣战”盟友与“独狼”等组成的多层级全球恐怖主义网络。“基地”组织的优势是其长期占据主导地位的能力，在维持一个集中化组织效率的同时，又享受了权力下放所能带来的好处。

“基地”组织曾被视为仅仅是一个“圣战”流亡者的先锋团体，在整个中东地区的社会网络中根基薄弱，但几十年来它已经转变为一个广泛的运动。在“基地”组织核心领导层的战略指导下，其分支机构已普遍扎根于各个地区性的“圣战”运动中。[②]

至2019年，“基地”组织恐怖网络主要有6个分支，具体包括：主要活动于伊拉克、叙利亚的“基地组织伊拉克分支”；主要活动于北非的“伊斯兰和穆斯林支持组织”；主要活动于也门、沙特的“阿拉伯半岛基地组织”；主要活动于东非的“青年党”；全力参加叙利亚内战的“沙姆解放组织”；主要活动于南亚的“印度次大陆基地组织”。这些分支与总

① 目前，鉴于艾曼·扎瓦希里年事已高，消息显示他的副手赛义夫-阿德尔（Saif al-Adel）很可能成为“基地”组织的继任首领。他目前藏匿于伊朗，尚未返回阿富汗。也有分析认为，他可能转移到了非洲。

② Colin P. Clarke, Barak Mendelsohn, “Al-Qaeda's Ruthless Pragmatism Makes It More Dangerous Than the Islamic State,” Reuters, October 27, 2016, https://www.reuters.com/article/us-mideast-counterterrorism-commentary-idUSKCN12R0AL.

部的关系后来虽有所变化，但是“基地”组织在上述地区的渗透一直在强化。除了分支组织外，2001 年“基地”组织在南亚、东南亚地区拥有 12 个“圣战”盟友，但是到 2014 年年末美军结束“持久自由行动”时，“基地”组织已把遍布于亚非 23 国的“圣战”盟友与“准盟友”的数量增加到了 34 个。①

在转型过程中，“基地”组织一直试图在中东地区将自己描绘成“伊斯兰国”的温和替代者，并且这种形象改造在许多方面都取得了成功——与“基地”组织有关联的组织在也门和叙利亚都获得了有关国家的直接和间接支持。② 一些学者特别以“努斯拉阵线”组织为例，将“基地”组织的战略比作“精益创业模式”，在这种模式下，“基地”组织的战略可以通过自下而上和自上而下的方式制定，这意味着相关战略可以在高级领导层和地区代表中获得支持。③“基地”组织投入了大量资源，通过“沙利亚卫士”（Ansar al – Sharia）派系确保在叙利亚和中东其他地区的存在，但其在非洲的活动似乎更着眼于长期目标。“基地”组织正在为国际恐怖主义在非洲转移资产和分配资源，它认为这是未来扩张的一个重要机会。④“基地”组织已经在整个非洲大陆增加了行动，控制了西非和非洲之角的大片领土，同时也为在北非部分地区的卷土重来打

---

① 敬敏：《略论“基地”组织恐怖网络的发展：基于 GTD 数据的分析》，《新疆社会科学》2019 年第 5 期。

② Daveed Gartenstein – Ross, Varsha Koduvayur, “How to Win Friends and Wage Jihad: Understanding Al Qaeda's Pragmatism,” *Foreign Affairs*, July 1, 2019, https://www.foreignaffairs.com/articles/middle – east/2019 – 07 – 01/how – win – friends – and – wage – jihad? utm_ medium = social&utm_ source = twitter_ cta&utm_ campaign = cta_ share_ buttons.

③ Daveed Gartenstein – Ross, “A Strategic History of Hayat Tahrir al – Sham's Formation,” in Aaron Y. Zelin, ed., *How Al – Qaeda Survived Drones, Uprisings, and the Islamic State: The Nature of the Current Threat*, Washington Institute for Near East Policy, June 2017, pp. 34 – 35. https://www.washingtoninstitute.org/policy – analysis/view/how – al – qaeda – survived – drones – uprisings – and – the – islamic – state.

④ Jacob Wirtschafter, Karim John Gadiaga, “Africa Becomes the New Battleground for ISIS and al – Qaeda as They Lose Ground in Mideast,” USA Today, October 25, 2017, https://www.usatoday.com/story/news/world/2017/10/25/africa – becomes – new – battleground – isis – and – al – qaeda – they – lose – ground – mideast/796148001/.

下了基础。①

转型后“基地”组织的结构，正如其“官方”文件之一《结构和细则》所概述的那样，强调“物尽其用、人尽其才，而不考虑原来的地区、组织背景或种族”。② 这清楚地表明，通过采用新颖的组织结构和与独立的恐怖分子合作的意愿，“基地”组织将更有能力实现穆加达姆所说的“多方向和整合形式的创新”。③同时，向下层分支分权赋予了“基地”组织作为一个混合实体运作的灵活性，这反过来又使该组织在全球反恐战争中幸存下来。以此为基础，“基地”组织结构的混合性质意味着它可以在保护其现有的高级领导层的同时，在地方一级开展工作，以巩固该组织的全球影响力。④尽管核心领导层的影响力肯定已经减弱，但这一结构允许其在叙利亚追求准政治目标的同时，在中东、印度次大陆建立一个完全致力于武装作战的分支机构。换句话说，“基地”组织正试图“在一个日益迥异的国际‘圣战’运动中，在排外主义和包容主义之间游走。”⑤

总体而言，转型后“基地”组织的意识形态和组织结构体现出更明显的弹性。作为一个具有较强适应性的组织，它已从一个由几百名武装分子组成的等级结构转变为一个由特许团体和附属机构组成的分散网络。⑥ 现在，在本·拉登的长期副手、资深恐怖分子艾曼·扎瓦希里的领

---

① Glen Carey, "Al Qaeda is as Strong as Ever After Rebuilding Itself, U. S. Says," *Bloomberg*, August 1, 2019, https://www.bloomberg.com/news/articles/2019-08-01/al-qaeda-is-as-strong-as-ever-after-rebuilding-itself-u-s-says; "Jama'at Nasr al-Islam wal Muslimin (JNIM): TNT Terrorism Backgrounder," Center for Strategic and International Studies (CSIS), 2018, https://www.csis.org/programs/transnational-threats-project/terrorism-backgrounders/jamaat-nasr-al-islam-wal-muslimin.

② "Al-Qa'ida's Structure and Bylaws," Combating Terrorism Center (CTC), 2002, https://ctc.usma.edu/harmony-program/al-qaidas-structure-and-bylaws-original-language-2/.

③ Assaf Moghadam, "How Al-Qaeda Innovates," Security Studies, Vol. 22, No. 3, 2013, pp. 466-497.

④ Bruce Hoffman, "Al-Qaeda's Resurrection," Council on Foreign Relations (CFR), March 6, 2018, https://www.cfr.org/expert-brief/al-qaedas-resurrection.

⑤ Charles Lister, "The Syria Effect: Al-Qaeda Fractures," Hudson Institute, December 11, 2019, https://www.hudson.org/research/15533-the-syria-effect-al-qaeda-fractures#.

⑥ Green, Daniel, "The al-Qaeda of Today Has Changed Since 9/11 and the U. S. Must Adapt," The Washington Institute for Near East Policy, September 4, 2018, https://www.washingtoninsDtute.org/policy-analysis/al-qaeda-todayhas-changed-911-and-us-must-adapt.

导下，即使是在削弱的状态下，“基地”组织仍然提供了一个可识别的全球品牌、行动模式，以及相对统一的“圣战”叙事。特别是对于“圣战”叙事，“基地”组织一直在寻求塑造一个强大的形象，一旦其分支机构成立，其核心领导层就会投入大量的时间和精力，以确保自身的极端思想和意识对该分支的渗透。当某些分支首领越轨时——如“伊拉克基地组织”（AQI）首领阿布·穆萨布·扎卡维（Abu Musab al Zarqawi）在伊拉克战场上试图将袭击目标扩大化时——“基地”组织核心领导层就会试图进行干预。当然，“基地”组织核心领导层在驯服其附属组织方面的能力也是有限的，它只能维持两者之间的微妙平衡。这种平衡策略的失败，往往意味着双方关系的破裂。这方面的典型案例是扎卡维领导的“伊拉克基地组织”最终自立门户，组建了更为极端和暴力的恐怖组织“伊斯兰国”。

2. **系统转型优化**

“9·11”事件后，鉴于在阿富汗的庇护所面临严重威胁，“基地”组织的战略家阿布·穆萨布·苏里（Abu Musab al－Suri）呼吁该组织采取“无领导抵抗”的分散模式。[①] 在后本·拉登时代，通过利用其附属组织建立关联网络，并在制作爆炸物、媒体和宣传等各个领域传播恐怖技能，“基地”组织已经将重点从核心组织转移到附属组织的活动上，重点关注附属组织之间的协调，旨在使“基地”组织的系统更加强大，更能抵御外来冲击，特别是在核心领导者丧生或失去重要活动据点的情形下。[②] 所以，在“基地”组织作为一个组织实体的影响力或知名度降低的情况下，对系统的关注使它获得了高效的协调和后勤能力，这有利于增强它的组织和行动能力并推进全球恐怖主义运动。在系统得到优化的基础上，“基地”组织向地方分支的分权并非碎片化。恰恰相反，近年来，“基地”组织的“总体轨迹一直朝着巩固政治的方向发展”。[③]这种系统

① Cruickshank, Paul, “Abu Musab al－Suri: Architect of the New Al Qaeda,” *Studies in Conflict and Terrorism*, Vol. 30, No. 1, 2007, pp. 1－14; Lia, Brynjar, *Architect of Global Jihad: The Life of al－Qaeda Strategist Abu Musab al－Suri*, Oxford: Oxford University Press, 2007.

② Assaf Moghadam, *Nexus of Global Jihad: Understanding Cooperation Among Terrorist Actors*, New York: Columbia University Press, 2017; Tricia Bacon, *Why Terrorist Groups Form International Alliances*, Philadelphia: University of Pennsylvania Press, 2018.

③ Asfandyar Mir, “Al－Qaeda's Continuing Challenge to the United States,” Lawfare, September 8, 2019, https://www.lawfareblog.com/al－qaedas－continuing－challenge－united－states.

层面的优化使得“基地”组织可以充分应对美国的全球反恐战争，同时维系“决定组织轨迹和战略方向”的指挥控制权，① 伺机发动重大的恐怖袭击行动，典型如2004年马德里恐怖袭击和2005年伦敦恐怖袭击事件。②

“基地”组织一直擅长“连接恐怖主义节点——配对技能、资金和行动人员”，擅长于将武装分子“与跨地区的特定技能组合”联系起来。③ 1996年从苏丹回到阿富汗后，“基地”组织就开始着手建立一个混合型的组织结构，它既可以是“一个统一的组织，像一个笨重的官僚机构一样”，又可以作为一个跨区域的网络，在全球范围内开展行动和结盟。④通过不断转型，“基地”组织已成为一个国际恐怖主义的协调者——作为广泛冗余网络中的中央节点——具有在全球范围内运作的协调能力。正如萨格曼指出的那样，“基地”组织的名片永远是它发动大规模攻击的能力，而这需要“协调，技能和资源”⑤。这种能力来源于它对整个国际恐怖主义系统的优化及协调。

在组织协调能力方面，“基地”组织正在极力扩展各分支组织间的联动性。近年来，在“基地”组织的协调下，“阿拉伯半岛基地组织”与青年党建立了联系，以帮助这个索马里团体提高其制造炸弹的能力；“阿拉伯半岛基地组织”在媒体运作、后勤和资金等方面与“伊斯兰马格里布基地组织”建立了伙伴关系；“伊斯兰马格里布基地组织”也将武装分子的培训技术传授给非洲其他团体，如与“基地”组织有联系的博科圣地

---

① Gartenstein – Ross, Daveed and Nathaniel Barr, “How Al – Qaeda Works: The Jihadist Group's Evolving OrganizaDonal Design,” Hudson Institute, June 1, 2018, https://www.hudson.org/research/14365 – how – al – qaedaworks – the – jihadist – group – s – evolving – organizaDonal – design.

② Reinares, Fernando, *Al – Qaeda's Revenge: The 2004 Madrid Train Bombings*, New York: Columbia University Press, 2017; Pantucci, Rafaello, *We Love Death as You Love Life: Britain's Suburban Terrorists*, London: C. Hurst & Co., 2015.

③ Daveed Gartenstein – Ross and Kyle Dabruzzi, “Is Al Qaeda's Central Leadership Still Relevant?” *Middle East Quarterly*, Spring 2008, pp. 27 – 36, https://www.meforum.org/1875/is – al – qaedas – central – leadership – still – relevant.

④ Hoffman, Bruce. “The Changing Face of Al – Qaeda and the Global War on Terrorism,” *Studies in Conflict and Terrorism*, Vol. 27, No. 6, 2004, pp. 549 – 560.

⑤ Marc Sageman, *Understanding Terror Networks*, Philadelphia: University of Pennsylvania Press, 2004, p. 54.

和安萨鲁组织。①

以 2014 年正式成立的“印度次大陆基地组织”（AQIS）为例，它是“基地”组织最年轻的分支组织。一般认为，“印度次大陆基地组织”似乎是“基地”组织附属机构中最弱和最不活跃的。然而，要评估“基地”组织构成的威胁范围，首先需要了解其在南亚的关系网络。几十年来，“基地”组织一直与“虔诚军”（Lashkar e Toiba，LeT）、“伊斯兰圣战运动”（Harkat ul Jihad e Islami，HUJI）和“羌城军”（Lashkar e Jhangvi，LeJ）等巴基斯坦激进组织保持着联系。在“基地”组织的协调下，“伊斯兰马格里布基地组织”与南、北瓦济里斯坦的部落，特别是马苏德部落建立了联系，并协助“巴基斯坦塔利班”实施了一系列针对巴基斯坦的袭击。② 同时，“基地”组织还与阿富汗塔利班建立了长期联系，后者在阿富汗的胜利对“基地”组织来说显然是一个福音，这为其恐怖分子提供了更广泛的行动区域和更多的资源。以在巴基斯坦和阿富汗的恐怖网络为基础，“基地”组织一直在向印度、孟加拉国等南亚国家渗透。南亚地区日趋严重的教派主义、印度教民族主义，以及印度教徒和穆斯林的冲突为“基地”组织的人员招募和战略扩张提供了机会。③所以说，“印度次大陆基地组织”不仅仅是“基地”组织在南亚布局的一环，它也是以“基地”组织在南亚地区的整个运作系统为依托，其威胁性必然持续增强。

---

① Jacob Zenn，“Boko Haram’s Al – Qaeda Affiliation：A Response to ‘Five Myths about Boko Haram’，” Lawfare，February 1，2018，https：//www. lawfareblog. com/boko – harams – al – qaeda – affiliation – response – five – myths – about – boko – haram.

② “Al – Qaeda in the Indian Subcontinent：The Nucleus of Jihad in South Asia，” The Soufan Center，January 2019，https：//thesoufancenter. org/wp – content/uploads/2019/01/Al – Qaeda – in – the – Indian – SubconDnent – AQIS. pdf.

③ Hoffman，Bruce，Jacob Ware. “The Afghanistan Withdrawal and Taliban Takeover Mean the Terror Threat is Back，” NBC News，August 19，2021，https：//www. nbcnews. com/think/opinion/afghanistan – withdrawal – taliban – takeovermean – terror – threat – back – ncna1276807；Mirchandani，Maya，“IntelBrief：Expanding PrioriDes in South Asian Security Two Decades After 9/11，” The Soufan Center，August 9，2021，https：//thesoufancenter. org/ intelbrief – 2021 – august – 9/；Mirchandani，Maya. “India’s Fight Against a Pandemic Leads to an ‘Infodemic’ Targeting Minorties and The Poor，” The Soufan Center，February 16，2021，https：//thesoufancenter. org/indias – fight – against – a – pandemicleads – to – an – infodemic – targeting – minorties – and – the – poor/.

3. 技能转型升级

20 世纪 90 年代初至中期，“基地”组织曾向巴尔干半岛、高加索以及中亚和东南亚派遣了大量恐怖分子，以传授专业的战术和知识。而目前，布赖恩·迈克尔·詹金斯（Brian Michael Jenkins）却认为：“‘基地’组织的中央指挥权已被简化为劝诫其他人参战。”[①] 但即使“基地”组织的形式更为简化，它也可以通过利用过去 30 年磨炼出来的技能，继续发挥作用。有学者曾预测该组织“可以回到其‘9·11’之前的模式——一个在幕后运作的地下行动者，通过提供培训、资金支持等方式向其他恐怖组织提供专业知识”。[②]

通过多年的扩散和渗透，“基地”组织已逐步建立起全球性的恐怖主义专业人员网络。例如，2005 年在伦敦实施“7·7”恐怖袭击事件的小组就是“基地”组织专业网络的重要组成部分，该网络在全球运作，并在财务、采购和通信等多个领域显示出熟练的恐怖袭击技能。[③] 在“基地”组织内部，找到具备执行复杂行动所需技能的合适人选，可以帮助该组织在失去关键人物后重新恢复组织运作及袭击的能力。在媒体宣传方面，扎瓦希里将“圣战信息媒体”视为“基地”组织对抗全球反恐战争中不可或缺的元素。为了扩大在网络及社交媒体上的影响力，“基地”组织大力招募在社交媒体、出版物、图形设计和其他新兴技术方面有经验的年轻成员，以保持在宣传领域的地位。虽然在宣传材料的精美程度和视觉冲击力方面不如“伊斯兰国”，但是“基地”组织的媒体宣传能力及其影响力仍不容小觑。

三 后“哈里发”时期“伊斯兰国”的转移

在对外扩张过程中，“伊斯兰国”不是依靠部署“远征军”，而是通

---

① Brian Michael Jenkins, “Fifteen Years After 9/11: A Preliminary Balance Sheet,” RAND Corporation, September 21, 2016, https://www.rand.org/pubs/testimonies/CT458.html.

② J. M. Berger, “Jabhat al – Nusra Splits from al Qaeda,” International Centre for Counter – Terrorism (ICCT), July 28, 2016, https://icct.nl/publication/jabhat – al – nusra – splits – from – al – qaeda/.

③ Colin P. Clarke, “Using the McKinsey 7S Framework to Assess Al – Qaeda Over Three Decades: Lessons for the Future,” ICCT, December 2019, https://icct.nl/app/uploads/2019/12/using – the – mckinsey – 7S – framework – to – assess – al – qaeda – over – three – decades – lessons – for – the – future.pdf.

过其自身的全球拓展活动（自上而下的因素）和地方团体向“伊斯兰国”宣示效忠（自下而上的因素）的不同组合来扩大其领土存在的（即使不是实际控制）。这种转型模式（也可以视为转移模式）以“后哈里发”时期，“伊斯兰国”向非洲的转移和扩张为典型。

1. **“伊斯兰国”在非洲的扩张**

2018 年，当“伊斯兰国”丧失在伊拉克和叙利亚的“领土哈里发”时，它的领导层认为，必须依靠外部“省份”来保持其全球项目的繁荣。通过这些省份的袭击活动及保持对组织核心的忠诚，“伊斯兰国”可以声称即使“哈里发”可能不再扩张，但它仍然存在。随着在阿富汗和菲律宾的挫折，非洲成为唯一一个“伊斯兰国”可以像其全盛时期在叙利亚和伊拉克那样运作的大陆。只要“伊斯兰国”在非洲蓬勃发展，全球“哈里发”的梦想就不会破灭。①

在后冷战时代的非洲，随着人口迅速增长和经济社会发展乏力之间的结构性矛盾不断加剧，关于恢复殖民前伊斯兰国家的历史叙事不断重提，特别是伊斯兰极端主义在北非重点萨赫勒地带的扩散，使“伊斯兰国”在非洲大陆找到了沃土。从某种程度上来看，“伊斯兰国”正在非洲复制它曾在叙利亚和伊拉克的模式。“伊斯兰国”不仅可以在非洲发动复杂的攻击，还可以占领领土并实施武装割据。

在非洲，“伊斯兰国”最重要的三个分支“省”是：“伊斯兰国西非省”（ISWAP），活跃于尼日利亚、尼日尔、乍得、喀麦隆、布基纳法索和马里；“伊斯兰国中非省”（ISCAP），活跃于刚果民主共和国和莫桑比克；“大撒哈拉伊斯兰国”，活动范围主要在西非地区。根据对“伊斯兰国”在非洲发动袭击的最新分析，“伊斯兰国”的全球“圣战”越来越依赖于它在非洲的分支机构的活动。两组数据②显示了“伊斯兰国”对非洲威胁的规模和性质。其中，“伊斯兰国西非省”已成为一个关键的战略威胁，根据“伊斯兰国”自己的说法，西非省的袭击频率和烈度远远高

① Jacob Zenn, “ISIS in Africa: The Caliphate’s Next Frontier,” Cgpolicy, May 26, 2020, https://cgpolicy.org/articles/isis-in-africa-the-caliphates-next-frontier/.

② 第一组是 2018 年 12 月 28 日至 2020 年 7 月 31 日在“伊斯兰国” *Al Naba* 杂志上发表的为期 83 周的攻击统计汇总；第二组是“伊斯兰国”中央媒体 Diwan 在 2019 年编写并分发的非洲攻击报告的详尽汇编。

于其他分支。①

实践表明，到2020年夏天，“伊斯兰国”已经发生了很大地转变，在非洲大陆的袭击和扩张表明它绝不是一个失败的组织。“伊斯兰国”多年来一直活跃于北非、西非和东非，但自2019年起，其附属机构的军事潜力（尤其是在中西部非洲和西奈半岛）已经超过了在叙利亚和伊拉克的剩余核心。尼日利亚东北部的情况最为明显，自2018年起“伊斯兰国西非省”持续发动袭击并进行扩张，其袭击的规模和复杂性甚至超越了“伊斯兰国”核心组织在叙利亚和伊拉克的行动（见图3-2）。

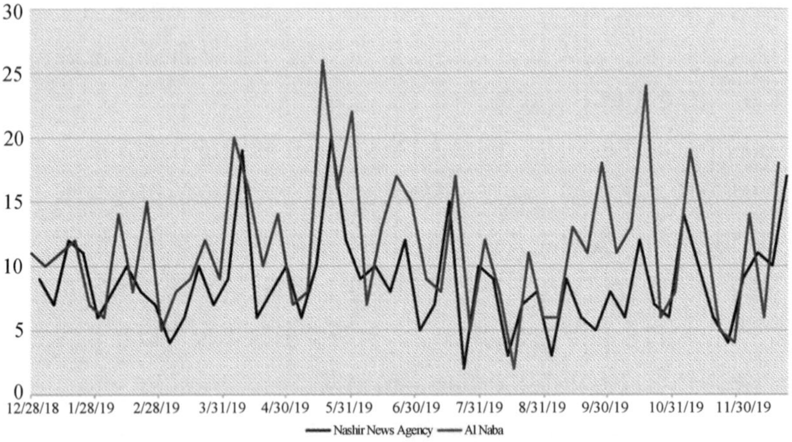

图3-2 2018—2019年“伊斯兰国”在非洲的袭击轨迹（Nashir数据集和Al Naba数据集）

资料来源：Jacob Zenn, ISIS in Africa: The Caliphate's Next Frontier, Cgpolicy, May 26, 2020, https://cgpolicy.org/articles/isis-in-africa-the-caliphates-next-frontier/.

2. “伊斯兰国”组织结构调整的非彻底性：转移而非转型

“伊斯兰国”的全球扩张反映了该组织内部的一种信念，即全球扩张

① “The Islamic State's Strategic Trajectory in Africa: Key Takeaways from its Attack Claims,” CTC, August 2020, Vol. 13, No. 8, 2020, https://ctc.usma.edu/wp-content/uploads/2020/08/CTC-SENTINEL-082020.pdf.

在意识形态上是必需的，在战略上是必要的，在象征意义上是强大的。然而，对于“伊斯兰国”来说，如何在此过程中协调与附属机构之间的关系，维持组织权力与基层自主性之间的适当平衡？仍然是一个棘手的问题。

尽管失去了在叙利亚和伊拉克的大部分领土，“伊斯兰国”在非洲和东南亚等地区的分支“省”仍然忠于该组织的“核心”及“哈里发”。这一效忠得以维系的基础在于，在与“伊斯兰国”合并之前，尼日利亚和菲律宾的恐怖分子重组了自身的内部组织，并证明他们可以控制领土，以满足将作为“伊斯兰国”分支“省”的必备条件。同时，这些分支对“伊斯兰国”的效忠承诺也帮助后者在失去叙利亚和伊拉克领土后仍然保持信誉和组织体系。相反，如果各“省”在 2018 年放弃了“伊斯兰国”，它可能会对该组织的合法性造成致命打击，并证明它确实是一个“纸上谈兵的国家”（paper state）。[①]然而，“伊斯兰国”中央对各分支“省”的管控却是相当严厉的，这在它与博科圣地及“伊斯兰国西非省”的关系中充分体现出来。

2015 年 3 月，博科圣地首领谢考（Abu Bakar Shekau）宣布效忠“伊斯兰国”首领阿布·贝克尔·巴格达迪，在非洲建立了“伊斯兰国西非省”。尽管谢考最初承认巴格达迪作为所谓“哈里发”的合法性，但对于效忠后本组织的独立性特别是自身的领导地位心存疑虑。他也怀疑其下属可能借机发起“政变”，利用“伊斯兰国”的权威将他赶下台。[②] 2016 年 8 月，果然不出谢考所料，“伊斯兰国”对“西非省”的领导层进行了改组，博科圣地的前首领尤素福的儿子阿布·穆萨布·巴纳维（Abu Mus'ab al – Barnawi）取代谢考成为分支的新首领。巴纳维随即以武力击败了谢考派系的报复。“伊斯兰国西非省”领导层的更替，背后反映出了“伊斯兰国”中央对该分支组织理念的改造。“西非省”在巴纳维的领导

① Jacob Zenn, “The Islamic State's Provinces on the Peripheries: Juxtaposing the Pledges from Boko Haram in Nigeria and Abu Sayyaf and Maute Group in the Philippines, ” *Perspectives on Terrorism*, Vol. 13, No. 1, 2019, pp. 83 – 104.

② Jacob Zenn, “The Islamic State's Provinces on the Peripheries: Juxtaposing the Pledges from Boko Haram in Nigeria and Abu Sayyaf and Maute Group in the Philippines, ” *Perspectives on Terrorism*, Vol. 13, No. 1, 2019, pp. 83 – 104.

下开始以所谓侧重“心灵和思想”的方式对尼日利亚北部所占领土实施统治。① 在“伊斯兰国”中央的推动下，“西非省”成为它最为活跃的分支之一，成功地保持了该组织的影响力和扩张态势。2018 年 12 月，“西非省”最终占领了乍得湖尼日利亚一侧的多国军事基地，所占据领土达到五年来的最高水平。至 2019 年 6 月，“西非省”成为“伊斯兰国”最强大的分支。

但是，针对“西非省”的独立性和自主性倾向，“伊斯兰国”中央使用了严厉的管控手段。一方面，“伊斯兰国”中央并不完全认可“西非省”对所占领土实施相对温和的控制政策。在 2018 年，“西非省”在尼日利亚东北部主要冲突区以外没有发生任何随机杀戮事件，但自 2019 年 3 月起，它开始专门针对基督徒和教堂发动袭击。在 2019 年 3 月“西非省”建立了“大撒哈拉伊斯兰国”（ISGS）之后，后者也开始以平民为目标，包括布基纳法索教堂里的基督徒。因此，尽管西非和中东之间相距遥远并接触有限，但在理念和风格方面越来越偏向“伊斯兰国”中央。

另一方面，“伊斯兰国”坚决反对“西非省”与“基地”组织之间的暧昧关系。由于博科圣地曾与“伊斯兰马格里布基地组织”有过密切联系，所以即使效忠“伊斯兰国”后，“西非省”在它的宣传中并没有体现出反对“基地”组织的论调。对此，巴格达迪在 2018 年 9 月下令处决了巴纳维的“顾问”——该组织的三任指挥官曼曼·努尔（Mamman Nur）。原因在于，努尔与苏丹的“基地”组织支持者保持联系，并与尼日利亚进行秘密休战谈判。2019 年 3 月，巴纳维被撤职，随后在内斗中被杀。虽然巴纳维和努尔可能从未忠于“基地”组织，但“伊斯兰国”需要确保分支领导人对本组织的绝对忠诚。

2019 年 3 月，“伊斯兰国”在对“西非省”的领导层进行重大改组的同时，宣布成立“伊斯兰国中非省”（ISCAP）。该分支包括刚果民主

① Idayat Hassan, “The Danger of a Better - Behaved Boko Haram,” IRIN, August 21, 2018, https://www.irinnews.org/opinion/2018/08/21/opinion - nigeria - militancy - peace - boko - haram.

共和国分部和莫桑比克分部。[①] 前者在乌干达边境附近活动，其中包括反乌干达政府的穆斯林激进分子残余势力，在“伊斯兰国”的支持下已对安全部队发动了数十次袭击。莫桑比克分部在意识形态上认同“伊斯兰国”的圣战萨拉菲主义，在组建“中非省”后，它的行为特征迅速向“伊斯兰国”转型。2019 年 6 月，该分部宣布对莫桑比克“十字军”军队进行了首次袭击，随后对莫桑比克北部地区发动了一系列带有明显“伊斯兰国”风格的攻击，如袭击教堂、抢劫银行、斩首战俘乃至对无辜平民进行疯狂杀戮等。

总体而言，“伊斯兰国”在非洲分支的建立及其对分支的严厉管控，更多地是强调自身理念、行动模式的复制，而非对当地恐怖主义的间接鼓动和利用。“伊斯兰国”制定了其附属机构应满足的标准。包括对“哈里发”的效忠（bayat），附属组织领导人需要得到批准和承认，当地组织努力将其他组织和派别整合在一个旗帜下，以及采纳和应用组织的“道路”（即方法，manhaj）和“信条”（aqeeda）等。继“哈里发”在中东地区的实体被击溃后，“伊斯兰国”在非洲的分支创建已不满足于模式复制和品牌宣传，而是试图将非洲作为自身复兴的基地和舞台。“伊斯兰国”的这种转型模式更强调组织的转移而非转型，相对于“基地”组织，它的组织结构调整体现出某种程度的非彻底性。究竟哪一种模式更可能推动国际恐怖主义的转型与发展，仍有待观察和判断。

第三节　国际恐怖主义在非洲的扩散与竞争

根据全球恐怖主义数据库的数据，自 2004 年以来，撒哈拉以南非洲

---

① 在过去的三年中，莫桑比克在北部的德尔加杜角省面临叛乱。关于正在发生的事情有很多混乱和争论。叛乱者是谁？他们想要什么？他们来自哪里？辩论特别集中在宗教的作用和叛乱的外部方面。有研究者利用 2018 年和 2019 年的实地考察，重点关注 2017 年 10 月叛乱分子的首次袭击，并借此探讨当代武装暴力的起源、性质和早期历史。它发现叛乱分子属于伊斯兰教派，该教派始于十年前，并在 2010 年中期转向武装“圣战”。详见 Eric Morier – Genoud, “The Jihadi Insurgency in Mozambique: Origins, Nature and Beginning,” *Journal of Eastern African Studies*, Vol. 14, No. 3, 2020, pp. 396 – 412.

地区的恐怖主义威胁一直在持续上升。① 到 2018 年，撒哈拉以南非洲地区因伊斯兰激进分子发动的恐怖袭击而造成的伤亡人数首次超过了北非和中东地区。②在 2020 年恐怖主义增幅最大的 10 个国家中，有 7 个位于该地区，包括布基纳法索、莫桑比克、刚果民主共和国（DRC）、马里、尼日尔、喀麦隆和埃塞俄比亚国家。与此同时，“伊斯兰国”则鼓吹继续在非洲开展“保持及扩大”运动。然而，在非洲扩张势力的过程中，“伊斯兰国”与“基地”组织之间展开了激烈竞争，甚至导致双方分支间的严重冲突。

应该看到的是，新冠疫情并未影响到国际恐怖主义在非洲的扩散，而当地的安全及治理危机又进一步加剧了这一趋势。国际恐怖主义在非洲的布局不仅严重影响全球的抗疫工作，而且将形塑“后疫情时代”国际恐怖主义的格局。2021 年 7 月 1 日，联合国反恐办公室主任弗拉基米尔·沃龙科夫（Vladimir Voronkov）在联合国反恐会议上发言时强调，为了应对非洲激进的宗教型恐怖主义日趋严峻的威胁，必须进行全球反恐战争，同时创新和调整传统的反恐行动方式。③

一 国际恐怖主义在非洲的传播与扩散

非洲地区有着庞大的穆斯林人口，长期信奉较为温和及传统的伊斯兰教义。但是，自冷战结束以来，由于非洲地区部分国家经济发展滞后、政治不稳定加剧，加上现代国家建构进程的迟缓，伊斯兰极端主义思想逐步在当地蔓延，成为国际恐怖主义在非洲传播与扩散的思想基础。很

① National Consortium for the Study of Terrorism and Responses to Terrorism: Global Terrorism Database, "Results: Sub – Saharan Africa," 9 July, 2020, https://www.start.umd.edu/gtd/search/Results.aspx? start_ yearonly = 2000&end_ yearonly = 2018&start_ year = &start_ month = &start_ day = &end_ year = &end_ month = &end_ day = &region = 11&asmSelect0 = &asmSelect1 = &dtp2 = all&success = yes&casualties_ type = b&casualties_ max = .

② Institute for Economics and Peace, National Consortium for the Study of Terrorism and Responses to Terrorism, "Global Terrorism Index: Measuring the Impact of Terrorism," 9 July, 2020, https://www.economicsandpeace.org/wp – content/uploads/2020/08/GTI – 2019web.pdf.

③ "Repatriating Detained Foreign Fighters, Their Families Key to Combating Threat Posed by Islamic State, Counter – Terrorism Officials Warn Security Council," UN Security Council, August 24, 2020, https://www.un.org/press/en/2020/sc14282.doc.htm.

显然，新冠疫情的社会政治后果进一步强化了非洲大陆的脆弱性，这使得伊斯兰极端主义和国际恐怖主义在当地的扩散进程不断加速。

（一）扩散的进程

20 世纪下半叶开始，在埃及兴起的伊斯兰激进思想在非洲特别是北非地区蔓延。在第一次阿富汗战争结束后，大批“圣战”老兵的回流导致了伊斯兰极端主义思潮在非洲传播开来。他们以本·拉登为首，在战争后进入苏丹并以“伊斯兰军”（Islamic Army）为雏形组建了“基地”组织。虽然“基地”组织的长远目标是建立伊斯兰“哈里发”，但是它认为首先需要建立和巩固地方性的“伊斯兰酋长国”，而非洲则成为首选之地。特别是“9·11”事件后，为逃避国际反恐联军的打击，“基地”组织加速了组织结构上的扁平化与分散化，而非洲广泛存在的族群、宗教冲突和不断浓厚的极端主义氛围，使之成为“基地”组织布局的重点。

2011 年卡扎菲政权倒台后利比亚内战的爆发，成为国际恐怖主义在非洲扩散的加速器和转折点。一方面，由于利比亚内部局势的动荡，各类恐怖组织争相在其境内发展，大量恐怖组织据点及训练营的建立使其成为国际恐怖主义的“天堂”。另一方面，由于利比亚局势的“溢出效应”，大量武装分子及武器流入马里等萨赫勒地区国家。随后，马里北部的动荡使之成为各类恐怖势力角逐的“竞技场”。

2018 年以来，随着“伊斯兰国”在中东的“哈里发”实体被击溃，它加大了往非洲方向的战略转移力度。此前，虽有“博科圣地”等非洲本土恐怖组织宣布效忠“伊斯兰国”，但是双方的联系有限。但是，在“伊斯兰国”将重心转向非洲并试图使它成为自身复兴的基础时，该组织加快了在非洲的布局。随着“大撒哈拉伊斯兰国”“伊斯兰国西非省”“伊斯兰国中非省”等分支的建立，这股国际恐怖主义浪潮已席卷了大半个非洲。同时，为争夺势力范围和伊斯兰极端主义的主导权，“伊斯兰国”与“基地”组织之间展开了激烈竞争，两者的下属分支甚至爆发了严重的冲突。

经过自北向南的多年扩散，当前国际恐怖主义在非洲主要分布在马格里布、西非、萨赫勒、非洲之角，以及非洲中部地区。从国别来看，埃及、利比亚、马里、尼日利亚、乍得、喀麦隆、尼日尔、布基纳法索、索马里、莫桑比克等十余个国家均受到国际恐怖组织的持续威胁。

从目标来看，非洲各类带有伊斯兰极端主义色彩的恐怖组织并不希望夺取世俗国家权力，他们试图通过占领一定的领土空间，实行严厉的伊斯兰教法并建立“伊斯兰酋长国”。在此基础上，连接为一个更广泛的带有“哈里发”色彩的极端型实体。在行为方式上，此类恐怖组织的活动主要包括：（1）对所在国家的军队等武装力量发动袭击，控制具体的城镇或乡村；（2）以伊斯兰教法制定对当地居民的统治规章，征收税款并严惩拒绝服从者；（3）推动当地居民特别是年轻人的激进化进程，以巩固对当地的控制；（4）掠夺当地的自然资源及财物；（5）对外国（包括西方及非西方）目标发动袭击。① 从发展走向来看，国际恐怖主义将利用当地的安全及治理真空加速其扩张进程。它们一方面在北非、萨赫勒地区及非洲中部建立分支并巩固其在当地的影响，另一方面抓紧向科特迪瓦、加纳、多哥等西非国家扩散和渗透，在南部则进一步向莫桑比克甚至南非扩散。

（二）原因及动力

薄弱的治理体系、有限的国家能力、腐败、普遍的贫困和族群紧张关系等因素的结合，使非洲越来越容易受到恐怖主义的侵袭。同时，边境管制薄弱，既有的非法犯罪网络和走私网络泛滥，使情况更加恶化。此外，该地区拥有巨大的未开发资源，国家能力有限，公民对其政府的信任被削弱，鼓励他们寻求其他的，往往是激进的意识形态。事实证明，这些不断恶化的安全威胁是灾难性的。②

1. 国家认同的缺失

自冷战结束以来，国际恐怖主义在非洲迅速渗透和扩张。从根本上来看，非洲国家在政治、经济、文化层面上建设及整合的不足，使得国家认同缺失，成为极端主义和恐怖主义得以不断蔓延的重要原因。

非洲传统的政治文化是以部落为核心的，殖民主义“分而治之”的遗毒并未随着非洲国家的独立而消失，这使得非洲国家的现代民族国家

---

① David Doukhan, Eitan Azani, “Global Jihad in africa: Danger and Challenges,” ICT, August 19, 2020, https: //www. ict. org. il/Article/2719/GlobalJihadinAfrica.

② “West Africa Is Increasingly Vulnerable to Terrorist Groups,” *Foreign Policy*, April 4, 2020, https: //foreignpolicy. com/2020/04/04/west - africa - is - increasingly - vulnerable - to - terrorist - groups/.

建构进程尤为艰难。对于许多非洲国家来说，由于缺乏共同的国家民族经验，即使模仿西方建立了多党制政体，仍难以在人口高度异质性的社会中维持国家的平稳运转。这使得政党越来越依赖于民族、部落或宗教群体，国家权力的进一步分化，一体性建构自然也遥遥无期。这导致的结果是，民族、宗教及部落认同不断政治化并凌驾于公民认同之上，国家认同被架空。特别是冷战结束后，非洲国家的国家建构进程越发受到全球经济动荡及本国治理失效等负面因素的冲击和制约，各国的国家认同建设自然也难以有效推进。

在国家认同缺失的背景下，宗教认同趁机填补了国家在意识形态及合法性层面的真空。对此，具有伊斯兰极端主义色彩的国际恐怖势力进一步对非洲原有的宗教矛盾、治理危机和安全真空进行利用，以煽动、制造宗教对立、部落矛盾及颠覆国家合法性等方式对非洲进行渗透。其结果不仅造成了非洲动荡局势加剧，而且相关国家的建构及认同建设进一步被延缓。

在此过程中，“基地”组织看到了机会，在 2011 年“阿拉伯之春”引发的动荡后，立即将武装分子渗透到非洲各地。“基地”组织在资金、技术和人员等方面的优势，特别是它在组织结构方面的灵活性，使它可以迅速填补西亚和北非各地的安全真空。随着西亚和北非局势的动荡，它在突尼斯、利比亚和埃及通过“伊斯兰支持者”建立了前线组织，同时在马里、叙利亚和也门则试图使自己与一般叛军区分开来。更为分散的结构使“基地”组织能够在薄弱的国家和地方建立网络，并利用当地因政治、社会经济或宗教不满而产生的愤怒和怨恨实施动员。

2. 治理缺失

无论是在稳定还是在发展层面，非洲的主要问题之一是国家的软弱和缺乏治理能力。由于现代民族国家建构的滞后以及国家能力的不足，许多非洲国家的中央政府一直缺少在其领土内进行有效治理的能力。中央政府治理能力的缺失，不仅使得国家权力分散化、碎片化的局面长期存在，也使得替代性权力或亚国家行为体的发展成为可能。这种治理真空自然也为跨境民族认同、宗教认同包括极端主义的渗透提供了机会。同时，治理能力的缺失使得部分非洲国家难以为其边缘地区及人口提供充分的人身安全、经济安全、医疗保障等基本公共服务，以及学校、道路、电力等基础设施，这又进一步弱化了政府的合法性及边缘性群体对国家的认同。

国家的治理能力长期缺失，可能使部分国家最终沦为“失败国家”。虽然我们并不认可西方学界以“失败国家”对部分非洲国家进行标签化认定，甚至以此作为干涉他国主权的口实。但是这也在一定程度上反映出部分非洲国家内部治理危机的出现。主要表现在：（1）治理能力不足，同时侵蚀了国家治理主体的代表性与合法性；（2）经济衰退，失业率高；（3）公民社会濒临解体，以家庭和部落为基础的社会单位不断强化；（4）由于执法机制的崩溃和个人安全感的缺乏，在全国或部分地区处于无政府状态；（5）街头政治盛行，街头政治的动员决定了政治和公共议程，并在很大程度上决定了行政决策。①

此外，由于自然和生存环境恶化成为非洲许多地区的突出问题，国际恐怖组织也在深度卷入环境犯罪。因为环境犯罪与政治、社会、宗教和种族因素的矛盾和冲突相互叠加，在尼日利亚东北部、乍得湖流域和萨赫勒地区，环境因素对激进恐怖组织的崛起和建立具有重要意义。据国际刑警组织的一份报告显示，非法伐木、捕鱼、采矿和野生动物贩运等环境犯罪已成为国际恐怖组织、反政府武装及犯罪集团的最大资金来源（约 38%，这一比例远高于他们在毒品、人口贩运、勒索、抢劫和募捐等方面的收益）。②

在国际恐怖组织方面，尼日利亚、萨赫勒地区（特别是马里、尼日尔和布基纳法索）与“伊斯兰国”和“基地”组织有关联的恐怖组织正在利用干旱、农业生产下降和沙漠扩张以及随之而来的乍得湖地区饥荒和缺水等生态灾难来为自己牟利。由于该地区有数百万人面临饥荒，其中许多人被迫离开家园，寻找食物和就业，其中部分人选择了投靠控制当地食物来源的恐怖组织。由于当地政府缺乏应对这种生态灾难的资金和能力，这将长远影响这一地区的安全与稳定。

---

① Marc Lynch, “Failed States and Ungoverned Spaces,” *The Annals of the American Academy of Political and Social Science*, Vol. 668, No. 1, 2016, pp. 24 –35.

② “World Atlas of Illicit Flows: Organized crime underpins major conflicts and terrorism,” Global Initiative Against Transnational Organized Crime, September 26, 2018, https: //globalinitiative. net/wp –content/uploads/2018/09/Atlas – Illicit – Flows – FINAL – WEB – VERSION. pdf.

二　“基地”组织与“伊斯兰国”在非洲的扩散与竞争

当前，非洲地区已成为国际恐怖主义与伊斯兰极端主义迅速扩散及大力争夺的区域。“基地”组织与“伊斯兰国”在非洲的肆虐，最终将对国际安全造成重大威胁。

（一）双方在非洲的布局

近年来，围绕势力范围和主导权的争夺，“伊斯兰国”与“基地”组织之间的竞争扩大到了伊拉克和叙利亚之外，其焦点之一便是非洲，两个组织都认识到了在非洲建立和扩大区域领土权力基地的潜力和重要性。

1. “基地”组织在非洲的组织结构

在非洲，“基地”组织主要有两种组织形式。第一种是“基地”组织的分支机构，它们效忠于“基地”组织，其首领由“基地”组织任命或批准。此类分支包括“伊斯兰马格里布基地组织”（后合并扩大为“支持伊斯兰和穆斯林组织”）、索马里青年党等。第二种是附属组织，它们与“基地”组织有联系，但与之并不存在隶属关系。两者之间的联系一般是基于共同的意识形态和利益，以此建立的临时性联盟。例如活跃在多个非洲国家的“伊斯兰辅助者”（Ansar al - Sharia）组织。

“基地”组织是最早布局非洲的国际恐怖组织，经过多年的经营和扩张，它的分支机构及附属组织已遍布北非、萨赫勒地区和非洲中部地区。由于“基地”组织在转型过程中越发注重与当地群体及冲突相结合的“本土化”策略，它已为非洲的大量矛盾和冲突打上了伊斯兰极端主义的烙印。这使得当地的安全问题被纳入“基地”组织的长期战略路径中，不仅更为持续，也更加强化宗教而非世俗的道路。

当前，“基地”组织在非洲的势力分布主要包括如下区域和国家：

（1）萨赫勒地区

多年来，由于国际恐怖主义、生态危机及人道主义危机等问题，萨赫勒地区已经持续成为国际关注的焦点。萨赫勒地区是指从塞内加尔到苏丹，自西向东横跨非洲的走廊地带，长度约4000公里、面积约300万平方公里。它是非洲北部撒哈拉沙漠与南部草原之间的过渡地带，也是北非和马格里布游牧民族与非洲南部民族的交错区，还是伊斯兰教与基督教交汇的地区。萨赫勒地区分布的国家主要有塞内加尔、佛得角、毛里塔尼亚、马里、布基纳法索、尼日尔、尼日利亚、乍得、苏丹和厄立特里亚。

“基地”组织在萨赫勒地区最主要的分支组织是“支持伊斯兰和穆斯林组织”（Jama'a Nusrat al – Islam wa al – Muslimin，JNIM），它是当地实力最强、最危险的恐怖组织。该组织由“伊斯兰马格里布基地组织”“穆拉比通”和“伊斯兰卫士”（Ansar al – Dine）等恐怖组织于2017年联合组建，承诺效忠于“基地”组织。当“伊斯兰国”把扩张的注意力分散在世界其他地区时，“基地”组织悄然在萨赫勒地区采取主动行动。在“基地”组织萨赫勒地区分支的重组中，“支持伊斯兰和穆斯林组织”得以组建，资深的图阿雷格部落领袖、反叛运动头目伊亚德·阿格·加利（Iyad Ag Ghali）成为该组织的首领。其副手包括阿尔及利亚“伊斯兰马格里布基地组织”的阿拉伯裔资深军事指挥官德贾梅尔·奥科查（Djamel Okacha，又名Yahya Abu al – Humam），[①] 以及富拉尼族重要的宗教人物穆罕默德·库法（Muhammed Kufa）。这一领导层均是萨赫勒地区长期动荡并推动国际恐怖主义势力在当地扩张的关键人物。其中，加利直接谋划并推动了马里图阿雷格人持续不断的叛乱，奥科查建立了与“基地”组织的联系，库法则通过增加对富拉尼人的招募，使该组织进一步向南延伸到马里中南部以及更远的地方。

在此基础上，“基地”组织与萨赫勒地区的本土恐怖组织建立了联系，通过提供人员、意识形态、资金和技术等方面的支持，使它们成为自身的附属组织。主要包括马里的马西纳解放阵线（Katiba Macina，Front de libération du Macina）、西非统一和圣战运动（MOJWA）等。从长远的角度来看，“基地”组织在北非和萨赫勒地区的目标是推翻阿尔及利亚政府，在马里北部、尼日尔西部和毛里塔尼亚东部之间建立伊斯兰“哈里发”，同时扩大对西方目标的攻击，最终将外国军队赶出非洲大陆。当然，至少在目前来看，如何巩固自身的恐怖主义网络，利用当地的治理危机和动荡扩展自身的势力范围，成为“基地”组织在萨赫勒地区活动的主要目标。

---

① 2019年2月，他在廷巴克图被法国突击队击毙。

（2）马格里布、利比亚和突尼斯

非洲马格里布地区是“基地”组织的分支机构“伊斯兰马格里布基地组织”的传统活动区域。该组织成立于 2006 年，发端于阿尔及利亚，后来将活动重心转入马里。“伊斯兰马格里布基地组织”还活跃在摩洛哥。同时，“伊斯兰辅助者”也在这些国家活动，该组织认同“基地”组织的意识形态且装备精良，对相关国家的安全与稳定构成了严重威胁。

此外，“基地”组织在本地区的附属组织还包括：在利比亚活动的“班加西伊斯兰辅助组织”（AAS – B）、“达尔纳伊斯兰辅助组织”（AAS – D）；在突尼斯活跃的“突尼斯伊斯兰辅助组织”（AAS – T）等。

（3）非洲之角

在非洲之角索马里，青年党（Harakat Shabab a – Mujahidin）一直效忠于“基地”组织。早在 2009 年，其首领就宣布建立“基地”组织的东非分支，试图将势力范围扩展到索马里之外的肯尼亚、乌干达和坦桑尼亚，其行动方式是在乌干达、肯尼亚和埃塞俄比亚的基督教人口中心地区发动大规模袭击。

2. 非洲的“伊斯兰国”及其卫星组织

从“伊斯兰国”的宣传和政策实践来看，他们对非洲在维护其“哈里发”的合法性方面给予了高度的重视。自 2017 年起，随着在伊拉克和叙利亚的“领土”逐步丢失，“伊斯兰国”抓紧了向非洲的转移和扩张。一方面是为了夺取新的领土以维持“哈里发”的合法性，另一方面是为了逃避国际反恐联军的围剿。

“伊斯兰国”对非洲的部署始于 2015 年，在该组织的“黄金时期”，它就开始实施扩大化战略，通过在“哈里发”之下形成二级行动中心，作为未来扩张的基础和行动基地，继续与“基地”组织争夺全球“圣战”的领导权。在这一战略下，非洲成为“伊斯兰国”重要的扩张方向。近年来，“伊斯兰国”在伊拉克和叙利亚的失败使其加速了向外转移的步伐，它试图通过扩大其势力范围，将自身重塑为全球“圣战”运动的领导者。对此，自 2019 年以来，该组织加强了在中南亚和西非以及其他地区的行动。

“伊斯兰国”在非洲的二级行动中心类似于“基地”组织的风格，主要与当地恐怖组织联合组建。目前，“伊斯兰国”在非洲的分支主要包括

“大撒哈拉地区伊斯兰国”（ISGS）、“伊斯兰国西非省”（ISWAP）和“伊斯兰国中非省”（ISCAP）。同时，“伊斯兰国”在刚果民主共和国及莫桑比克的附属组织保留了一定的自主性。“伊斯兰国”的上述分支和附属组织已对非洲的安全与稳定造成了严重威胁。自 2015 年以来，涉及与安全部队交战、爆炸和针对平民的暴力事件在持续增长，2020 年是整个萨赫勒、西非、中非和东非地区恐怖主义造成死亡人数最多的一年。[①]

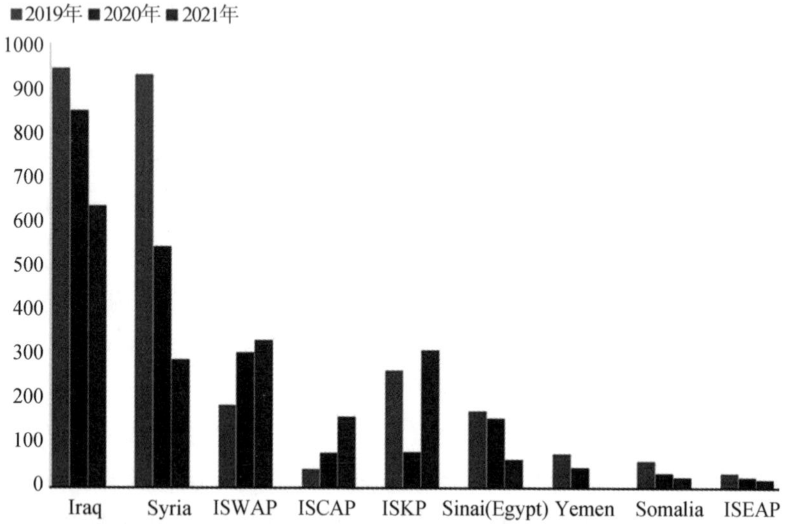

图 3－3　“伊斯兰国”分支的年度袭击数量（2019—2021 年）

从左至右分别为：伊拉克“伊斯兰国”、叙利亚“伊斯兰国”“西非省”“中非省”“呼罗珊省”“西奈省”“也门省”“索马里省”“东南亚省”。

资料来源：Civil Society Perspectives：ISIL Trends and Developments in Africa，Counter－Terrorism Committee Executive Directorate（CTED），April 2022，https：//www. un. org/securitycouncil/ctc/sites/www. un. org. securitycouncil. ctc/files/files/documents/2022/Apr/cted_ civil_ society_ perspectives_ isil_ in_ africa_ april_ 2022. pdf.

具体来看，“伊斯兰国”在非洲的布局主要涉及如下几个国家：

---

① Armed Conflict Location & Event Data Project，“Full Dashboard Results：Eastern Africa，Middle Africa，Western Africa，”21 May，2020，https：//acleddata. com/dashboard/.

（1）尼日利亚

2015 年 3 月 5 日，“博科圣地”的首领阿布·贝克尔·谢考（Abu Bakr Shekau）向“伊斯兰国”宣誓效忠，为后者提供了西非的第一个主要据点。同时，与“博科圣地”的联合为“伊斯兰国”提供了与其北部据点利比亚和阿尔及利亚的领土连续性，以及向其他非洲国家扩张的杠杆。2016 年，“博科圣地”与“伊斯兰国”因首领之争导致双方关系破裂，“伊斯兰国”重新组建了“伊斯兰国西非省”分支。2021 年 5 月，“伊斯兰国西非省”打死了“博科圣地”的首领谢考，在大力招募后者成员的同时，重新加快对尼日利亚东北部、乍得湖、喀麦隆和乍得等国家和地区的部署。

（2）马里、尼日尔和布基纳法索

在这三个国家中，“伊斯兰国”的活动主要依靠“大撒哈拉伊斯兰国”分支而展开。“大撒哈拉伊斯兰国”成立于 2015 年，因效忠“伊斯兰国”的问题从“穆拉比通”（al－Mourabitoun）分立出来。还有一种说法是“大撒哈拉伊斯兰国”是由“伊斯兰国西非省”着力创建的。

近两年来，“大撒哈拉伊斯兰国”的恐怖袭击活动发展迅猛，已严重威胁当地的安全。据统计，在 2020 年萨赫勒地区伊斯兰武装分子暴力造成的死亡中，有一半以上是由该组织造成的。在 2021 年上半年，该组织在尼日尔的恐怖活动造成的平民死亡人数居于各组织之首。① 同时，利用新冠疫情、政治动荡等导致的政府治理真空，自 2021 年以来，“大撒哈拉伊斯兰国”正在马里和布基纳法索推行自身的极端主义治理模式。

（3）埃及

“伊斯兰国”在埃及的主要分支是“伊斯兰国西奈省”。2011 年“阿拉伯之春”抗议运动后，来自贝都因部落的恐怖分子成立“安萨尔·拜特·马格迪斯”组织（Ansar Bait al－Maqdis），大举向埃及政府及安全部队发动袭击。2014 年，该组织宣布向“伊斯兰国”效忠并改名为“伊斯

① Civil Society Perspectives：ISIL Trends and Developments in Africa，Counter－Terrorism Committee Executive Directorate（CTED），April 2022，https：//www. un. org/securitycouncil/ctc/sites/www. un. org. securitycouncil. ctc/files/files/documents/2022/Apr/cted_ civil_ society_ perspectives_ isil_ in_ africa_ april_ 2022. pdf.

兰国西奈省”。虽然在“伊斯兰国”发展的鼎盛时期，北非地区成为该组织外国恐怖主义成员的首要输入地，但是到了 2021 年上半年，“伊斯兰国”在整个北非地区的活动及袭击普遍下降。这在很大程度上与北非各国对恐怖分子的拦截及逮捕有关。进入 2022 年上半年，“西奈省”有进一步活跃的迹象。

（4）莫桑比克、中非共和国与刚果（金）

2019 年，“伊斯兰国”宣布在中非省建立一个新的分支机构“伊斯兰国中非省”（ISCAP），包括在刚果和莫桑比克的两个分部，这表明了该组织在中部非洲地区及向南扩张的态势。在宣传策略中，刚果和莫桑比克分部也采用了“伊斯兰国”“中央”的宣传和话语风格，这表明它们正在进行向“中央”靠拢的文化适应过程。

2017 年，“莫桑比克青年党”（Ansar al – Suna）宣告成立，随后武装侵占了莫桑比克的德尔加杜角省。2018 年，该组织宣布效忠于“伊斯兰国”并成为后者的附属组织（莫桑比克分部）。该组织近年极为活跃，至 2021 年 6 月底，其恐怖行动已造成 3000 人死亡，约 80 万人无家可归。[①] 2020 年，该组织一度占领了莫桑比克北部的重要港口城市，并迫使莫桑比克军队撤退。同时，由于其控制区域油气资源丰富，也迫使在当地的全球能源集团被迫撤离。有消息指出，“伊斯兰国”在索马里的分支正积极介入中部非洲地区的冲突，该分支的主要作用是协调非洲中部、东部和南部各“伊斯兰国”附属团体的行动。2021 年 7 月，莫桑比克军队在卢旺达军队和南部非洲发展共同体（SADC）驻莫桑比克特派团的支持下，从恐怖组织手中夺回了相关领土的控制权，后者转而向坦桑尼亚转移。

在非洲中部地区，多年来名为民主同盟军（Madina at Tauheed Wal Mujahidin – MTM）的恐怖组织一直肆虐于中非共和国、乌干达和刚果民主共和国。2019 年，该组织分裂，其中一支宣布效忠“伊斯兰国”并与“伊斯兰国中非省”合并（即刚果分部）。2021 年，“伊斯兰国中非省”的刚果分部日渐活跃，其势力范围已扩展到了乌干达，卢旺达则可能成为它下一个渗透的目标。

---

① https：//www. thedefensepost. com/2021/06/30/eu – mozambique – military – training/.

总而言之，近年来各类国际恐怖势力在非洲竞相布局，至2020年初，“基地”组织和“伊斯兰国”在萨赫勒地区的竞争和冲突发生了转变。虽然“伊斯兰国”以其战斗能力和暴力手段而见长，但“基地”组织也没有落后，它在靠近尼日尔三角洲和马格里布地区维持了自身的影响力。两者下属各组织之间的暴力冲突在萨赫勒地区屡见不鲜，每个组织都试图夺取领土，并使当地居民受制于己或防止逃亡到对手那里。在北非和撒哈拉以南地区，“基地”组织强化了在马里的攻势，同时也在阿尔及利亚、突尼斯和利比亚扩大自身的势力范围。例如在利比亚，“基地”组织的附属组织抓紧与班加西省的“伊斯兰辅助者”组织（Ansar al－Sharia）合并，在利比亚西部建立据点的同时，自2021年起“基地”组织开始从叙利亚转移恐怖分子，以充实当地的恐怖势力。

（二）“萨赫勒例外”的终结

以伊斯兰极端主义为底色的恐怖组织之间，在围绕意识形态、行动策略、主导地位等方面一直存在着激烈的争斗和内讧。2014年，“伊斯兰国”宣布建立“哈里发”并以承认“哈里发”与否作为划分敌我的依据，引发了它与“基地”组织之间的激烈争论。随着时间的推移，这种争论演变成了“伊斯兰国”与“基地”组织之间为控制领土和“圣战”主导地位而发生的直接军事内斗，并蔓延到阿富汗、也门、索马里、利比亚和埃及等国家的恐怖组织中。

在国际恐怖主义高度分化乃至对立的情况下，“基地”组织和“伊斯兰国”的分支在萨赫勒地区一度并未爆发直接冲突，这被学界称为“萨赫勒例外”。然而，这种“例外”最终被两者的分支——“支持伊斯兰和穆斯林组织”和“大撒哈拉伊斯兰国”之间的冲突所打破。① 自2020年到2021年8月，据统计这两个组织之间已经爆发了约140次冲突。②

总体而言，“支持伊斯兰和穆斯林组织”和“大撒哈拉伊斯兰国”之间的冲突是“基地”组织和“伊斯兰国”紧张关系升级的反映。双方竞争的核心在于如何利用当地的因素来推进自身的战略。整体上，“支持伊

① Wassim Nasr, “ISIS in Africa: The End of the ‘Sahel Exception’,” Center for Global Policy, June 2, 2020, https://cgpolicy.org/articles/isis－in－africa－the－end－of－the－sahel－exception/.

② “Curated Data,” *ACLED*, August 25, 2021, https://acleddata.com/curated－data－files/.

斯兰和穆斯林组织”遵循“基地”组织的扩张战略，通过嵌入到本地化的地方结构中，试图将自身塑造为本地社会的捍卫者；而“大撒哈拉伊斯兰国”则遵循“伊斯兰国”的强硬路线，把自身打造为不妥协者，吸引当地的强硬派加入。随着双方对武装人员和资源的竞争加剧，“大撒哈拉伊斯兰国”在萨赫勒地区的野心急剧膨胀，双方最终走向对抗。

1. 双方在同一战场上的分歧之路

在利用萨赫勒地区长期的动荡以进行扩张的过程中，“伊斯兰国”和“基地”组织这两个国际恐怖组织经历了相对平稳和并行的增长。附属于两者的当地恐怖组织领导层及成员之间的家庭和部落联系很紧密，因此存在一定程度的相互容忍，而且可能在个人和非常本地化的层面进行了一些协调。

从 2020 年开始，“伊斯兰国”的下属媒体开始公开指责和攻击“基地”组织在萨赫勒地区的分支机构。5 月 7 日，*Al – Naba* 周刊发表了一篇长达三页的文章，全面攻击“支持伊斯兰和穆斯林组织”，称该组织的首领加利和库法为叛教者。该文指责“支持伊斯兰和穆斯林组织”参与了萨赫勒地区反对“伊斯兰国”的军事行动，旨在“与十字军一起”将“伊斯兰国”从马里、尼日尔和布基纳法索三国的边境地区清除出去。5 月 28 日，“伊斯兰国”发言人发布录音，指责“‘基地’组织的叛教者代表‘十字军’与巴马科政府谈判”，同时对“伊斯兰国”发动攻击。然而，在发布这些声明之前，“伊斯兰国”已经超越它在萨赫勒地区三国交界的庇护所，进入了“马格里布基地组织”地盘的心脏地带，并建立了它在马里北部和与阿尔及利亚接壤的边境地区的后勤路线，这在实质上扰乱了它与当地权力掮客之间的任何“互不侵犯”协议或默契。

另外，虽然“支持伊斯兰和穆斯林组织”仍然在与马里、布基纳法索和尼日尔的政府军作战，并且仍然是法国军队的目标，但是它实力强大、根基深厚，并且愿意谈判。在策略上，该组织正在以一种更加务实的方式和一种新的“民族主义”措辞来处理地方问题和不满。阿富汗塔利班与美国的多哈和谈也在一定程度上启发了“支持伊斯兰和穆斯林组织”，他们开始主张以更为本地化的方式实现自身的诉求，而非永无休止的“圣战”。

所以说，“伊斯兰国”和“基地”组织的分歧既涉及在萨赫勒地区的势力范围之争，也涉及“斗争”策略特别是对待和谈的立场差异。这种分歧已非两大组织在当地分支的私人关系所能协调，最终必将走向冲突。

2. 分支之间的冲突：“大撒哈拉伊斯兰国”与“支持伊斯兰和穆斯林组织”①

虽然“大撒哈拉伊斯兰国”与“支持伊斯兰和穆斯林组织”之间从未建立过正式的合作关系，但这两个团体由于共同的历史和超越全球“圣战”对抗的个人关系而从实地合作中受益。然而，两者之间因共同出身、人际关系、人员交叉和协调行动而形成的特殊关系最终让位于“伊斯兰国”和“基地”组织之间的竞争和敌对。从 2019 年 7 月开始，“大撒哈拉伊斯兰国”与“支持伊斯兰和穆斯林组织”在马里与布基纳法索毗邻的萨赫勒地区发生了至少 46 次实际冲突。从那时起，冲突从马里的内尼日尔三角洲、马里和布基纳法索的古尔马地区扩大到布基纳法索东部与尼日尔和贝宁接壤的省份。

有研究认为，“大撒哈拉伊斯兰国”与“支持伊斯兰和穆斯林组织”之间日益增长的紧张关系是多种因素共同作用的结果。第一是两个群体之间长期存在的意识形态分歧。尽管以前这些都被掩盖了，但随着双方争论的加剧，这种分歧最终成为两者关系破裂的催化剂。例如，“支持伊斯兰和穆斯林组织”公开支持“基地”组织在“圣战”策略上的渐进性和计划性，并指责“伊斯兰国”简单粗暴的做法。

第二是“伊斯兰国”对分支媒体的管控。2019 年 3 月，“大撒哈拉伊斯兰国”正式成为“伊斯兰国西非省”的一个地区分支，“伊斯兰国”中央从那时起接管了“大撒哈拉伊斯兰国”的媒体输出。通过对下属的更大控制权，“伊斯兰国”对“支持伊斯兰和穆斯林组织”实施了更具敌意的批判，以适应其总体叙述。在这种对抗性的语境下，“大撒哈拉伊斯兰国”被逐步塑造为“支持伊斯兰和穆斯林组织”的竞争者和挑战者。

第三是“大撒哈拉伊斯兰国”的野心不断膨胀。随着该组织实力的增长，它在当地的活动已更具侵略性，如马里中部地区的扩张，对萨赫

---

① HÉNI NSAIBIA, CALEB WEISS, “The End of the Sahelian Anomaly: How the Global Conflict between the Islamic State and al – Qa'ida Finally Came to West Africa,” CTC, Vol. 13, No. 7, July 2020, https: //ctc. usma. edu/wp – content/uploads/2020/07/CTC – SENTINEL – 072020. pdf.

勒地区军事阵地的大规模进攻以及对自然资源的争夺①等。这已成为“支持伊斯兰和穆斯林组织”在当地主导地位的重大威胁。

第四是两者对待当地群体的差异。两个团体都在萨赫勒地区各种族群冲突中争夺权力和影响力，“支持伊斯兰和穆斯林组织”试图把自己描绘成马里中部的富拉尼人等族裔群体的捍卫者，对他们进行拉拢，而“大撒哈拉伊斯兰国”则试图加剧当地的矛盾和冲突。例如，“大撒哈拉伊斯兰国”领导人公开批评“支持伊斯兰和穆斯林组织”与班巴拉和多贡族民兵达成协议，并与马里政府进行谈判。

第五是部分“支持伊斯兰和穆斯林组织”成员叛逃至“大撒哈拉伊斯兰国”，加剧了两个组织间的紧张关系。尽管前者在一开始采取了沉默态度，但后者仍在继续努力分化拉拢“支持伊斯兰和穆斯林组织”战斗人员，这无疑使矛盾进一步升级。②

总体而言，“伊斯兰国”与“基地”组织这两个组织之间冲突的持续和升级，将对萨赫勒地区本已危险的安全局势产生负面影响。尽管一些人认为，恐怖组织之间的冲突有利于反恐斗争，但也有可能是恐怖组织间“竞标”的过程，目的是展示“比对手更大的、打击敌人的决心”。同时，由于这两个团体之间的一些冲突具有宗派色彩，这也可能加剧当地的民族、宗教暴力。

---

① 在尼日尔内河三角洲，ISGS 争夺对牧场的影响力；在古尔马，它在手工采矿场附近的地区（如金矿）寻求更大的控制权；而在布基纳法索东部，它挑战了 JNIM 在野生动物和狩猎保护区的统治地位。

② HÉNI NSAIBIA, CALEB WEISS, “The End of the Sahelian Anomaly: How the Global Conflict between the Islamic State and al – Qa'ida Finally Came to West Africa,” CTC, Vol. 13, No. 7, July 2020, https://ctc.usma.edu/wp – content/uploads/2020/07/CTC – SENTINEL – 07/2020. pdf.

第四章

新冠疫情与西方排外民族主义

第一节　新冠疫情下美国民族主义的升级与冲突

新冠疫情下美国民族主义的升级与滥觞，既是美国政客对病毒政治化和责任外化的结果，也是美国等西方社会内部身份政治驱动下群际关系走向右翼化和排他化的反映。对于美国来说，疫情前步入主流政治的民粹型民族主义，危机对排斥型恶性民族主义的触发，特别是这种恶性民族主义对病毒和疫情的认知、归因都指向外部和他者，使得种族、民族冲突成为这一过程的必然结果。疫情中美国民族主义的排他性和自利性在威胁自身政治社会稳定的同时，也对全球抗击疫情所依赖的团结与合作造成全面的破坏。更进一步来说，疫情中美国民族主义的急剧膨胀和排外化已成为国际安全的重大威胁，这在俄乌危机中美国对战争的炒作和介入中可见一斑。

美国加州州立大学圣贝纳迪诺分校仇恨和极端主义研究中心在 2021 年 3 月发布的一份调查报告显示，据警方统计在美国 16 个大城市中，2020 年反亚裔仇恨犯罪增长了 145%。[①] 该报告还指出，针对亚裔仇恨犯罪的第一波高峰出现在 2020 年的三四月份，与新冠疫情在美国扩散的时

① “Anti – Asian Hate Crime Reported to Police in America’s Largest Cities：2019 & 2020”，Center for The Study of Hate and Extremism，March 2021，https：//www. csusb. edu/sites/default/files/FACT%20SHEET – %20Anti – Asian%20Hate%202020%20rev%203. 21. 21. pdf.

间点重合。美国新冠确诊病例的增加与针对亚裔的刻板偏见及仇恨呈正相关性，这是自 2020 年以来美国发生数千起反亚裔仇恨犯罪案件的直接原因。更为严峻的现实在于，自 2021 年 3 月以来，美国已发生多起极右翼个人针对亚裔的恶性事件，包括枪杀、无端暴力袭击等。

如何理解新冠疫情以来美国种族主义、仇外心理、歧视和针对少数民族暴力的激增？如果仅仅解读为特朗普时期右翼民粹主义的遗毒，[①] 或是美国种族主义的激化，都可能忽视了美国政治变迁的动态性和民族、种族政治的系统性。对于近年来美国、英国等西方国家的右翼化倾向，福山认为本质上是身份政治的问题。他从尊严的诉求（demand of dignity）与怨恨的政治（politics of resentment）两个角度对西方的身份危机进行了分析，认为"自下而上"的尊严诉求难以在现代社会的变迁中获得满足，导致了身份预期的落差与怨恨的积累。[②]通俗地讲，尽管属于主导的种族，但许多白人工人阶级却感到自己受了伤害、被边缘化了。这种情绪为右翼身份政治的出现奠定了基础，在最极端的情况下，这种身份政治表现为明显的种族主义—白人民族主义。而且对身份认同的这种民族主义理解如今在很多国家开始死灰复燃，在美国则尤为明显。

为什么美国社会内部的阶级、民粹问题朝身份政治转移并走向排他化？这与民族主义的作用机制密切相关。民族主义不仅是一种政治意识形态，它也是价值和认同的重要来源。因此，它提供了一个统一或分裂的框架，可以激发人们愿意为他们的同胞牺牲的强烈感情，也会引起对

---

① 本书为何以民族主义而非民粹主义为中心？为何许多文章都使用"民族民粹主义"而本文使用"民粹民族主义"？必须承认，无论从经验上还是概念上，民粹主义和民族主义都是密切相关的。但是，两者的内涵与外延仍有着实质性的区别。许多最突出的民粹主义政治实例都是民族主义的。如果说作为弱势群体的人民和精英之间的上下对立是民粹主义所固有的，那么对特定社会经济或民族文化（他者）群体的排斥就不是民粹主义本身的问题。例如，激进右翼的核心不是民粹主义，而是排他性的族群—文化民族主义；同时，在民粹主义界定其关键概念"人民"时，一旦"人民"作为劣势群体与移民和其他民族群体对立起来时，这种界定就从属于民族主义并被用来为民族主义目的服务。具体可详见 De Cleen, B.,"Populism and Nationalism", in C. Rovira Kaltwasser, P. Taggart, P. Ostiguy and P. Ochoa Espejo, Eds., *Handbook of populism*, Oxford: Oxford University Press, 2017, pp. 342 - 362.

② Francis Fukuyama, *Identity: The Demand for Dignity and The Politics of Resentment*, New York: Farrar, Straus and Giroux, 2018, pp. 5 - 14.

异族根深蒂固的仇恨和暴力。[①] 同时，民族主义虽然对国家的身份问题异常明确，但是它无法对关键的国内社会问题提供系统的答案。[②] 这也决定了民族主义在面对身份危机及国家治理困境时，常常以回归种族主义或依附民粹主义等方式来进行排他性建构。

进入 21 世纪以来，民族主义、民粹主义持续在西方国家中蔓延，新冠疫情的暴发正在大大加速西方民族主义的右翼化倾向。福山就指出，民族主义、孤立主义、仇外心理和对自由世界秩序的攻击多年来一直在增强，并且这一趋势只会因疫情而加速。[③] 克立索尔德（Clissold）等人也认为，在许多受疫情影响的国家中，民族主义水平的上升加剧了仇外心理对政治和社会的渗透。[④] 同时，美国、加拿大、英国、澳大利亚等西方国家内部的种族主义也在疫情中迅速抬头，针对少数群体的诽谤、歧视和攻击层出不穷，而相关政府对病毒的政治化和对中国的污名化成为重要原因。[⑤]

关于新冠疫情对西方民族主义的影响，学界展开了重点研究。民族主义研究的顶级刊物 *Nations and Nationalism* 组织多位专家讨论了 COVID－19 对民族主义和世界政治发展的潜在影响。专家一致认为，COVID－19 正在激化民族主义，也将加剧民族主义冲突，但民族国家体系本身不会被侵蚀。[⑥] 弗洛里安·比伯（Florian Bieber）认为，疫情中威权主义、种族偏见、反全球化及恐惧政治的增加，推动了排斥性民族主义（exclu-

① Woods ET, Schertzer R., Greenfeld L., Hughes C. and Miller－Idriss C., “COVID－19, Nationalism, and the Politics of Crisis: A Scholarly Exchange,” *Nations and Nationalism*, Vol. 26, No. 4, 2020, pp. 807－825.

② Halikiopoulou, D., Nanou, K. and Vasilopoulou, S., “The Paradox of Nationalism: The Common Denominator of Radical Right and Radical Left Euroscepticism,” *European Journal of Political Research*, Vol. 51, No. 4, 2012, pp. 504－539.

③ Fukuyama, F., “The Pandemic and Political Order,” *Foreign Affairs*, Vol. 99, No. 4, 2020, pp. 26－32.

④ Clissold, E., D. Nylander, C. Watson and A. Ventriglio, “Pandemics and Prejudice,” *International Journal of Social Psychiatry*, Vol. 66, No. 5, 2020, pp. 421－423.

⑤ Barreneche, S. M., “Somebody to Blame: on the Construction of the Other in the Context of the Covid－19 Outbreak,” *Society Register*, Vol. 4, No. 2, 2020, pp. 19－32.

⑥ Woods ET, Schertzer R., Greenfeld L., Hughes C. and Miller－Idriss C., “COVID－19, Nationalism, and the Politics of Crisis: A Scholarly Exchange,” *Nations and Nationalism*, Vol. 26, No. 4, 2020, pp. 807－825.

sionary nationalism）的兴起。①阿马努埃尔·伊莱亚斯（Amanuel Elias）等学者进而从民族主义、资本主义和种族主义三者关系出发，认为民粹主义、排斥性民族主义和孤立主义使疫情加剧了系统性种族主义及跨文化群体间的不平等关系。②有研究则把 COVID－19 放在全球和历史的范畴内，探讨疫情期间的他者化政治问题。③整体而言，虽然现有的成果对新冠疫情正在激化民族主义并将加剧民族、种族冲突等问题达成了共识，但是相关研究仍显碎片化，缺乏对民族主义从背景到升级、从认知到行为的系统性梳理。疫情下基于身份政治的民族主义和种族主义实质上属于群际关系，从群际关系心理学和政治学的角度对其进行分析可能更有助于把握其演进脉络。

本节将从民族主义内外群体对立的身份认同机制出发，以两条逻辑主线分析新冠疫情下美国民族主义的升级（见图 4－1）。一是从内外的向度，分析疫情前西方民粹型民族主义（Populist nationalism）的泛滥，

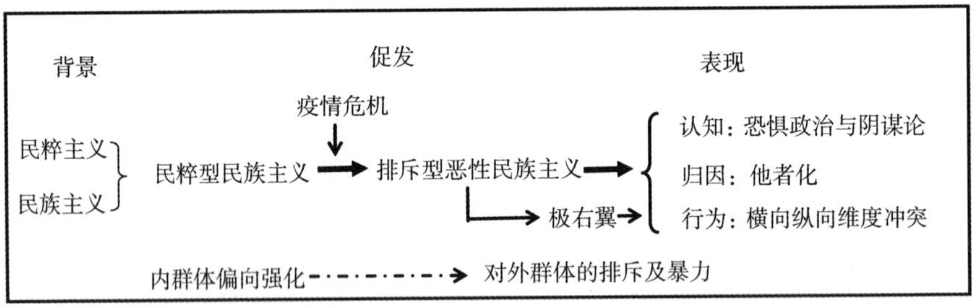

图 4－1 新冠疫情下美国民族主义的升级与暴力

资料来源：笔者自制。

---

① Bieber, F., "Global Nationalism in Times of the COVID－19 Pandemic," *Nationalities Papers*, Vol. 35, 2020, pp. 1－13.

② Amanuel Elias, Jehonathan Ben, Fethi Mansouri and Yin Paradies, "Racism and Nationalism during and beyond the COVID－19 Pandemic," *Ethnic and Racial Studies*, Vol. 44, No. 5, 2021, pp. 783－793.

③ Kim Yi Dionne, Fulya Felicity Turkmen, "The Politics of Pandemic Othering: Putting COVID－19 in Global and Historical Context," *International Organization*, 74 Supplement, December 2020, pp. 213－230.

造成了内群体偏向的强化，在疫情导致的一系列危机和相关政治势力的鼓动下，最终导致了对外群体的排斥及暴力；二是从升级的向度，分析美国原本存在的民粹型民族主义在疫情危机的促发下，升级为排斥型恶性民族主义，在对疫情的认知、归因上指向民族、种族的他者，在极右翼的介入下将制造全面的冲突。

从根本上而言，美国等西方民族主义的民粹化和右翼化已不可避免，在尊严诉求和怨恨政治的作用下，美国社会的身份政治最终选择了民族、种族和宗教的底色。新冠疫情的暴发，特别是美国政客将矛盾转移和责任外化的结果，导致了美国民族主义的激进和排他。所以，亚裔成为白人乃至黑人攻击的对象。但是，这并不是终点，西方霸权的护持将是美国排斥型民族主义的最终目标，对此我们要有清醒的认识。

一　内群体偏向强化：美国民族主义与民粹主义的合体

首先需要看到的是，新冠疫情是在右翼民粹主义、激进民族主义不断进入西方主要国家（尤其是欧洲和北美国家）主流政治的背景下暴发的。疫情暴发及其引发的一系列经济社会危机，反过来又使右翼民粹主义、激进民族主义的负面效应不断放大，同时加速了两者合体的进程，最终形成排斥型民族主义。

近年来，民粹主义已逐步成为美国、英国、巴西等国的政治底色。从理论上看，民粹主义既是一种图式，也是一种鼓动“纯洁”的大众与“腐败”的精英相对立的修辞策略。[①] 当作为一种政治策略和动员手段时，民粹主义能否成功将取决于可否调动起民众非理性的政治热情、可否通过构建二元对立的群体来煽动敌意、可否建立构建一种道德上的正当性来为参与者提供认同感和归属感、可否通过制造对外部威胁的恐惧来唤起人们内心的焦虑……而这一切都让民族主义成为民粹主义最好的搭档。[②]随着西方世界经济发展趋缓，国家内部分化的加剧，特别是美国与

---

① Brubaker, R. , “Why populism?” *Theory and Society*, Vol. 46, No. 1, 2017, pp. 357 – 385; Miller – Idriss, C. , “The Global Dimensions of Nationalist Populism,” *The International Spectator*, Vol. 54, No. 2, 2019, pp. 17 – 34.

② 杨春林：《当代西欧右翼民粹主义政党的崛起及其影响研究》，山东大学，博士学位论文，2020 年，第 5 页。

外部世界围绕战略、移民、宗教等议题而导致的竞争和摩擦，使得美国内部民粹主义与民族主义逐步走向合流。例如，特朗普的品牌口号“让美国再次伟大”隐喻了白人基督徒早期统治地位的回归，以及对种族、民族和宗教少数群体的征服，这是“好的”和“坏的”群体之间的最终区分。特朗普的侵略性、分裂性和非人性化话语得到了追随者的支持，也完成了对他者的敌对化塑造。①

（一）民族主义与民粹主义合体的内在逻辑

就表面而言，民族主义和民族国家之间侧重于一种建构关系，而民粹主义与后者则是一种逆向的解构关系。然而，这两个概念都是基于社会关系的对立性，意识形态相对单薄，极易成为政治力量煽动并利用的工具。② 简言之，民粹主义中“民众”与“精英”、民族主义中“我族”与“他族”都有着相似的二元对立关系和由此产生的排他性、攻击性，再加上两种思潮都有着概念模糊化、内核空心化、人为建构化、倾向极端化的特点，犹如变色龙一般可以适应、依附不同的价值观念与政治诉求。然则，两者的合体实现了西方民族主义在内群体偏向的强化。

1. 纵横关系

从矛盾架构上来看，民粹主义作用于“人民—精英”的纵向维度，而民族主义则作用于“我族—他族”的横向维度，最终民粹民族主义“将人群中分散的不满通过民族主义凝聚起来并导向外部群体”。③ 可以说，民粹民族主义将这种“纯粹”的人民与“恶毒”的精英之间的分裂扩展到另一种框架里，即所有“他者”都对纯粹的国家及其普通民众构成了本质上的威胁，只有一个更狭隘及同质化的国家，才能保护国家免受移民、其他少数民族、非基督宗教等造成的日益严重的威胁。所以，这种“新民族主义”现象的关键是民粹主义与民族主义的融合。虽然民

---

① Brigitte L. Nacos, Robert Y. Shapiro and Yaeli Bloch – Elkon, “Donald Trump: Aggressive Rhetoric and Political Violence,” *Perspectives on Terrorism*, Vol. 14, No. 5, 2020, pp. 2 – 25.

② Mudde, C., Rovira Kaltwasser C., “Studying Populism in Comparative Perspective: Reflections on the Contemporary and Future Research Agenda,” *Comparative Political Studies*, Vol. 51, No. 13, 2018, pp. 1667 – 1693.

③ Bart Bonikowski, Daphne Halikiopoulou, Eric Kaufman and Matthijs Rooduijn, “Populism and Nationalism in A Comparative Perspective: A Scholarly Exchange,” *Nations and Nationalism*, Vol. 58, No. 1, 2018, pp. 58 – 81.

族民粹主义与民粹民族主义在概念侧重上有所差异，但都体现出“以民粹主义为表，以民族主义为里”的核心特征。

比利时学者本雅曼·德克莱（Benjamin De Cleen）提出了民族主义与民粹主义的“横纵结构”（vertical and horizontal structure）。这一分析框架揭示了民族主义“内/外关系”与民粹主义“上/下关系”的结合。按照德克莱的横纵结构，人们便能够理解，主张有限性的民族主义何以在结合民粹主义之后，迅即表现为本土主义与排外主义。详细言之，民粹主义依靠“下/上”的纵向结构建立起人民与精英之间的对抗性关系，而民族主义则依靠“内/外”的横向结构形成民族成员与非民族成员的区分。在以“人民”和“敌人”为核心的叙述中，民族主义话语对民粹主义的纵向结构起到了两个方面的补充作用：一是使部分“被压迫人民”获得了作为整个民族代言人的形象，二是借助民族主义对他者的排斥，重新塑造民粹主义所需的“敌人”。民粹主义能够融合民族主义的原因在于，民族主义的倡导者逐渐有“重心下移”的趋势，即从精英化民族主义向民粹化民族主义转变。

2. 界定人民

缪勒认为，民粹主义所依赖的主体性“人民”，主要表现是将人民视为道德化的、同质的共同体。① 同时，垄断对人民的代表权，唯有他们代表“真正的人民”，不拥护他们的，就不是真正的人民，而是人民的敌人。这是识别民粹主义的主要特征。民族主义也在本质上具有垄断人民代表性的天然诉求，并且一直存在族群（种族）民族主义与公民民族主义在代表性层面上的明显差异。

当今美国的民族主义与民粹主义在矛盾架构上横、纵两方面合流的同时，二者的话语体系都围绕“人民”建立，并通过援引彼此的内容来丰富自身话语体系中“敌人”的形象。② 无论是民族主义还是民粹主义，都是围绕“人民”建立的——民族主义关注谁来构成人民，而民粹主义

---

① Jan - Werner Müller, *What is Populism*? Pennsylvania: University of Pennsylvania Press, 2016, p. 57.

② 邹诗鹏、张米兰：《近年来西方关于民粹主义与民族主义合流现象的研究及其述评》，《国外理论动态》2020 年第 5 期。

则声称代表人民发声与行动。近来民粹主义话语的强化同对“人民”一词的多方面理解有着直接的关系，并明确地指向了人民的民族属性。

卡诺文指出，“人民”具有三层含义，分别是作为主权者的人民（sovereign people）、作为平民和普通人的人民（common or ordinary people）和作为道德和文化社群边界内的人民（bounded and distinct people）。[①] 直观地看，民粹主义的纵向结构援引的是“作为平民”的人民，其中的“人民”一词是一个部分概念（part - concept），代表整体之下各个部分的对抗关系，如“人民”与“精英”的对立；而民族主义的横向结构则援引了“作为道德和文化社群”的人民，其中的“人民”是一个整体概念（whole - concept），代表具有自身文化和族群特点的人类之一种。[②]

然而，布鲁贝克认为，民粹主义的参照系不仅是人民与精英之间纵向对立的一维空间，而且存在另一个维度，即一个经济、政治和文化的不平等空间和一个文化、价值观和生活方式的差异空间。“人民”不仅在纵向维度上被理解为“普通人”或“平凡人”，与那些占有资源较多的精英或占有资源较少的底层人物形成纵向联系，而且在横向维度上被看作文化和道德的边界社群；不仅与那些明显处于政体外部的人相对立，而且，作为拥有自身价值观、风格、习惯和生活方式的社群，与那些明显处于政体内部的人相对立。这些“内部的外围人”包括本国精英、底层人群和文化边缘人群。[③] 所以，对“人民”同质性的强调使民粹民族主义通常采取敌我对立、排斥差异、否定多元等思维模式，尤其在种族、族群和移民问题上，对非共同体的“他者”采取排斥而非包容的立场。

同时，民族主义的“我群”内涵也是相对的：一方面，它表示公民或以国家为框架的社群，这一社群由共同的公民身份构成；另一方面，它也代表一种“前政治的”（pre - political）族群文化社群。当使用第二种含义时，“民族”跟“人民”一样，能够表示一个政治社群中与一部分

---

① Margaret Canovan, *The People*, Cambridge: Polity, 2005, p. 2.

② 罗杰斯·布鲁贝克：《民粹主义与民族主义》，禾泽译，《国外理论动态》2020 年第 5 期。

③ 罗杰斯·布鲁贝克：《民粹主义与民族主义》，禾泽译，《国外理论动态》2020 年第 5 期。

成员对立的另一部分，而后一部分被视作是外在于民族的，即使他们在法律意义上属于一个国家。在某些语境下，“非民族的”（non - national）公民若被认为不应享有经济、政治或文化权利，这种文化意义上的“民族”与“非民族的”公民之间的对立可能会同民粹主义中“人民”与“精英”之间的对立同时发生。

总而言之，在民粹主义的界定下，“纯洁、勤劳”的人不仅与“道德败坏”的上层精英区分开，而且与“寄生的、离经叛道”的下层社会区分开。同样，民族主义的边界不仅排斥其他国家，也包括所谓的“内部外来者”。作为“二等公民”，民族主义界定的“内部外来者”被置于与“我族”公民不平等的等级地位中。所以，上层精英、寄生的下层社会、其他民族、“内部外来者”均不属于民粹民族主义所定义的“人民”的范畴。

（二）民粹型民族主义的滥觞

上文表明，在横纵关系和人民内涵的界定上，美国社会中民粹主义与民族主义的趋同与结合已成为一个典型的现象。事实上，新冠疫情是在民族主义复兴之际出现的。① 在许多情况下，这种“新民族主义”带有明显的族裔和民粹主义色彩。②

近年来民粹型民族主义逐步进入主流政治，在特朗普任内推行的“美国优先”政策、英国的公投脱欧运动，以及印度莫迪政府的印度教民族主义政策均有鲜明的体现。同时，民粹主义和极右翼政党在多次欧洲大选中取得了成功，或是加入了执政联盟，成为欧洲政治的重要力量。民粹型民族主义在政治主题选择上带有明显的实用主义色彩，其灵活利用民族主义或民粹主义的主题来获取政治支持。例如，在所谓的“移民危机”后，鼓噪移民和伊斯兰的威胁成为欧洲民粹型民族主义政党操弄的重要议程。

---

① Bieber, F. , “Is nationalism on the Rise? Assessing Global Trends,” *Ethnopolitics*, Vol. 17, No. 5, 2018, pp. 519 – 540; Halikiopoulou D. , Vlandas T. , “What is New and what is Nationalist about Europe's new Nationalism? Explaining the Rise of the Far right in Europe,” *Nations and Nationalism*, Vol. 25, No. 5, 2019, pp. 409 – 434.

② Bonikowski, B. , “Ethno – nationalist Populism and the Mobilization of Collective Resentment,” *The British Journal of Sociology*, Vol. 68, No. S1, 2017, S181 – S213.

在新冠疫情暴发后，除了借助民粹型民族主义的鼓噪来掩饰自身抗击疫情的不力外，相关的民粹、民族政治势力也在利用疫情的危机来增强自身的代表性及合法性。所以，从这个角度来看，民粹主义者不能简单地被视为对外部危机做出反应的应对者，而是积极表演和传播危机感的行为者。正如有研究所指出的那样，正是这种对危机的表演为民粹主义者提供了“一种有效的方式来分化‘人民’和‘他者’，并通过将自己表现为主权人民的声音来使强有力的领导合法化”。[1]

总体而言，新冠疫情的暴发及其引发的一系列危机，结合美国民粹型民族主义本已滥觞的政治社会背景，对抗击疫情本身及加速民粹型民族主义的发展，都产生了重大影响。

一方面，《纽约时报》一篇关于这种疫情的文章提到了一个共同的说法：“病毒在哪里增长最快：有‘狭隘的民粹主义’领导人的国家。”[2]很明显，世界上 COVID－19 感染率最高的几个国家是由民粹型民族主义领导人领导的，包括美国、巴西和英国。虽然美国人口只占全球人口的 4.25% ，但是全球 COVID－19 感染和死亡中的四分之一以上是由美国造成的（随着美国感染和死亡人数的持续上涨，这一比例仍在提高）。而且民粹民族主义的反国际合作、反精英和反科学偏见无疑导致了更高的 COVID－19 感染率和死亡率。

另一方面，疫情背景下民粹型民族主义在美国的迅速发展引发了剧烈的群体冲突和排外主义。疫情前民族主义情绪的蔓延以及文化间、种族两极分化为其加剧种族主义和仇外心理提供了可能的渠道。全球资本主义中广泛的社会经济压迫和信任缺失所创造的社会两极分化环境，严重破坏了社会的凝聚力和跨文化关系。在这种背景下，全球疫情的暴发必然加剧本已紧张的文化间关系，并引发种族冲突和暴力。以美国为例，既有“另类右翼”鼓动的白人至上主义运动，以“黑人的命也是命”（Black Lives Matter）为代表的反对系统性种族歧视运动，也有白人内部

---

① Moffitt B.，“How to Perform Crisis：A Model for Understanding the Key Role of Crisis in Contemporary Populism，” *Government and Opposition*，Vol. 50，No. 2，2015，pp. 189－217.

② David Leonhardt，Lauren Leatherby，“Where the Virus Is Growing Most：Countries With ‘Illiberal Populist’ Leaders，” *New York Times*，June 2，2020.

捍卫盎格鲁—新教文化“纯洁”性与多元文化主义之间的严重撕裂，更有反移民、反穆斯林的排外主义运动及对外政治经济关系中赤裸裸的民族主义、保护主义。

二　危机与美国民族主义的激化

危机是指各国家的人口或基本价值面临着严重威胁，并迫使其在时间压力和不确定性下作出政治反应的情况。威胁、紧迫性和不确定性是危机的三大特征。[①]很明显，新冠疫情制造了严重的公共卫生危机，而且它也引发了一系列的经济、社会危机，这成为理解 COVID - 19 的政治范畴。[②]

（一）危机与恶性民族主义的滋长

区分“我族”和“他族”是民族主义建构的核心。在民族主义认同形成的过程中，“自我”意识的建构往往需要通过与“他者”的接触和比较来实现。威廉·康奈利指出，“差异需要认同，认同需要差异……解决对自我认同怀疑的办法，在于通过构建与自我对立的他者，由此来建构自我认同。”[③] 爱德华·萨义德也指出，自我认同的建构总是牵涉与自己相反的他者认同的建构，而且总是牵涉对与我们不同的特质的不断解释和再解释。[④]但是，这种“他者化”倾向于包含一个美化“自我”和诋毁“他者”的道德化过程。[⑤]

所以，对于“他者”的包容和排斥程度成为衡量民族主义烈度的重要指标。根据两个指标强弱程度的差异，可将民族主义简单分为四种类

---

① Phillip Y. Lipscy, “COVID - 19 and the Politics of Crisis,” *International Organization*, Vol. 74, Supplement, 2020, pp. 1 - 30.

② Woods E. T., Schertzer R., Greenfeld L., Hughes C. and Miller - Idriss C., “COVID - 19, Nationalism, and the Politics of Crisis: A Scholarly Exchange,” *Nations and Nationalism*, Vol. 26, No. 4, 2020, pp. 807 - 825.

③ William E. Connolly, *Identity/Differentce: Democratic Negotiations of Political Paradox*, Ithaca, NY.: Cornell University Press, 1991, p. x.

④ ［美］爱德华·W. 萨义德：《东方学》，王宇根译，生活·读书·新知三联书店 1999 年版，第 426 页。

⑤ Schertzer R., Woods E. T., “Nationalism: The Ethno - Nationalist Populism of Donald Trump's Twitter Communication,” *Ethnic and Racial Studies*, Vol. 44, No. 7, 2020, pp. 1154 - 1173.

型（见表4－1）。一般来说，民族主义对“他者”的包容或排斥可以在国家政治、民间社会及公共舆论三个层面体现出来。[①] 排斥型的恶性民族主义除了在国际关系中对他国的敌视、对抗乃至战争外，在一国社会内部，体现为对“他者”在政治、经济上结构性的排斥，在社会及舆论方面的偏见和歧视，以及对特定群体的暴力。[②]在本书民粹型民族主义的语境中，排斥型恶性民族主义表现为其身份边界与代表国家的主导民族（种族）群体相吻合：如欧洲和美国的白人基督徒、“真正的本地人”，而非“寄生的”少数民族（种族）群体、移民和难民。

表4－1　　　　排斥型民族主义的类型

	民族主义烈度	
排斥度	低	高
低	包容的隐性民族主义	包容的恶性民族主义
高	排斥的隐性民族主义	排斥的恶性民族主义

资料来源：Florian Bieber, “Is Nationalism on the Rise? Assessing Global Trends,” *Ethnopolitics*, Vol. 17, No. 5, 2018, pp. 519－540.

排斥型恶性民族主义本身是国际关系恶化及一国内部政治制度、经济形势以及群体关系变迁的产物。然而，危机的爆发常常成为重要的推动因素。正如弗洛里安·比伯所言，要使民族主义变得致命，就需要一个关键时刻（critical junctures），一个特定的危机时刻。[③]

危机源于真实或感知的威胁，由于其高度的破坏性，也造成了更大的不确定性。[④] 这种对安全和结构的破坏性和不确定性使民族主义的内外

---

① Ioana Emy Matesan, “Grievances and Fears in Islamist Movements: Revisiting the Link between Exclusion, Insecurity, and Political Violence,” *Journal of Global Security Studies*, Vol. 5, No. 1, 2020, pp. 44－62.

② Florian Bieber, “Is Nationalism on the Rise? Assessing Global Trends,” *Ethnopolitics*, Vol. 17, No. 5, 2018, pp. 519－540.

③ Florian Bieber, “Is Nationalism on the Rise? Assessing Global Trends,” *Ethnopolitics*, Vol. 17, No. 5, 2018, pp. 519－540.

④ Brecher, M., *Crisis and Change in World Politics*, New York: Routledge, 2019.

环境发生了重大改变。[①] 因此，排斥型恶性民族主义可视为现有体系应对本土或外部意识形态、经济、制度或社会冲击的一种回应。例如，冷战终结导致的意识形态危机，成为第三次民族主义浪潮的重要推动力，世界范围内的民族冲突和民族分离主义迅速增长；2008 年金融危机的爆发，使西方右翼民粹主义迅速崛起，这也成为特朗普日后得以上台的重要政治背景；2011 年“阿拉伯之春”后欧洲移民危机的产生，则成为欧洲反移民、反穆斯林民族主义情绪爆发的重要因素。

（二）危机的放大效应与危机框架

危机何以推动排斥型恶性民族主义产生并引发民族主义冲突？主要有两个方面的原因，一是危机对民族主义的影响效应，特别是放大效应的作用；二是危机期间民族主义所建构的危机框架。

1. 危机对民族主义的放大效应

研究表明，危机可以通过三种不同的方式影响民族主义的发展：（1）建构性，（2）放大性，（3）变革性。[②] 具体而言，危机的建构性，是指革命、战争等危机可能成为新民族主义形成的催化剂。[③]典型如法国大革命、美国独立战争对民族主义的建构性作用。危机的变革性，是指危机导致民族主义认同边界的变动。如因反对共同的威胁，以前被排斥的少数群体被纳入“我者”；或是曾经被包容的群体与威胁相关联而被排斥；曾经的敌友关系被逆转等。当然，危机最直接的影响还是体现在它对现有民族主义的放大效应。对于内群体来说，它们可以通过“聚旗效应”（rally - around - the - flag effect）加强团结。如通过“发现”与历史上危机应对相关的神话、符号和做法，并将其应用于新的危机中。危机还可能催生新的文化内涵和政策完善，从而进一步加强团结。[④] 然而，伴随危机而来的责难，也可能会加剧国家社会内外的分歧，使人们认为存在恶意的

---

① Falleti T. , Lynch, J. , “Context and Causal Mechanisms in Political Analysis,” *Comparative Political Studies*, Vol. 42, No. 9, 2009, pp. 1143 - 1166.

② Woods E. T. , Schertzer R. , Greenfeld L. , Hughes C. and Miller - Idriss C. , “COVID - 19, Nationalism, and the Politics of Crisis: A Scholarly Exchange,” *Nations and Nationalism*, Vol. 26, No. 4, 2020, pp. 807 - 825.

③ Hutchinson, J. , *Nationalism and War*, Oxford: Oxford University Press, 2017, pp. 36 - 42.

④ Hutchinson, J. , “Hot and Banal Nationalism: The Nationalization of the Masses,” In G. Delanty, Ed. , *The Sage Handbook of Nations and Nationalism*, London: Sage, 2006, pp. 295 - 306.

“他者”。因此，在危机期间，针对内部少数群体的攻击趋于激增，而与外部对手发生冲突的可能性也在扩大。

无论是从紧迫性、破坏性还是从不确定性来看，新冠疫情均符合危机的标准。这场疫情构成的威胁已经在卫生和经济领域引发了一系列的连锁危机，并且它有可能使政治不堪重负，颠覆世界政治的民族主义环境。那么，在 COVID－19 之后，民族主义可能采取以下哪些潜在路径？现在判断这种疫情是否会成为新民族主义兴起的构成性事件还为时过早。同样的道理也适用于它是否会产生变革性的影响。在许多其他情况下，我们看到的情况正好相反。因此，在上述三种影响路径中，COVID－19 最有可能的影响将是放大现有的民族主义。

2. **危机框架建构**

从危机的实质上来看，它可能是真实的，即系统性的失效，也可能是建构的，民粹民族主义者以此进行动员。在主动层面，无论是真实的还是建构的，民粹民族主义者最擅长的是将某些具体问题“政治化”，在现实和象征方面促进了矛盾的放大。他们通过赋予危机以话语上的现实来表演危机，因为民粹主义受益于两极分化和有利于冲突的传播环境。①所以，当国际社会的主流将此次新冠疫情作为自然领域的一项非政治的、基于科学的任务来管理时，西方民粹型民族主义势力却试图将问题推向人类意图的领域，以使其政治化。

然而，危机对于民族主义的负面放大效应，最为严重的后果在于助推了民族主义“危机框架”的建构。这种框架推动了从隐性民族主义到暴力民族主义的升级。通过认知框架，个人可以解释周围的社会世界，从而帮助他们构建自己的行为。当“正常”框架占主导地位时，它阻止人们对他人使用暴力。一旦形成了“危机”框架，正常的环境就会被可以促进使用武力的危机所取代。②这种框架的转换通过桥接各类象征性符号和历史记忆，明确“他者”作为施罪方的责任，强化了对“他者”目

① Giuliano Bobba, Nicolas Hubé, “COVID－19 and Populism: A Sui Generis Crisis,” in Giuliano Bobba and NicolasHubé, eds., *Populism and the Politicization of the COVID－19 Crisis in Europe*, Springer, 2021, p. 6.

② Oberschall A., “The Manipulation of Ethnicity: From Ethnic Cooperation to Violence and War in Yugoslavia,” *Ethnic and Racial Studies*, Vol. 23, No. 6, 2000, pp. 982－1001.

标的仇视性及对暴力的鼓动性。

对于排斥型恶性民族主义来说，在危机时期，民族主义的强化特别是排他性趋势可能会推动种族和民族冲突，因为它创造了使暴力或歧视性行为合理化的逻辑，以对抗被认为是恶性或腐败的“他者”。民族主义提供了一个危机责难的文化路线图，从某种意义上来说，它是典型的以被诋毁的“他者”作为责难方的框架。

三　疫情下排他性民族主义的机理

在民粹型民族主义在美国本已滥觞的背景下，新冠疫情危机的爆发，使得“责难政治”（politics of blame）与民族主义相结合，推动了排他型恶性民族主义的滋长，大大增加了与被视为“他者”的群体和共同体发生冲突的风险。从群际关系的理论来看，新冠疫情下排他型恶性民族主义的发生及表现机理主要包括：对疫情危机认知引发的恐惧政治，以他者化的角度对疫情危机的归因，引发民族主义暴力和仇恨犯罪，在国际关系层面破坏国家间关系及国际合作，甚至是导致国际冲突。

（一）认知：恐惧政治

有研究表明，不宽容与恐惧相关，政治的不宽容是对恐惧和焦虑的反应。① 所有的右翼民粹政党都将某种种族、宗教、语言、政治上的少数群体作为“替罪羊”工具化了，将即使不是所有，也是大多数的不幸现实归罪于他们，然后将相应的群体建构成可能威胁、危害“我们”和“我们国家”的一种存在。这个现象被称为“恐惧的政治”。②

1. 疫情与恐惧

历史上，疫情导致的排斥型恶性民族主义并不罕见，传染病的蔓延与偏见、种族不容忍和仇外心理的加剧密切相关。③在黑死病、梅毒、霍

---

① Gibson James, Claassen Christopher and Barceló Joan, “Deplorables: Emotions, Political Sophistication, and Political Intolerance,” *American Politics Research*, Vol. 48, No. 2, 2019, pp. 1 – 21.

② ［奥］露丝·沃达克：《恐惧的政治：欧洲右翼民粹主义话语分析》，杨敏等译，上海人民出版社 2020 年版，第 3 页。

③ Schaller M., S. L. Neuberg, “Danger, Disease, and the Nature of Prejudice (s),” *Advances in Experimental Social Psychology*, Vol. 46, 2012, pp. 1 – 54; Kim, H. S., D. K. Sherman and J. A. Updegraff, “Fear of Ebola: The Influence of Collectivismon Xenophobic Threat Responses,” *Psychological Science*, Vol. 27, No. 7, 2016, pp. 935 – 944.

乱、天花、斑疹伤寒、1918 年流感（“西班牙流感”）和艾滋病大流行期间引起了民族主义的激化和排外。例如，当黑死病暴发时，反移民情绪在美国、南非、阿根廷和澳大利亚等许多国家激化。[①]这种状况在很大程度上是恐惧政治使然。恐惧是疫情首先促发的应激反应，它直接影响了人们对外群体的认知及态度。对感染病毒的恐惧可能会导致同心理的衰减，而对“他者”的污名化甚至会导致对少数群体的非人化。[②]

新冠疫情的直接影响是造成了恐惧的全面扩散。相对于一般的疫情，这种冠状病毒已经创造了自己的恐怖形式。除了高传染率和高致命率导致的威胁外，它引起了对社会接触、陌生人、未知和无形事物的恐惧；同时，它颠覆了日常生活秩序并使经济濒临瘫痪，由此引发了严重的社会、经济危机。可以说，新冠疫情所导致的公共卫生危机、经济危机、社会危机正在不断共振和叠加，成为重要的恐惧之源并最终传递到政治领域中。

即使目前针对新冠病毒的疫苗已成功开发并大规模接种，但全球疫情仍未达到可控的水平。更为严重的威胁在于，此次疫情可能会造成 21 世纪最严重的经济危机。[③] 对于西方社会而言，2008 年的金融危机、2011 年的危机、2020 年至今的 COVID - 19 危机等一系列危机的累积，都造成了一个充满不确定性和恐惧的社会环境。除了集体焦虑的心理后果之外，新冠疫情的全球经济、政治和社会后果很可能助长排外性民族主义。

总之，自新冠疫情暴发以来，西方社会中原已存在的民粹主义、民族主义及严重不平等的经济环境，为种族主义和仇外心理的复兴创造了条件。在此过程中，基于对病毒及危机的威胁和不确定性的恐惧政治，扮演了关键角色，由此引发了煽动仇恨和排外主义的认知及态度。自疫

---

① Echenberg M. , “Pestis Redux: The Initial Years of the Third Bubonic Plague Pandemic, 1894—1901,” *Journal of World History*, Vol. 13, No. 2, 2002, pp. 429 - 449.

② Navarrete C. D. , D. M. Fessler, “Disease Avoidance and Ethnocentrism: The Effects of Disease Vulnerability and Disgust Sensitivity on Intergroup Attitudes,” *Evolution and Human Behavior*, Vol. 27, No. 4, 2006, pp. 270 - 282.

③ Giles, Chris, “Global Economy Set for Sharpest Reversal Since Great Depression,” *Financial Times*, April 3, 2020, https://www.ft.com/content/19d2e456 - 0943 - 42fc - 9d2d - 73318ee0f6ab.

情以来，由于东西方之间以及西方内部身份认同及资源竞争的激化，特别是意识形态分歧和两极分化的加剧，这种由排斥性意识形态形成的情绪将长期影响“后疫情时代”的国际、种族及民族关系。①

2. 阴谋论

与疫情导致的恐惧政治密切相关的是，美国的民粹型民族主义势力极力渲染与病毒相关的阴谋论，以煽动对精英势力、外部势力的质疑和排斥。COVID－19 危机为阴谋论提供了肥沃的土壤，以针对不同种族或少数群体。目标——因此也是“敌人”——取决于相关势力依据自身需求的归因。与 COVID－19 相关的阴谋理论非常多样，而且常常是相互矛盾的，但是有两种思路：（1）不相信该病毒的存在，认为这是特意制造的阴谋；（2）相信病毒的存在，但认为这是相关势力针对“人民”的生物武器。

在恐惧和不确定性的环境中，阴谋论变得尤为普遍，而且更容易找到追随者。在持续至今的疫情中，关于新冠病毒的阴谋论在互联网特别是社交媒体上持续泛滥。美国联邦调查局承认，包括 QAnon 等反政府、基于身份或边缘化的政治阴谋，对激发犯罪或暴力活动的影响日益增大。

（二）归因：他者化

自新冠疫情以来，西方民粹型民族主义向排斥型恶性民族主义升级的一个重要过程，在于对病毒及危机的他者化归因。从对病毒和不确定性的恐惧政治转向责难政治，成为这一升级过程的关键因素。这种归因，偏离了医学及公共卫生领域并最终转向政治化，将深刻影响西方国家内外的种族、民族关系。

所谓“他者化”（Othering），是指针对边缘化群体的责难和排斥行为。它是群际关系的一种重要实践，即一个群体（通常是多数群体或内部群体）将问题归咎于另一个群体（通常是少数群体或外部群体）。② 健

---

① Bieber F.，“Global Nationalism in Times of the COVID－19 Pandemic,” *Nationalities Papers*, Vol. 35, 2020, pp. 1－13.

② Johnson, Joy L., Joan L. Bottorff, Annette J. Browne, Sukhdev Grewal, B. Ann Hilton and Heather Clarke, “Othering and Being Othered in the Context of Health Care Services,” *Health Communication*, Vol. 16, No. 2, 2004, pp. 55－71.

康威胁和不安全感可能会加剧身份群体之间的社会界限，因为内群体的信任和归属意识与对外群体的疑虑及防范形成了鲜明对比。在此基础上，由于对新型传染病的暴发缺乏专业地医学解释和有效防控，这可能导致民族、种族群体依据已有的偏见进行“他者化”的归因。在疫情暴发期间，通过惩戒或孤立那些被责难者，使神秘的疾病看起来可以控制，这在西方具有民粹型民族主义色彩的政府中表现得尤为明显。此外，由于新冠疫情的及其导致的一系列危机，针对他国的归因和责难也成为排斥型恶性民族主义的重要表现。①

1. 偏见与歧视

将少数民族、种族等特定群体与疾病联系起来的模式由来已久。排他性的民族主义和种族主义往往将特定地群体与疾病本身等同起来。在西方民族国家建构的过程中，由于民族主义对民族与国家、家园与国土同一性的强调，它在本质上具有反移民、反少数族裔的排外主义。其中最为典型的案例是纳粹德国时期的反犹太主义。在将国家当作生命有机体的基础上，犹太人被纳粹德国视作影响德意志和民族健康的寄生虫。这种对犹太人的“非人化”认定为纳粹德国对其实施攻击及种族灭绝提供了合理化的“证据”。

疫情期间的偏见和歧视最为常见的表现在于，将少数民族和其他边缘化群体视为病毒的携带者。从1892年霍乱暴发到艾滋病和埃博拉病毒，少数民族和弱势群体由于防护、医疗资源分配的不平等导致了较高的感染率和死亡率，但是这种受害者群体在民族主义、种族主义将病毒“他者化”的过程中，成为替罪羊。当前，将新冠疫情归咎于移民或少数民族已逐步在西方社会形成刻板偏见，即使疫情本身消退，也有可能保持长期的话语强权。②

此外，针对流行病毒的命名也可能偏离病原体本身而走向政治化，从而影响公众对疫情的认知以及形成对特定群体的偏见和歧视。例如，

① Kim Yi Dionne, Fulya Felicity Turkmen, “The Politics of Pandemic Othering: Putting COVID－19 in Global and Historical Context,” *International Organization*, 74 Supplement, December 2020, pp. 213－230.

② Bieber F., “Global Nationalism in Times of the COVID－19 Pandemic,” *Nationalities Papers*, Vol. 35, 2020, pp. 1－13.

虽然 1918 年的流感大流行并非起源于西班牙，但这种流行病被称为“西班牙流感”，这实质上是西方国家将病毒外部化的修辞策略。[①]然而，别有用心地将病毒命名政治化，在将责任外化的同时，更可能造成对“他者”的非理性恐惧和污名化。

很明显，自新冠疫情在全球扩散以来，中国及华裔（包括亚裔）已成为西方恶性民族主义和种族主义以病毒建构偏见和歧视的最大受害者。在特朗普总统将新冠病毒称作“武汉病毒”“中国病毒”或“功夫病毒”的持续污名后，反华情绪及针对亚裔的歧视持续高涨。同时，西方社会根深蒂固的对华偏见，以及近年来西方对中国崛起的警惕和遏制加剧了这种趋势。

2. 责难与排他

将特定群体作为疫情和危机的责难者并非基于科学依据，而是排斥型恶性民族主义在疫情中偏见和歧视发展的必然走向。面对疫情的扩散，西方社会常常以此作为应对机制，以应对未知的恐惧、失控以及相关的社会、政治和经济后果。

历史上，移民和其他边缘人群历来是传染病暴发期间的被责难者和替罪羊。在 19 世纪末期天花暴发期间，北美的中国移民一直是疫情的替罪羊。19 世纪 70 年代，加利福尼亚卫生部开始记录州的发病率和死亡率，并发现在旧金山等城市地区，这种可传染疾病占所有死亡人数的 20%；大约 50% 的死亡者是外国出生的居民。中国人约占总死亡人数的 5%—10%，而爱尔兰出生的旧金山居民中的发病率和死亡率要高得多。[②]尽管与病原体有关的研究结果打破了传染病暴发与旧金山唐人街之间的直接联系，旧金山人还是将唐人街标为“传染实验室”，而中国人则被污

① Davis Ryan, “The Spanish Flu: Narrative and Cultural Identity in Spain, 1918,” *Social History of Medicine*, Vol. 27, No. 3, 2014, pp. 615 – 616.

② Klee Linnea, The “Regulars” And The Chinese: Ethnicity And Public Health In 1870s San Francisco. Urban Anthropology, pp. 181 – 207, 转引自 Kim Yi Dionne, Fulya Felicity Turkmen, “The Politics of Pandemic Othering: Putting COVID – 19 in Global and Historical Context,” *International Organization*, Vol. 74, S1, 2020, pp. 213 – 30.

蔑为“不择手段、撒谎和奸诈的”。[①]在天花暴发期间，加拿大也发生了歧视和暴力侵害中国移民的事件。

2021 年 7 月 13 日，美国民调机构 TIPP 为华盛顿保守派智库安全政策中心进行的一项民调显示，大约一半的受访者认为，COVID – 19 病毒是“在实验室里研发出来的”；四分之一的受访者认为该病毒是“故意”制造和泄露的。另一项民意调查，即 Politico – Harvard 的调查也得出了类似的数字。在该项调查中，82% 的受访者认为美国政府继续调查 COVID – 19 的来源是“重要的”。[②] 该民调结果也显示，在对实验室泄露论的密集炒作下，这种曾经主要由一些政治右派持有的边缘信仰已经被大多数共和党人和民主党人所接受。

排斥型民族主义除了以其他国家和民族作为责难和攻击的对象外，在此次新冠疫情中，种族由于体貌特征的显著差异性，在右翼势力的他者化和责难中扮演着关键的角色。在西方社会的责难框架中，亚裔被视作病毒的源头及携带者而遭受种族主义和暴力攻击；作为病毒的潜在危险载体和对东道国社会的威胁，移民也面临着敌意和制度的排斥。在恶性民族主义的归因中，COVID – 19 与他者之间的隐性和显性关联不仅仅针对亚裔，其他少数群体也成为民族主义的责难者。欧洲的极右党派，例如德国选择党和奥地利自由党，也将新冠疫情与所谓的移民威胁联系起来，并要求专门针对移民采取强力措施。在中欧，罗姆人成为歧视的目标，被指责为传播疾病的罪魁祸首。[③]在印度，执政党和媒体将穆斯林单独列为“超级携带者”，并结合其他政策对其进行边缘化和排斥。

（三）行为：横向与纵向维度的冲突

自 2020 年以来，新冠疫情在全球肆虐已两年有余，至今仍未看到尽

---

① Klee Linnea, The “Regulars” And The Chinese: Ethnicity And Public Health In 1870s San Francisco. Urban Anthropology, pp. 181 – 207, 转引自 Kim Yi Dionne, Fulya Felicity Turkmen, “The Politics of Pandemic Othering: Putting COVID – 19 in Global and Historical Context,” *International Organization*, Vol. 74, S1, 2020, pp. E213 – E30。

② https: //centerforsecuritypolicy. org/poll – almost – two – thirds – of – americans – think – communist – china – should – pay – reparations – pandemic/? oRef = thehill.

③ FRA (Fundamental Rights Agency), “Coronavirus Pandemic in the EU—Fundamental Rights Implications,” European Union, 2020, https: //fra. europa. eu/sites/default/files/fra_ uploads/fra – 2020 – coronavirus – pandemic – eu – bulletin – 1_ en. pdf.

头。对于美国来说，疫情前步入主流政治的民粹型民族主义，危机对排斥型恶性民族主义的触发，特别是这种恶性民族主义对病毒和疫情的认知、归因都指向外部和内部的他者，使得种族、民族冲突成为这一过程的必然结果。

如前所述，民粹型民族主义的矛盾框架围绕着横向与纵向两个维度展开，疫情危机下排斥型恶性民族主义导致的冲突大致也沿着这两个方向爆发。总体而言，横向维度的民族主义暴力和仇恨犯罪更为明显和频发，纵向维度的反政府异动、国际矛盾和冲突将成为制约西方国家社会稳定及经济复苏的长期因素。

1. 横向维度的冲突

从横向维度来看，从疫情前美国社会内部的民粹型民族主义浪潮，到疫情危机所触发的排斥型恶性民族主义，两者内部本身存在着明显的对立和冲突建构。更为严重的问题在于，从民粹型民族主义向排斥型恶性民族主义的升级，最终推动了美国社会右翼极端主义的迅速发展，引发了日渐严重的仇恨犯罪和民族主义暴力。

在民粹民族主义框架内，人民的纯洁既与腐败的精英阶层相对立，也与种族、族裔、宗教和移民“他者”形成了鲜明对比。在整个欧洲和北美，在全球新冠疫情期间，仇外心理、反移民、反亚洲和反犹太主义的仇恨已有所增加。而排斥型恶性民族主义一直是大规模暴力的一个关键原因。种族、族裔民族主义的心理基础是仇恨，也就是存在性（existential）的嫉妒，最有效的缓和方式是使之羞辱以消除妒忌；因此，族裔民族主义天生具有攻击性。[1]在它存在的地方，任何东西都可能成为种族、族裔侵略性的助燃剂。所以，排斥型恶性民族主义除了引发骚乱和种族冲突外，还有频发的种族暴力，如人身攻击、威胁和破坏等仇恨犯罪。

美国社会中种族、民族主义情绪不断激化的结果，使右翼极端主义有了滋长和发展的土壤。科勒指出，右翼极端主义一词涵盖了广泛的意识形态，这些意识形态基本上将暴力视为打击政治和种族“敌人”（包括不同文化、宗教、国籍或性取向的个人）的合法手段，后者被视为对自

---

① Greenfeld L., *Nationalism: Five Roads to Modernity*, Cambridge, MA: Harvard University Press, 1992.

己的种族或民族的威胁。[①]英国经济与和平研究所（The Institute for Economics & Peace）对极右翼的主要组成部分进行了总结："极右翼"是指一种政治意识形态，其核心是以下一个或多个要素——恶性民族主义（通常是种族主义或排他主义）、法西斯主义、种族主义、反犹太主义、反移民、沙文主义、本土主义和排外主义。[②]疫情中，极右翼团体逐步强化了一个长期存在的种族主义和歧视性的叙事，即避免文化毁灭、白人种族文化身份的灭绝。所以反移民、反犹太主义、反亚裔、种族主义和仇外心理的隐喻成为极右翼意识形态的核心内涵。

从疫情以来美国及西方社会内部的横向冲突来看，主要包括仇恨犯罪、种族冲突和极右翼极端主义的攻击行为。

2021 年 8 月 30 日，美国联邦调查局发布了《2020 年仇恨犯罪统计》，该报告记录了 7759 起刑事案件和 10532 起相关犯罪。2020 年的仇恨犯罪数据增加了 6.1%，特别是以种族、民族和血统以及性别认同为动机的仇恨犯罪。统计显示，在 7554 起单一偏见的刑事案件中，涉及 10528 名受害者，61.9% 的受害者是因为罪犯的种族、民族、族裔偏见而成为目标；在 6319 起单一偏见的仇恨犯罪中，58.2% 是由反黑人或非裔美国人的偏见引起的，有 5.1% 源于反亚裔的偏见；在全部 6431 名已知的罪犯中，55.2% 是白人。[③]与美国类似，西欧的仇恨犯罪也在激增。在英国，据伦敦警察局的仇恨犯罪统计数据显示，与 2018 年和 2019 年同期相比，2020 年第一季度针对华人或者东亚人和东南亚人的仇恨犯罪上升了 300%。2020 年 6 月至 9 月，发生了 200 多起针对东亚人的仇恨犯罪事件，与上年同期相比增长了 96%。

在种族冲突方面，美国警察对弗洛伊德的谋杀引起了社会正义活动家、左翼组织和"黑人命也是命"运动的大规模示威，来反对警察暴力

① Daniel Koehler, "German Right - Wing Terrorism in Historical Perspective," *Perspectives on Terrorism*, Vol. 8, No. 5, 2014, pp. 50 - 51.

② Institute for Economics & Peace, *Global Terrorism Index* 2019: *Measuring the Impact of Terrorism*, Sydney, November 2019, http://visionofhumanity.org/app/uploads/2019/11/GTI - 2019web.pdf.

③ FBI, "Hate Crime Statistics, 2020," https://crime - data - explorer.fr.cloud.gov/pages/explorer/crime/hate - crime.

和美国系统性种族主义。随着抗议活动席卷全国，极右翼极端分子加入了示威者的行列，企图制造破坏和煽动混乱，将抗议变成骚乱。这种社会动荡的气氛加剧了左右两派激进分子之间的紧张关系，引发了一场关于种族和不平等问题的全球讨论。

西方极右翼恐怖主义随着政治动荡的加剧、两极分化以及新政治运动和民粹主义政党的兴起而增加。2020 年 2 月初，联邦调查局局长克里斯托弗·雷（Christopher Wray）证实，“出于种族、民族动机的暴力极端分子”是“美国国内安全的首要威胁”。在哈瑙袭击事件①之后，德国司法部长宣称“极右恐怖主义是目前对民主的最大威胁”。②联合国安全反恐委员会（CTED）于 2020 年 7 月发布的报告中指出，极右翼运动已成为令人担忧的全球威胁，在过去五年中极右翼恐怖袭击事件增加了 320%。③

2. 纵向维度的冲突

一方面，美国政客大力炒作和利用的民粹型民族主义在不断激化后，特别是极右翼极端主义的滋长最终将反噬西方民主制度本身。此方面的典型案例为大选后特朗普煽动民粹主义支持者占领白宫事件。虽然特朗普最终屈服于大选结果而下台，但是疫情和大选所加剧的美国社会撕裂和严重两极分化并未弥合，这将长期制约美国政府的代表性与合法性。更为严重的挑战在于，极右翼极端主义所鼓动的加速主义已危及美国的政治安全。如本书第一章所述，加速主义（Accelerationism）是一种极端的种族主义意识形态，其信念是，西方政府已无可挽回地被多元文化政策、自由主义和多样性等“堕落”的价值观所毁灭。该运动提倡使用暴力和恐怖主义以加速系统的灭亡，而不是消极地等待“暴力内战”。制造混乱、政治紧张并煽动“种族圣战”，这将唤醒白人群众并最终导致整个

---

① 2020 年 2 月 19 日，在德国西南部城市哈瑙发生一起枪击案，造成至少 11 人死亡。袭击者为一名右翼极端主义分子，他先后驾车袭击了市中心的两家水烟店，事后开枪自杀。

② Christopher Wray, “Statement Before the House Judiciary Committee,” 5 February, 2020, https: //www. fbi. gov/news/testimony/ fbi – oversight – 020520 ; Melissa Eddy, “Far – Right Terrorism Is No. 1 Threat, Germany Is Told After Attack,” *The New York Times*, 21 February, 2020, https: // www. nytimes. com/2020/02/21/world/europe/germany – shooting – terrorism. html.

③ https: //www. un. org/sc/ctc/news/2020/07/06/cted – publishes – updated – trends – alert – response – extreme – right – wing – terrorist – groups – covid – 19/.

系统崩溃。①

另一方面，疫情期间美国极力鼓动的民族主义直接传递到了国际关系层面，激化了国际矛盾，严重影响了抗击疫情的国际合作及世界经济的复苏。COVID－19 危机需要全面的国际合作，以遏制其扩散及影响。然而，面对一场需要协调与合作应对的全球性危机，美国取而代之的却是背叛和分歧。首先是鼓动"病毒民族主义"，通过将病毒与特定国家挂钩，将自身抗疫不力的责任外化。这种极不负责的"甩锅"方式，严重破坏了国家间的政治互信。其次是实行"医疗民族主义"，在实施保护主义的同时，极力抢夺、囤积医疗用品和新冠病毒疫苗。这种做法使美国民族主义的狭隘性暴露无遗，加剧了世界卫生资源分配的不平等，最终影响了抗击疫情的国际合作及世界经济复苏。最后是"模式民族主义"，不顾他国抗击疫情的实际情况和抗疫模式的差异，在自身无力应对疫情危机的情况下，要求他国采用美国的抗疫模式，即对美国完全开放。但是各国的公共卫生水平、疫苗接种率以及对疫情的认知和容忍度各异，美国试图让他国服从于自身的抗疫模式，具有明显的强权主义色彩。所以说，疫情期间美国的民族主义政策导向，严重恶化了东西方矛盾和南北矛盾。

余 论

总而言之，近年来美国内部民粹型民族主义的暗流涌动标志着右翼化的整体趋势，此次新冠疫情引发的公共卫生、经济、社会等一系列危机，直接触发了美国排斥型恶性民族主义的爆发。在此背景下，美国社会对疫情的恐惧认知及他者化归因，必然引发严重的种族主义和排外主义。自 2020 年以来，亚裔已成为西方恶性民族主义的直接受害者。同时，在美国政客将病毒政治化、疫情责任外化的背景下，这种民族主义将进一步传递到对外关系领域，特别是东西方关系中。

习近平总书记指出，"人类是荣辱与共的命运共同体，重大危机面前没有任何一个国家可以独善其身，团结合作才是人间正道"。相对于此次

---

① Ware Jacob, "Siege: The Atomwaffen Division and Rising Far－Right Terrorism in the United States," *Terrorism and Political Violence*, Vol. 20, 2019, pp. 417－437.

疫情中美国及西方民族主义的极度自利性和排他性，中国所秉持的人类命运共同体理念，以及多边主义、团结合作的路径，为应对全球性挑战中民族主义的道路选择树立了典范。这也是对西方排斥型恶性民族主义的有效方法。

2022 年 2 月，俄乌危机的爆发在很大程度上成为美国及西方排斥型民族主义极力塑造的产物。一方面，美西方通过北约东扩一再挑衅俄罗斯的安全底线。危机爆发后，西方对乌克兰的直接军事援助和对俄罗斯的大规模制裁及孤立，严重恶化了冲突形势并造就了西方与俄罗斯的全面对立；另一方面，面对新冠疫情导致的公共卫生危机、社会危机和经济危机，俄乌危机成为美国转嫁国内危机的重要手段。与此同时，通过激化西欧与俄罗斯之间的安全困境，美国在安全范畴内强化了北约与俄罗斯之间内外群体的对立框架，约束了欧洲安全自主化的冲动，也维持了美国在西方世界中的霸权地位。

总体而言，在新冠疫情中不断成型、强化的美国排斥型民族主义，已突破国内政治的框架并渗透到国际关系、国际安全领域。这是民族主义的传统作用场域，也是其恶性发展的必然结果。然而，这种排斥性民族主义对国际关系、国际安全格局的全面冲击，将成为世界和平与发展的严重挑战。

第二节　美国将新冠疫情政治化的实质与内在驱动力

“政治化”一词虽然是外交与宣传话语中的高频词汇，但是学术界对其实质和脉络的研究仍有待明晰。整体而言，政治化的内涵和机理涉及问题的性质转换与责难行动两个方面，通过框架建构，相关议题的显著性和争议大大提高，从而实现了从非政治议题到政治问题的性质转变。与此同时，通过命名、指责和声诉三个阶段的推进，政治化的责难行动得以全面展开。自此次新冠疫情暴发以来，美国不断将疫情政治化以实施对华的污蔑和攻击，严重破坏了中国的国际形象及国际合作抗疫的大局。美国将疫情责任外化，既源于转嫁危机、“以疫制华”的图谋，也与国内民粹—民族主义的内在驱动有关。然而，美国将疫情政治化最终会造成危机管理的反噬，导致疫情失控、科学权威丧失和国内政治的极化加剧。

引　言

自此次新冠疫情暴发以来，“政治化”不断成为国际合作抗击疫情的“毒瘤”和障碍。习近平主席在全球健康峰会、中俄首脑通话等场合多次明确了反对将疫情政治化的立场。[①] 中美两国政府和媒体也围绕病毒溯源政治化问题进行了激烈的交锋。虽然“政治化”一词的使用频率较高，但是我国理论界仍然缺乏对这一概念的内涵、机制的深入研究和系统梳理，出现了理论研究落后于实践工作的尴尬局面。

一方面，西方学界所使用的“政治化”在语境、意涵等方面与中国存在一定偏差，前者相对“中立化”的理论描述并不能反映“政治化”这一现象的深层原因和影响。在过去的几十年里，西方学者主要在三个不同的文献分支中使用“政治化”的概念。[②]首先，在西方国内层面，政治化主要研究阶级鸿沟下降的背景下，国家政治体系去政治化和重新政治化的过程；其次，这一概念被广泛地应用于欧盟一体化进程，并通过三个关键维度进行研究：欧盟和欧盟相关问题的突出性、争议性以及参与欧盟的行为者的扩张，表明欧洲政治中身份政治的作用越来越大；最后，对国际机构政治化的研究主要集中在正在进行的社会抗议活动的跨国化问题。

然而，上述对于宏观的概念背景与我们日常理解的“政治化”概念有所不同，虽然都关注某一个社会议题逐步被塑造为政治问题的过程及动态，但西方学界侧重于研究政治化背后的阶级政治、身份政治、抗争政治等重大思潮及变革，中国语境中的政治化则侧重于相关

---

① 《习近平在全球健康峰会上的讲话》，《人民日报》2021 年 5 月 21 日；《习近平：将疫情政治化、标签化，不利于国际合作》，新华社，2020 年 4 月 17 日，https：//baijiahao. baidu. com/s? id = 1664150693818880704&wfr = spider&for = pc；“特殊之年‘峰会月’，习近平揭示时代之问的中国答案”，央广网，2020 年 11 月 23 日，https：//baijiahao. baidu. com/s? id = 1684162385905771622&wfr = spider&for = pc.

② Zürn M. , “Politicization Compared：At National, European, and Global Levels,” *Journal of European Public Policy*, Vol. 26, No. 7, 2019, pp. 977 – 995.

议题被赋予政治色彩后，其性质转变导致的认知偏差、矛盾转换等深层影响。

另一方面，“政治化”与“污名化”“标签化”等用语交替混用，未能区别相互间在机理、后果等层面的差异。“标签化”“污名化”都是源自社会心理学的概念。标签化，是指人们以“贴标签”的方式，以对某个群体或某类事物的刻板偏见为基础，将其定型为普遍性的认知。“贴标签”实质就是社会强势群体对弱势群体及其行为进行负向的、批判性的、否定性的定义过程或标定过程。社会群体标签的产生反映了一种单向的“命名”关系，主要是掌握话语权的强势群体对那些无权的弱势群体给予的“定义”，“将偏向负面的特征强加给后者，使之成为该群体在本质意义上的刻板印象化的‘指称物’”。①“污名”即被冠以“受损的身份”，将“污名”归类于社会歧视标签。② 污名化则是一个动态过程，是指“人们选择人、地域、技术或产品的特征，并诋毁、歧视这种特征的持有者，甚至可能构建一套污名‘理论’或‘情节’来解释这种劣等性及其根源的过程”。③污名化的过程就是施污者对蒙污者贴上污损性的标签，放大、夸大蒙污者的负面形象，并进一步固化蒙污者的刻板印象，集聚负面情绪和激荡社会排斥，由此引发歧视与偏见的过程。④

如果说标签化、污名化偏向于认知心理学的歧视和偏见的话，政治化则更侧重于围绕特定问题对某一群体的责难路径，它框定了所谓受害者的不满，将某一群体指认为施罪方或责任者，从而提出要追究原因、采取行动。这种责难路径已超越了社会认知层面，具有明显的行动范畴。同时，它也会制造或强化已有的标签化、污名化的偏见和歧视性认知，更可能引发社会排斥及矛盾冲突。

---

① 王眉：《网络舆论的“污名化”效应与“多数的暴政”》，《当代社科视野》2012 年第 2 期。

② ［美］欧文·戈夫曼：《污名——受损身份管理札记》，朱立宏译，商务印书馆 2009 年版，第 6 页。

③ ［美］珍妮·X. 卡斯帕森、罗杰·E. 卡斯帕森：《风险的社会视野（上）》，童蕴芝译，中国劳动社会保障出版社 2010 年版，第 148 页。

④ 舒绍福：《病毒污名化：隐喻、意识操纵与应对》，《人民论坛》2020 年第 22 期。

总而言之，政治化的内涵和机制涉及问题的性质转换与责难行动两个方面，需要对其进行深入的研究和分析。而此次新冠疫情所引发的政治化现象，为我们呈现了一个典型的案例。历史上，疫情常常被政治化并服务于某些国家和政治势力的意识形态和政治利益。如 1918 年的 H1N1 流感、天花、埃博拉等疫情都被政治化了，而中国与在西方的华人群体多次成为疫情政治化的牺牲品和直接受害者。如何避免历史的重演、揭露美国在此次新冠疫情中政治化的图谋，也是本节的现实目标。

一　政治化的相关理论

关于政治化，我们可以从它的概念、机制和演进阶段三个层面来把握。整体而言，通过框架建构，相关议题的显著性和争议大大提高，从而实现了从社会议题到政治问题的性质转变。与此同时，通过命名、指责和声诉三个阶段的推进，政治化的责难行动得以全面展开。

（一）政治化的概念

当前，学术界对于政治化这一个概念的内涵和外延并未形成定论。在西方的研究中，欧洲社会和政治理论研究倾向于把这一个概念作为一种过程性来把握，而美国的行为和实证政治学研究更侧重于这一概念的动态性。

（1）从过程性的角度来看，研究指出，政治化是政治行为者将议题从封闭的私下讨论和研判带到公开辩论和审查的过程。[①] 换句话说，它涉及从围绕特定议题的“宽容性共识”（permissive consensus）到“限制性异议”（constraining dissensus）的转变。[②]在欧洲的社会和政治理论传统中，这个术语意味着一个特定的现象或问题进入“政治”领域的过程，从而变成一个争论的目标，一个冲突的中心，一个向替代方

① Krzy anowski, Michał, Anna Triandafyllidou and Ruth Wodak, “The Mediatization and the Politicization of the ‘Refugee Crisis’ in Europe,” *Journal of Immigrant & Refugee Studies*, Vol. 16, No. 1 - 2, 2018, pp. 1 - 14.

② 研究指出，欧洲一体化的议题进行政治化的国内进程对欧洲一体化的发展具有重要影响。在大众意见相对宽容的情况下，利益集团的功能性压力可能是决定性的。但是随着一体化不断深入国内政治领域，当前的欧洲一体化发展再也无法脱离大众意见和政党政治的限制。详见 De Wilde, Pieter, “No Polity for Old Politics? A Framework for Analyzing the Politicization of European Integration,” *Journal of European Integration*, Vol. 33, No. 5, 2011, pp. 559 - 575.

案和争论开放的空间。[①]具体议题的政治化实例很重要，因为它们往往直接反映了政治组织的价值观、职责和关注重点。因此，某个议题如何被引入政治议程，以何种形式，以及在何种程度上引发争议和矛盾，都是政治化的关键环节。在政治化的过程中，它也为主导公共话语的霸权叙事或问题的框架建构打开了空间，使其变得更加明显，当然也可能被扭曲。[②]

（2）从动态性的角度来看，在美国的行为和实证政治学传统中，政治化这一术语倾向于表示一种较窄时段的动态，即某一现象或问题的能见度突然提高，吸引了公众的兴趣，触发了动员和"声音"。[③] 这种动态性提高了问题的可见度，扩大了公众关于它们的公开辩论，并增强了它们在选举中的重要性。

与政治化的过程及动态相反，在关于技术官僚决策和反政治的研究中，去政治化的动力已经引起了越来越多的关注。[④]在过程性研究中，去政治化被视为将一个特定的现象或问题从"政治"领域中移除，或对其政治性的预防性否认。[⑤]在动态性研究中，去政治化大多表示对政治和参与的兴趣减少，公共领域的空洞化等。[⑥]

当然，需要看到的是，上述西方学界关于政治化的研究往往集中于国内政治（包括欧洲一体化政治）的场域，这与国内学界对政治化的关注稍有不同。国内学者往往在国际政治的场域研究人权政治化、宗教政治化等问题。整体而言，在国际政治层面，相关议题的政治化必然伴随

---

① Palonen K. , "Four Times of Politics: Policy, Polity, Politicking, and Politicization," *Alternatives*, Vol. 28, No. 2, 2003, pp. 171 – 186.

② Krzy anowski, Michał, Anna Triandafyllidou and Ruth Wodak, "The Mediatization and the Politicization of the 'Refugee Crisis' in Europe," *Journal of Immigrant & Refugee Studies*, Vol. 16, No. 1 – 2, 2018, pp. 1 – 14.

③ Verba S. , "Political Behavior and Politics," *World Politics*, Vol. 12, No. 2, 1960, pp. 280 – 291.

④ Fawcett P. , Flinders M. , Wood M. , and Hay C. , Eds. , *Anti – politics, Depoliticization, and Governance*, Oxford: Oxford University Press, 2017.

⑤ Wood M. , Flinders M. , "Rethinking Depoliticisation: Beyond the Governmental," *Policy & Politics*, Vol. 42, No. 2, 2014, pp. 151 – 170.

⑥ Roberts, A. , *Four Crises of American democracy: Representation, Mastery, Discipline, Anticipation*, Oxford: Oxford University Press, 2017, pp. 2 – 18.

着政治行为体间围绕国际形象、话语权、政治利益、价值观等领域的激烈争夺。

（二）政治化的机理

从主观的角度上来看，政治化是政治行为者将某个议题推向“问题化”，进行框架建构的过程。从客观的角度而言，政治化涉及显著性和极化两个重要的指标，政治行为者据以进行决策。当然，政治化的两个指标高企实质上也是政治行为者进行框架建构的直接结果。

1. 过程性脉络

为了有效地将一个问题政治化，政治行为者必须将一个情况设想为一个需要解决的问题，并将其呈现出来。因此，他们通过将某个议题作为一个需要特定解决方案的问题进行特定的表述，从而开始了框架建构的过程。从广义上讲，框架可以被认为是“选择和强调事件或问题的某些方面，并在它们之间建立联系，以促进特定的解释、评价和解决方案”。① 如前面的章节所述，大体而言“诊断式框架（diagnostic framing）”“处方式框架（prognostic framing）”“促发式框架（motivational framing）”是比较常见的三种框架类型，它们分别承担着诊断问题的根源和找出社会不公的责任方、提出问题的解决方案、督促话语对象采取行动的功能。②

这个政治化的框架建构过程意味着，政治行为者利用现有的文化和社会叙事、价值观和信仰来产生对议题的特定理解和适当的政策干预，并将该议题列入政策议程。典型如移民、宗教、人权等议题的政治化问题。

2. 动态性指标

从动态性的角度来看，政治化是一个沿着两个轴线定义的过程：显

---

① Entman, Robert M., *Projections of Power: Framing News, Public Opinion, and U.S. Foreign Policy*, Chicago: University of Chicago Press, 2004, p. 5.

② Snow A. David, Robert D. Benford, "Ideology, Frame Resonance and Participant Mobilization," in B. Klandermans, H. Kriesi and S. G. Tarrow, eds., *International Social Movement Research*, Greenwich, Conn.: JAI Press, 1988, pp. 197–217; William A Gamson, *Talking Politics*, Cambridge: Cambridge University Press, 1992; Hank Johnston, John A. Noakes, "Frames of Protest: A Road Map to a Perspective," in Hank Johnston and John A. Noakes, eds., *Frames of Protest: Social Movements and the Framing Perspective*, Rowman & Littlefield Oxford, 2005.

著性和极化。显著性（salience）涉及对相关议题的政治关注度的提高，而极化（polarization）是指不同的政治行为者对某一议题表达冲突的立场并采用对比性的框架。①

有研究以显著性和极化为指标，通过对政治化的类型学梳理，分析了它的四种一般类型：（1）一个话题可以被认为是一个社会问题，但被视为一个已解决的或私人的问题，不需要政治行为者的关注。在这种理想的类型中，该话题“甚至不是一个政治问题”。（2）一个议题可以是突出的，政治行为者同意需要采取政治行动来解决这个问题，但对“实现这些目标的方式或给予这个问题的优先权”有不同意见。围绕一个问题的显著性和低冲突的组合被称为“有待解决的问题”。（3）一个问题在政治议程上的地位可能很低（不突出），尽管政治行动者对这个问题有冲突的立场。在这种“潜在冲突”的情况下，政治人物可能会试图通过组织委员会或协商来降低该问题的突出性。（4）当一个问题既突出又在立场和态度上存在极化时，它就被“政治化”了。②

从“政治”与“化”的两个角度来分析，政治化的结果是一个非政治性的议题被转变为具有政治范畴的公共问题。③ 在政治化的机理中，有几个要素发挥着重要的作用。其一，某一个议题需要被构建、推进并被框定为公共议程上的一个重要事项，才能被视为问题；其二，利益相关者、政治行为者及社会大众需要采取一系列行动，将特定问题引入政治领域，使政治可见度大大提升并成为决策的对象；其三，政治化的过程意味着政治分歧或冲突的扩大，常常导致新的政治鸿沟。

（三）政治化的阶段

总体而言，政治化并非一蹴而就，而是一个涉及问题界定、议程设置、框架建构的多阶段的过程。对于这一过程，学术界将其区分为不同

① Grande, Edgar, Tobias Schwarzbözl and Matthias Fatke, “Politicizing Immigration in Western Europe,” *Journal of European Public Policy*, Vol. 26, No. 10, 2019, pp. 1444 – 1463.

② van der Brug, Wouter, Gianni D. Amato, Didier Ruedin and Joost Berkhout, eds., *The Politicisation of Migration*, London: Routledge, 2015, pp. 7 – 8.

③ Neveu, E., *Sociologie des problèmes publics*, Paris: Armand Colin, 2015, pp. 41 – 94.

的阶段。[①] 综合已有的研究成果，本书也将政治化的过程划分为命名、指责和声诉三个阶段。在问题出现的阶段，“命名”的行动将一个特定的问题带入政治领域，并允许政治代理人在解决问题的过程中赢得合法的地位；在应对阶段，通过“指责”的行动确定责任的归属和问题的主导权；最后，在管理阶段，“声诉”的行动是指对抗特定问题的解决方案（见表4－2）。

表4－2　公共问题/议题的政治化

阶段	行动	争论	结果
兴起	命名	政治性与非政治性问题的状况	一个或多个政治、社会行为者将一个具体的议题确定为一个具有公共和政治性质的问题 该问题成为一个新的政治分歧或反对意见强烈
应对	指责	界定责任方	一个或多个政治、社会行为者指责其他行为者没有直面问题，或没有以必要的紧迫性和有效性应对问题
管理	声诉	替代问题/特定问题的解决方案	一个或多个政治、社会行为者提出解决方案，并声称有能力解决这个问题

资料来源：Giuliano Bobba, Nicolas Hubé, “COVID－19 and Populism: A Sui Generis Crisis,” in Giuliano Bobba, NicolasHubé, eds., *Populism and the Politicization of the COVID－19 Crisis in Europe*, Springer, 2021, p. 10.

① Zittoun 提出了问题界定过程中的五个阶段，以解释一些行动者如何将一个情况转化为公共问题，详见 Zittoun P., “Creating Social Disorder: Constructing, Propagating and Policitising Social Problems,” In Zittoun, Philippe, eds., *The Political Process of Policymaking: Studies in the Political Economy of Public Policy*, London: Palgrave Macmillan, 2014, pp. 24－50；Felstiner 等人总结了议程设置过程中的“命名、指责、声诉”三个环节，详见 Felstiner W. L. F., Abel, R. L. and Sarat, A., “The Emergence and Transformation of Disputes: Naming, Blaming, Claiming,” *Law & Society Review*, Vol. 15, No. 3－4, 1980, pp. 631－654. 这三个环节或阶段的划分为多数学者所采用，如 Zittoun P., “Creating Social Disorder: Constructing, Propagating and Policitising Social Problems,” In Zittoun, Philippe, eds., *The Political Process of Policymaking: Studies in the Political Economy of Public Policy*, London: Palgrave Macmillan, 2014; Giuliano Bobba, Nicolas Hubé, “COVID－19 and Populism: A Sui Generis Crisis,” in Giuliano Bobba, NicolasHubé, eds., *Populism and the Politicization of the COVID－19 Crisis in Europe*, Springer, 2021, pp. 8－12 等文献。

1. 命名（naming）

指的是将一个私人或公共的状况或现象定义为不公平的、需要被政治解决的问题，因为它造成了个人或集体的伤害或损害。政治化的命名阶段又包含两个重要步骤。

第一个步骤：给一种情况贴上标签，并将其定性为问题。为了将一种情况转化为公共问题即推进政治化，行为者通常会先给这种情况贴上标签，使之有可能被描述为有问题的情况，从而为其命名。因此，这个步骤必须被理解为一种具有话语性（discursive）、规范性（normative）和分类性（taxonomic）的实践。首先它是一种话语性实践，因为它为问题提供了措辞；同时，将一种情况贴上问题的标签，就意味着涉及了一种规范，一种正常的情况，同时也是对违反规范的判定；此外，作为分类性实践，这种为问题贴上标签的过程也指向特定的对象，特别是对受害者的区分。

第二个步骤：通过确定公众受害者来对社会进行分类。在命名的基础上，政治化的制造者试图明确受害者群体。“受害者”一词，这种描述首先假定个人对自己的问题不负责任，他必须被确定为他人行为的受害方。在此基础上，将“公众”与“受害者”联系起来，明确了受害者的群体性，这个群体不仅仅是受害者的总和，也是一个被贴上集体自主行为者标签的社会群体。

2. 指责（blaming）

是指将一个或多个社会或政治行为者确定为特定问题的责任者。在政治化的过程中，在给问题贴上标签和确定公众受害者之后，下一个阶段即问题归因并指认责任者。

政治化过程中的问题归因本质是问题转移，常常指向另一种政治、社会状况或现象。它们与问题本身具有时间与因果上的相关性。然而，政治化的制造者通常强调因果性，即所有相同的情况都会引起类似的问题。

在对问题归因之后，下一个步骤是明确责任者。政治化过程中指责的责任者包括两方：第一个是“有罪的一方”，也就是要谴责导致问题的群体（施罪方）；第二个是对问题“负责的一方”，指的是负责解决问题的团体或机构（责任方）。在多数情况下，施罪方和责任方存在偏差，而后者通常是政治化制造者所针对的目标。

3. **声诉**（claiming）

在指出灾难性后果的基础上提出问题的解决方案。政治化的影响不仅取决于附加在问题之上的标签，对公众受害者以及原因、责任者的确认，还取决于它对现状和未来后果的描述。这实质上将其转化为一个不可接受的问题，要求责任方立即采取行动。从框架建构理论上来看，“声诉”的阶段包含“处方式框架”和“促发式框架”的建构过程。

从上述命名、指责、声诉政治化的三个阶段来看，政治化的实质也就是一个责难的过程。通过将某一议题引入政治领域，它揭示了这一问题的存在及社会层面的受害者。在此基础上明确了责任者并提出迫切的解决方案。然而，这种政治化的过程涉及对非政治议题的选择、政治议程的设置，这必然涉及政治化主体的利益。同时，对施罪方和责任方的指认大多也是由利益所驱动的，甚至可能引发对相关群体和对象标签化、污名化的现象。而作为政治化的结果，意味着整个责难框架的最终建立，除非发生重大变革，否则难以松动。

（四）政治化的影响

从根本上而言，将某一社会议题政治化的结果是议题属性的转换，即将其他领域的议题转移到政治领域，由于偏离了原来的场域和规律，这是否真正有益于问题的解决是存疑的。虽然政治化预设了问题的责难框架，但是政治化是否会激化矛盾甚至成为政治行为者谋取私利的工具，尤其值得关注。

从理论上来说，政治化可能有一些积极的方面。例如，它意味着许多原本被认为是“社会性”或“非重要”的问题实际上可能进入公共领域，通过引发政治争论而得到关注。在历史上，某些问题的政治化（如妇女、移民、宗教或少数民族权利等），有助于提升弱势群体在公众及政治议程中的可见度，以及保护他们的基本权利。① 然而，政治化导致的影响通常是负面的，甚至是非常消极的。主要体现在两个方面：

---

① Michał Krzy anowski, Anna Triandafyllidou and Ruth Wodak, “The Mediatization and the Politicization of the ‘Refugee Crisis’ in Europe,” *Journal of Immigrant & Refugee Studies*, Vol. 16, No. 1 – 2., 2018, pp. 1 – 14.

首先，政治化的过程意味着权力向政治领域的转移，从而造成权力的不平衡。因为政治化表现为“增加国家的权力，增加政治权力以对抗社会中所有其他形式的权力，增加政治家和官僚的权力以对抗个人、私人机构和志愿协会的权力”。① 学者对西方国家内部政治化的后果分析表明，个人在社会现实中的代理权被削弱，并使个人和团体都强烈地依赖政治行动（然而，事实上证明，政治行动越来越没有效率）。“对个人来说，这意味着对政治的依赖在增加，但也可能导致越来越多的政治无效和挫折。”②

其次，因为被政治化的各种问题实际上也必然按照主导政治领域的意识形态进行阐述，它导致了公共辩论的意识形态化。在这方面，法国学者雅克·埃吕尔提出了一个著名的观点，即政治化导致了“意识形态辩论、理论冲突、沿着某些路线的系统论证”剧增。③在此基础上，政治化导致的争论意识形态化很容易成为社会冲突的来源。

总而言之，政治化的两个消极方面，特别是权力不平衡和意识形态化的问题，为主导当代公共话语的霸权主义叙事创造了一个开放的空间。因此，一旦被政治化，各种社会相关的话题就会沿着政治愿景和意识形态想象广泛构建。④ 所以，政治化制造者的主要落脚点，实质是政治精英的利益。

二　疫情政治化的内部驱动力

美国试图将疫情政治化的本质，在于迎合美国国内民粹—民族主义的极化和排外化而转嫁危机，下文将从民粹—民族主义的视角剖析其内在的排外性及危机政治的动力。

---

① Hartwell R. M.，“Introduction，” In K. Templeton，Ed.，*The Politicization of Society*，Indianapolis，IN：Liberty Fund，1979，pp. 7 – 26.

② Hartwell R. M.，“Introduction，” In K. Templeton，ed.，*The Politicization of Society*，Indianapolis，IN：Liberty Fund，1979，pp. 7 – 26.

③ Ellul J.，“Politization and Political Solutions，” In K. Templeton，ed.，*The Politicization of Society*，Indianapolis，IN：Liberty Fund，1979，pp. 209 – 248.

④ Michał Krzy anowski，Anna Triandafyllidou and Ruth Wodak，“The Mediatization and the Politicization of the ‘Refugee Crisis’ in Europe，” *Journal of Immigrant & Refugee Studies*，Vol. 16，No. 1 – 2，2018，pp. 1 – 14.

（一）民粹—民族主义的排他性与极化

1. 内在的排他性

自2016年特朗普赢得大选以来，美国政治越发体现出典型的民粹—民族主义色彩。民粹—民族主义将民粹主义的道德框架与民族主义的情感力量相结合，加大了对美国白人底层的整合与煽动，而且在对外关系中体现出明显的排他性。

如前所述，政治化的内涵实质上也是框架构建的过程。美国将疫情政治化的框架建构，内在地从属于美国国内日趋严重的民粹—民族主义的主框架。民粹主义和民族主义在形式上是模块化的，具有普遍的适用性，是典型的主框架（master frames）。它们通过罗杰斯·布鲁贝克所说的“对抗性的再政治化”（antagonistic re－politicization）发挥作用，即政治代理人通过激进的“他者”重新配置想象中的主权“自我”。① 在国内和外交政策层面，这种框架被用来为理想化的主权共同体建立一个更严格的定义（谁是人民，谁是美利坚民族）；确定对该共同体行使主权的威胁（通常来自“他者”）；并为这些问题规定解决方案。

在一系列的修辞动作中，特朗普将政治领域重塑为一个民族外群体与政治精英合谋征服内群体——“伟大的美国人民”。他一再承诺要“把美国放在第一位”，纠正国际关系中损害人民及国家主权的缺陷。② 研究表明，对COVID－19危机的挑战，右翼民粹主义确定了新的冲突路线：强化了对民族主义（和新国家主义）的强调，以及（由此产生的）“我们民族人民”的“他者”。③所以说，特朗普所代表的民粹主义政治与疫情危机中的排他性政治有着内在的逻辑关联。因此，在对华认知负面化并实施遏制战略的背景下，美国极力将疫情政治化，污名、指责、攻击中国的深层动力，在于民粹—民族主义的他者建构与敌对。这种排他性根植于美国国内政治的底色之中，并随着美国国内疫情的严重形势而

---

① Rogers Brubaker, “Why populism?” *Theory and Society*, Vol. 46, No. 5, 2017, pp. 357－385.

② Erin K. Jenne, “Populism, Nationalism and Revisionist Foreign Policy,” *International Affairs*, Vol. 97, No. 2, 2021, pp. 323－343.

③ Giuliano Bobba, Nicolas Hubé, “Between Mitigation and Dramatization: The Effect of the COVID－19 Crisis on Populists' Discourses and Strategies,” in G. Bobba and N. Hubé, eds., *Populism and the Politicization of the COVID－19 Crisis in Europe*, Spring, 2021, pp. 131－135.

强化。

2. **政治极化的缓冲**

民粹主义政党、运动和领导人的崛起会对国家政治体系产生一些重要的后果，但他们最一致的影响很可能是加剧两极分化。事实上，相关研究指出，“极化绝对是民粹主义统治的最重要因素”。①很显然，特朗普的上台严重恶化了美国国内政治的极化状况，也在很大程度上奠定了当前美国两党在众多议题上对峙的基础。

从理论上看，民粹主义并不是固定或预定的社会学范畴的政治表达。它是一个构成过程，在社会异质性和普遍不满的背景下，从无数的不满或要求中构建一个新的、统一的大众主体。因此在一个包含多种主体、流动身份和交叉利益的多元社会景观中，民粹主义的政治逻辑在于：它通过在“人民”和权力精英或机构之间构建一个新的对立边界来浓缩这种复杂性。“人民”在其社会构成中是多元的，但作为一种政治建构是单一的。研究认为，这种新的民众主体的构成和“象征性的统一”需要对各类反建制要求进行“等价衔接”，从而使“人民”的出现成为可能。因此，民粹主义主体的构建是政治冲突、动员和话语的特定产物。② 所以从根本上而言，民粹主义的构成逻辑蕴涵着内在的极化。最终，极化和排斥性的构成逻辑重新调整了整个政治领域，迫使其他问题和冲突映射到中心裂缝上。

自新冠疫情暴发后，美国民主与共和两党围绕疫情的认知、疫情危机的严重性及其处理方式上存在明显的争议，不仅造成了美国的疫情应对支离破碎、混乱不堪，而且大大扩张了美国政治与社会的极化程度。当前美国不同群体间的政治分裂正逐步向相互“敌意”的方向发展。美国日趋严重的政治极化带来了民众的“情感极化”问题——今天的美国民主党人和共和党人都认为对方成员虚伪、自私、思维封闭，以至于都

① Pappas TS, *Populism and Liberal Democracy: A Comparative and Theoretical Analysis*, Oxford: Oxford University Press, 2019, p. 212.

② Kenneth M. Roberts, “Populism and Polarization in Comparative Perspective: Constitutive, Spatial and Institutional Dimensions,” *Government and Opposition*, 2021, pp. 1 – 23.

不愿意跨越党派界限进行社交活动，不愿意在各种活动中与对方合作。① 面对疫情和极化的双重挑战及两者的恶性循环，拜登政府上台后既需要在疫情应对上，找到实质性的政策来弥合不同的党派优先事项，也需要明确外在目标以消除党派间的敌意。所以，沿袭自特朗普政府以来在疫情政治化上的做法，就成为拜登政府的必然选择。

如前所述，美国国内政治的极化，源自民粹主义主体建构的必然性，而这种极化的加剧，本身又是疫情政治化的间接结果。拜登政府试图以矛盾外化、责难他国的疫情政治化方式来缓和国内政治极化，无异于缘木求鱼。

（二）危机政治：危机主导权的争夺与危机治理的简单化

1. 危机主导权

新冠疫情，其实质上是一场大规模的外部危机。学术界对危机的定义主要涵盖三个要点：对关键价值、机构和日常生活的（感知）威胁；对这种（感知的）威胁迅速“采取行动”的紧迫性；以及对它如何演变和应如何处理的普遍不确定性。② 很明显，此次新冠疫情导致的危机已远远超出了公共卫生的范畴，在某种程度上已成为系统性危机。

在危机中，“人们期望他们的领导人……提供一个权威的说明”，说明正在发生什么，为什么会发生，以及正在做什么以避免负面影响。因此，危机管理包括“实际”的应对政策，以及通过修辞进行的危机“意义创造”，并与之交织在一起。③ 所以，面对危机中的现实威胁、危机应对的紧迫性、危机发展的不确定性，以及危机的“意义创造”，相关政治领导必须极力掌握危机的主导权。然而，这种对危机主导权的争夺，又可能推动了相关政治势力对系统性矛盾进行命名、指责和声诉的持续政治化过程。

---

① James N. Druckman et al., “How Affective Polarization Shapes Americans' Political Beliefs: A Study of Response to the COVID－19 Pandemic,” *Journal of Experimental Political Science*, Vol. 8, No. 3, 2021, pp. 223－234.

② Boin A. et al., *The Politics of Crisis Management: Public Leadership Under Pressure*, Cambridge: Cambridge University Press, 2016, pp. 5－6.

③ Adam Masters, Paul 't Hart, “Prime Ministerial Rhetoric and Recession Politics: Meaning Making in Economic Crisis Management,” *Public Administration*, Vol. 90, No. 3, 2012, pp. 759－780.

在此次新冠疫情中，无论是在病毒溯源、信息公开，还是抗疫物资生产、疫苗研发等过程中，美国两党一直试图在国内政治及国际政治中争夺疫情危机的主导权。然而，此次新冠疫情危机的突发性和迅速蔓延，远远超出了美国的预料。为了将本国疫情的矛盾和责任外化，美国相关政治势力选择将疫情政治化，试图在“意义创造”而非“危机应对”层面掌握危机的主导权。美国在此次全球新冠疫情危机中的“意义创造”，主要表现为在病毒溯源、病毒扩散及抗疫政策等方面对中国进行全方位的诽谤、污名和攻击。一方面，由于美国国内疫情失控，在抗疫物资争夺、疫苗出口等问题上使自身民族主义的自利性暴露无遗，它在很大程度上丧失了领导西方联合抗疫的合法性。另一方面，基于中美“零和博弈”的战略研判及“以疫制华”的策略选择，美国试图利用自身的议程设置能力，通过疫情政治化的方式对中国进行污名和攻击，在道义层面对中国进行长期压制。

2. **危机处理简单化**

如前文章节所述，民粹主义与危机之间存在着微妙的互生关系。一方面，危机是民粹主义出现的必要（或至少是极为有利的）前提条件。某种程度的危机——是民粹主义的必要前提。① 罗伯茨等学者认为，外部危机为民粹主义政治家提供了一个机会，他们可以凭借自己的魅力权威介入，施展拳脚，进行广泛而巨大的改革，以“扫除过去的残渣，迎来新的社会秩序”。②另一方面，民粹主义行为者积极展现并延续危机感，而不仅仅是对外部危机做出反应。此外，这种对危机的表演使民粹主义者能够有效地将“人民”和他们的另一方分开，并通过将自己表现为主权人民的声音而使强大的领导力合法化。③

为了展现自身的魅力权威，危机表演的方法之一是为危机提供简单化的解决方案。这通常采取民粹主义中固有的“程序和制度简化”的形式。程序上的简化在民粹主义者为阻止危机而提供的粗糙而直接的政策

① Laclau E. , *On Populist Reason*, London: Verso, 2005, p. 177.

② Roberts K. M. , “Neoliberalism and the Transformation of Populism in Latin America: The Peruvian Case,” *World Politics*, Vol. 48, No. 1, 1995, pp. 82 - 116.

③ Benjamin Moffitt, “How to Perform Crisis: A Model for Understanding the Key Role of Crisis in Contemporary Populism,” *Government and Opposition*, Vol. 50, No. 2, 2015, pp. 189 - 217.

解决方案中显而易见。这些解决方案背后的逻辑很简单：消除或铲除“人民”的敌人，危机就会被延缓或解决。斯拉沃热·齐泽克（Slavoj Žižek）教授解释了这种提法：“敌人被外化或重塑为一个积极的本体论实体（即使这个实体是幽灵），消灭它将恢复平衡和正义”。在这样的表述中，危机的原因不是制度或一般结构本身，而总是敌人。因此，“人民”的敌人是“所有对人民的威胁背后的单一代理人”[①]。这样一来，民粹主义的危机概念可以被视为拒绝处理当代政治生活的复杂性：民粹主义对危机的表现不是承认许多复杂和交织的因素导致了系统性的失败，而是旨在将矛头完全指向“人民”的敌人。关键的一点是，必须有人对这个混乱局面负责。[②]这种简单化的危机解决方案，在逻辑上与危机的政治化是高度契合的。

基于对2020年3月至5月的推文和白宫新闻发布会的定性内容分析，研究发现，虽然特朗普不情愿地承认了危机，但他的修辞策略很快就集中在希望它消失，用越来越夸张的乐观主义和赤裸裸的谎言来取代其可怕的物质后果，同时将危机管理失败的责任分配到其他地方。[③]基于危机政治化的逻辑，特朗普很自然地将COVID－19描述为源自外国的“看不见的敌人”，并向美国发动了战争。面对这种外部威胁，特朗普鼓励美国人转向爱国主义和宗教，在对国家伟大未来的承诺中寻找安慰。即使特朗普因疫情危机处理失败而下台，拜登政府仍然没有放弃责难外部“敌人”的简单化治理路径。然而，这种对抗性的思路并不能缓解美国国内的疫情，也无益于抗击疫情的国际合作。

结语

前述研究表明，政治化的内涵和机理涉及问题的性质转换与责难行

① Žižek, S.,“Against the Populist Temptation,” *Critical Inquiry*, Vol. 32, No. 3, 2006, pp. 551－574.

② Benjamin Moffitt,“How to Perform Crisis: A Model for Understanding the Key Role of Crisis in Contemporary Populism,” *Government and Opposition*, Vol. 50, No. 2, 2015, pp. 189－217.

③ Corina Lacatusl, Gustav Meibauer,“Crisis, Rhetoric and Right－Wing Populist Incumbency: An Analysis of Donald Trump's Tweets and Press Briefings,” *Government and Opposition*, 2021, pp. 1－19.

动两个方面，通过框架建构，相关议题的显著性和争议性大大提高，从而实现了从非政治议题到政治问题的性质转变。与此同时，通过命名、指责和声诉三个阶段的推进，政治化的责难行动得以全面展开。

从严格意义上来说，虽然在特朗普时期其政府也将新冠疫情失控的责任指向民主党和各州政府，但是在公共卫生危机全面爆发的情况下，仍属于危机应对失序的范畴，并非完全意义的政治化。然而，美国将疫情政治化并进行对外责难的逻辑基础在于，在疫情中政治对科学的肆意干涉。

在美国国内层面，政治凌驾于科学之上主要表现在特朗普阻挠和破坏科学机构的任务执行、对科学研究和专业机构的工作粗暴干涉。从反对职业机构科学家对口罩的指导，到寻求修改《发病率和死亡率周报》，再到阻止美国食品和药物管理局出台严格的 COVID－19 疫苗指导方针，这种对科学的政治干涉在公共信息和科学研究方面都削弱了对疫情的有效反应。同时，这种反科学的政治领导，加上社交媒体平台的放大效应，导致了对科学和公共卫生权威的质疑，以及关于 COVID－19 的否认主义。

从疫情早期对威胁严重性的低估，到疫情扩散期间无序混乱的应对机制，再到疫情全面失控并引发各类危机和矛盾，美国在疫情应对上是全面失败的。根据约翰—霍普金斯大学发布的“2019 年全球卫生安全指数”，美国在医疗队伍、实验室能力和应急计划方面实力雄厚，应对疫情的能力全球第一。然而，与之形成强烈反差的是，美国的新冠病毒确诊病例、死亡病例全球第一。尽管有充分的警告和大量的资源，美国仍未能控制该疾病的传播。美国学者不得不承认，其中的主要原因是美国对疫情反应的政治化。①

在将政治凌驾于科学之上、为危机寻找替罪羊并将疫情作为国际政治手段的操弄中，疫情政治化的间接结果是在扩大美国政治极化的同时催生了“反智主义”。例如，根据皮尤研究中心 2020 年 7 月的一项调查，在 COVID－19 对公众健康构成重大威胁的认知中，民主党人（85%）是共和党人（46%）的近两倍。民主党人更有可能支持佩戴口罩，并相信

① Lucy Wang Halpern, “The Politicization of COVID－19,” *The American Journal of Nursing*, November 2020, Vol. 120, No. 11, 2020, pp. 19－20.

“疾病控制和预防中心”等专业机构，共和党人的相关比例则低得多。最终，将 COVID - 19 政治化的真正代价是政治极化导致对医学专家和机构的信任度大幅下降。右翼民粹主义者大肆鼓吹疫情的阴谋论和怀疑论，质疑口罩、隔离措施和疫苗的有效性。①

所以说，美国将疫情政治化最终造成了危机管理的反噬，导致疫情失控、科学权威丧失和国内政治的极化加剧。更为消极的是，这种做法成为国际合作抗击疫情的“毒瘤”和障碍，成为人类卫生与命运共同体建构的逆流。

① 胡泽曦:《美国政治极化阻碍疫情应对》,《人民日报》2020 年 7 月 30 日第 17 版。

第五章

新冠疫情时期埃塞俄比亚的民族冲突与内战

第一节 埃塞俄比亚民族冲突的缘起与研究视角

2020 年暴发的埃塞俄比亚提格雷冲突成为新冠疫情直接引发的全球首场大规模的民族冲突和内战。2020 年，埃塞俄比亚中央政府以新冠疫情为由，推迟了当年的全国大选和地方选举，此举引发了提格雷人民解放阵线的强烈不满。在后者不顾中央禁令单独举行地方选举后，中央政府对其结果不予承认，从而导致双方关系全面破裂。可以说，疫情导致的选举推迟仅是这一危机的引爆点，埃塞俄比亚国内多年累积并不断激化的制度、民族矛盾最终造成了严重的国家危机。

总体而言，新冠疫情不仅仅造成了严重的公共卫生危机，它所引发的经济危机、社会危机甚至带有系统性危机的色彩。对于部分国家来说，这种系统性危机极有可能导致政治危机乃至国家危机。截至 2022 年 4 月，受疫情的全面冲击，已有埃塞俄比亚、斯里兰卡和巴基斯坦等国的政治安全与稳定陷入了困境。随着各类危机的累积和持续爆发，可能有更多的国家走向动荡。

引 言

自 2020 年 3 月 13 日埃塞俄比亚确诊首例新冠病毒病例以后，该国的疫情不断恶化。据埃塞俄比亚公共卫生研究所的公共卫生紧急响应中心发布的简报显示，该国自报告首例新冠病毒确诊病例后，累计确诊1000例用了77天，累计确诊2000例用了7天，累计确诊3000例仅用了6天,[①] 这表明疫情呈快速传播地态势。

2020年4月8日，埃塞俄比亚部长会议（内阁）召开紧急会议，宣布自即日起该国进入紧急状态。埃塞俄比亚总理府在声明中表示，为防止新冠疫情蔓延、减少其负面影响，根据该国宪法第93条，即日起进入为期六个月的紧急状态。该紧急状态禁止4人以上的宗教、政治或其他任何形式的社交聚会；禁止除货运服务外的所有边境活动等。同时，部分州在此基础上制定了禁止州内出行、停开公共交通等更为严格的管控措施。

2020年6月10日，埃塞俄比亚议会投票决定，推迟原定于8月29日举行的大选，延长所有议会的任期，直到国际卫生机构认为新冠病毒的威胁已经结束，并允许阿比总理在当前任期结束后继续任职。该决定引发包括提格雷人民解放阵线（“提人阵”，简称TPLF）等多个政治团体的强烈不满。

在疫情暴发的初期，鉴于疫情发展的不可确定性和重大威胁，埃塞俄比亚直接宣布进入紧急状态、采取果断措施抗击疫情，本无可厚非。但是因紧急状态导致的大选延期何以引起埃塞俄比亚政局的剧烈动荡？则需要系统分析其背后复杂的政治、民族和制度因素。

一　埃塞俄比亚提格雷冲突的缘起

2020年11月，作为非洲重要大国之一的埃塞俄比亚突发剧变。11月4日，提格雷州与联邦爆发了激烈的武装冲突。11月28日，提格雷州首府默克莱被政府军攻克，提格雷人民解放阵线拒不妥协并转入游击战。2021年7月，“提人阵”不仅收复了首府默克莱，而且宣布击溃了埃塞俄比亚7个军的部队，俘获政府军7000余人。2021年年底，政府军进行了全面反击，提格雷武装部队退回到提格雷地区。至今，双方均未有和解

① PEERSS, “COVID - 19 Testing Prioritization: Recommendations for Ethiopia,” Ethiopia EPHI, August 2020, https: //www. ephi. gov. et/images/KnowledgeT/COVID - 19 - Testing - Prioritization - Recommendations - for - Ethiopia - Rapid - Evidence - Review_ Aug - 2020. pdf.

的迹象，埃塞俄比亚国内局势的走向仍未明朗。

就目前的形势而言，埃塞俄比亚提格雷地区的冲突已由政治争端演变成局部内战，并随着厄立特里亚的干预而国际化。提格雷地区变成了四方角逐的战场，一方为提格雷武装，另一方包括埃塞俄比亚军队、来自阿姆哈拉地区和阿法尔地区的正规和非正规部队、厄立特里亚军队。双方在军事上无法打败对方，在政治上也缺乏妥协的现实性，更重要的一点在于阿姆哈拉族和厄立特里亚军队缺乏完全退出冲突的可能性，这只能导致冲突进一步激化和持续。从埃塞俄比亚提格雷冲突的现状来看，它兼具民族冲突、内战、分裂主义、外部武装介入的色彩。提格雷冲突不仅造成了严重的人道主义危机，也严重威胁了埃塞俄比亚的国家统一。

同时，在埃塞俄比亚最大的州——奥罗米亚地区，政治不满情绪也在高涨，不仅奥罗米亚的主要反对党以国家压制为由抵制了大选，而且叛乱活动也在蓬勃发展。提格雷冲突的持续将不可避免地加剧当地的反政府活动。2021 年 6 月举行的大选为总理阿比·艾哈迈德及繁荣党巩固自身权力提供了机会，但是此次大选的合法性尚显不足，因为两个关键州的反对党抵制了选举，一个是人口最多的州奥罗米亚州（4000 万人口），另一个是前执政党“提人阵”所在的提格雷州。

这些冲突背后，实质上反映了埃塞俄比亚实施多年的民族联邦制正面临严峻挑战乃至危机。在经历近 30 年的制度实践后，随着执政党的重组和国家提供安全保障的能力减弱，各民族、各州之间关于身份、资源和领土问题的一些潜在争端也已浮出水面。再加上日益增长的民族主义情绪，更加剧了各地区之间以及地区政府和联邦政府之间的权力斗争。并且更严峻的挑战在于，各种政治力量之间的深刻分歧和不信任，已对国家的完整性构成了巨大的威胁。如果提格雷冲突得不到有效地解决，提格雷冲突将由短期权力之争转向长期冲突。在阿姆哈拉族、奥罗莫族的民族主义和冲突得不到抑制的情形下，埃塞俄比亚有可能分崩离析或走向长期内耗。所以，提格雷冲突不仅仅是埃塞俄比亚国内政治及安全危机的一个缩影，其背后更有着深刻的民族主义乃至制度因素。

二 埃塞俄比亚民族冲突与制度主义研究

客观地说，埃塞俄比亚 1995 年《宪法》提供了一个蓝图，即在国家

"各民族、国民和人民"自由合意的基础上，打造一种新形式的统一。在近30年的实践中，埃塞俄比亚既实现了前所未有的经济发展，也构建了一个充分尊重多样性的多民族共同体模式。一般而言，共同体有文化共同体和政治共同体之分，在民族国家建构层面，共同体本质上具有政治和国家的属性。[①] 在国家共同体建设上，主要形成了民族（国族）共同体与多民族共同体建构两条路径。它们在理论脉络上与公民民族主义和族裔民族主义密切相关。[②]在学理上，多民族共同体的建构路径与西方特别是加拿大学者长期宣传的多元文化主义也有一定关联性。从根本上说，这种重多元、轻一体；重差异、轻统一的多民族共同体建构路径是否真的有利于国家的一体性建构与统一，还是需要成熟的公民社会保障？这些问题都需要进一步思考。

作为当今世界上唯一一个建立民族联邦制、以民族作为国家政治的基础、承认民族分离权的国家，埃塞俄比亚无疑成了多民族共同体建构的代表。自1991年革命胜利以来，这一共同体在保障民族权利、促进经济发展等方面取得了相当的成就。但是，此次提格雷冲突的爆发，为何使这一多民族共同体面临危机？埃塞俄比亚多民族共同体消解的内在因素是什么？我们需要吸取哪些教训？这些都是需要回答的问题。

在民族冲突的研究范式中，一般可分为本质主义、工具主义、建构主义、现实主义和制度主义五种类型。从实质上看，无论是安全困境、怨恨、机会还是社会心理动机，多族群国家内驱动族群间恶性竞争乃至于冲突的根本原因，还是在于未能走出民族政治本身的桎梏。由于埃塞俄比亚实施了极具特色的民族联邦制，它也是继苏联和南斯拉夫解体后，唯一采用这个保留分离权的民族联邦制的国家。因此，对提格雷冲突、多民族共同体消解的内生性动力的挖掘，还需要补充以制度主义的视角。研究指出，民族联邦制导致了整个国家以民族为中心的政治，国家将民族作为政治动员和国家组织的关键工具。[③] 相关研究通过对民族联邦制在

---

① 周平：《中华民族：中华现代国家的基石》，《政治学研究》2015年第4期。

② Smith, Anthony D., *National Identity*, London: Penguin Books, 1991, p. 11.

③ Muhabie Mekonnen Mengistu, "Ethnic Federalism: A Means for Managing or a Triggering Factor for Ethnic Conflicts in Ethiopia," *Social Sciences*, Vol. 4, No. 4, 2015, pp. 94 – 105.

埃塞俄比亚实施20年后进行了总结和评估，认为这一制度总体上导致了民族领土化、政治化乃至本质化，[①]甚至加剧了民族间的竞争和冲突。[②]

当然，制度主义的研究方法仍带有相对的静态性，还不足以反映埃塞俄比亚近年来政治权力结构的剧烈变动。提格雷冲突的爆发并非偶然，实质上它是埃塞俄比亚国内权力结构剧烈变迁、新冠疫情期间联邦与地方政治斗争激化的产物。其中，执政联盟的重组及繁荣党的成立、提格雷地区的选举争议成为冲突的导火索。最新研究表明，2016年以来笼罩埃塞俄比亚的政治危机的核心在于，向心力和离心力的博弈，加上程序和立法上的漏洞，破坏了宪法设计中民族主义的变革性。在这种背景下，族群边界不断固化，族群认同不断朝单一性和排他性发展。[③]而埃塞俄比亚曾经的领导力量“提人阵”，在意识形态上的僵化也使自身陷入困境。[④]基于上述考虑，本章主要从民族联邦制、民族权力格局剧变两个方面出发，以静态、动态相结合的方式，在埃塞俄比亚多民族共同体建立的背景、制度安排、结构性矛盾等方面，对这一多民族共同体消解的原因进行分析，以期总结相关的教训。

总体而言，埃塞俄比亚以民族联邦制和民族政治化为基础的多民族共同体建设存在致命的恶性循环。一方面，它以承认分离权、认可民族权力政治等制度妥协的方式维护国家统一，建构多民族共同体；另一方面，民族的政治化导致的权力竞争激化，特别是民族冲突的剧烈爆发，又在联邦中央和地方层面不断消解着多民族共同体。当前，埃塞俄比亚能否结束国内冲突、终结多民族共同体建构的恶性循环，将在很大程度上考验着阿比政府的政治智慧。同时，“提人阵”作为曾经的领导力量以及民族联邦制的建构者之一，在严重的民族冲突后，如何调适自身的

① Jan Erk, "'Nations, Nationalities, and Peoples': The Ethnopolitics of Ethnofederalism in Ethiopia," *Ethnopolitics*, Vol. 16, No. 3, 2017, pp. 219 – 231.

② Asnake Kefale, *Federalism and Ethnic Conflict in Ethiopia: A Comparative Regional Study*, Routledge, 2013; Fessha, Y. Tesfaye, "The Original Sin of Ethiopian Federalism," *Ethnopolitics*, Vol. 16, No. 3, 2016, pp. 1 – 14.

③ Mulugeta Gebrehiwot Berhe, "Feseha Habtetsion Gebresilassie, Nationalism and Self – Determination in Contemporary Ethiopia," *Nations and Nationalism*, Vol. 27, 2021, pp. 96 – 111.

④ Tefera Negash Gebregziabher, "Ideology and Power in TPLF's Ethiopia: A Historic Recersal in the Making?" *African Affairs*, Vol. 118, No. 472, 2019, pp. 463 – 484.

定位和目标诉求，将直接关系到提格雷地区的长期稳定及整个国家的统一。

第二节 提格雷冲突与埃塞俄比亚民族联邦制的内在挑战

提格雷冲突不仅是埃塞俄比亚及其周边的民族冲突，也是典型的地方与中央的冲突。这一冲突反映出埃塞俄比亚民族联邦制在民族领土化和政治化层面的严重弊端，最终威胁到国家的政治稳定与统一。民族联邦制作为埃塞俄比亚民族关系历史及现实政治的产物，虽然在承认民族多样性、促进民族发展方面曾发挥过积极作用，但是其理念的僵化、民族权力关系的固化及内在的非对称性，都造成了各类冲突的频发。在当前提格雷冲突不断激化的背景下，埃塞俄比亚民族联邦制已难以对冲突进行有效规制，民族内战持续化甚至国家分崩离析的风险都在不断增大。

引 言

提格雷冲突的爆发并非偶然，它实质上是埃塞俄比亚国内权力结构剧烈变迁、新冠疫情期间联邦与地方政治斗争激化的产物。其中，执政联盟的重组及繁荣党的成立、提格雷地区的选举争议成为冲突的导火索。在埃塞俄比亚政府誓言“恢复法治和中央政府的权威”至今，双方的冲突仍未结束，而埃塞俄比亚国家的统一也将面临持久的威胁。

在冲突爆发过程中，“提人阵”在地方选举和军事部署上全面排斥中央权威，甚至公开否认政府的合法性。这一冲突背后，实质上反映了埃塞俄比亚实施多年的民族联邦制正面临着严峻挑战乃至危机。客观地说，埃塞俄比亚 1995 年宪法提供了一个蓝图，在国家“各民族、国民和人民”自由合意的基础上，打造一种新形式的统一。在随后的几十年里，埃塞俄比亚发生了变化，既实现了前所未有的经济发展，也构建了一个尊重文化特性权利的多民族国家的创新模式。然而，在 2016—2017 年的大规模抗议活动和随后的政治变迁中，特别是 2020 年 11 月提格雷冲突引发政治危机后，埃塞俄比亚的民族联邦制再一次处于争议的焦点。

自 1995 年实施以来，学术界对埃塞俄比亚民族联邦制的评价就存在明显的分化。一部分研究对该制度的施行予以了积极的评价，同时，不少研究重点分析其内在的不足和隐患。基于教训吸取的需要，本节重点参考了后一类研究。

在总体评价方面，有研究对埃塞俄比亚民族联邦制及民族政治的复杂运作进行了系统分析，通过对这一制度实施 20 年后进行总结和评估，认为这一制度总体上导致了民族领土化、政治化乃至本质化。[①]阿斯纳克・凯法莱的著作《埃塞俄比亚联邦制和民族冲突：区域比较研究》阐述了埃塞俄比亚联邦重组对民族冲突的影响。[②] 斐莎（Fessha）等人的研究则在梳理这一制度的弊端及其引发的各类冲突的基础上，提出了增强联邦单位“地方性”而非“民族性”的建议。[③]

在此基础上，也有学者侧重于从工具主义层面分析埃塞俄比亚民族势力对民族联邦制的利用。J. 阿宾克（J. Abbink）认为，自提格雷民族主义组织“提人阵”建立了民族联邦制后，其他民族在其影响下，利用民族联邦制中的民族自决原则煽动民族矛盾，造成了新的冲突，当代埃塞俄比亚的民族主义已成为政治精英阶层操弄民族归属感与实现经济利益诉求的纽带。[④] 希劳・梅吉巴鲁・特姆斯根（Siraw Megibaru Temesgen）也指出，埃塞俄比亚的民族联邦制是少数民族主义者进行分离的工具。“提人阵”以民族联邦制为幌子，采取所谓的“分而治之”战略，削弱了区域间和民族间的合作，从而加剧了冲突。[⑤]

---

① Jan Erk, “ ‘Nations, Nationalities, and Peoples: The Ethnopolitics of Ethnofederalism in Ethiopia, ” *Ethnopolitics*, Vol. 16, No. 3, 2017, pp. 219 – 231.

② Asnake Kefale, *Federalism and Ethnic Conflict in Ethiopia: A Comparative Regional Study*, Routledge, 2013.

③ Fessha, Y. Tesfaye, “The Original Sin of Ethiopian Federalism,” *Ethnopolitics*, Vol. 16, No. 3, 2016, pp. 1 – 14.

④ Lovise Aalen, “Ethnic Federalism and Self – Determination for Nationalities in a Semi – Authoritarian State: the Case of Ethiopia,” *International Journal on Minority and Group Rights*, Vol. 13, No. 2, 2006, pp. 243 – 261.

⑤ Siraw Megibaru Temesgen, “Weaknesses of Ethnic Federalism in Ethiopia,” I*nternational Journal of Humanities and Social Science Invention*, Vol. 11, No. 4, 2015, pp. 49 – 54.

同时，许多研究也指出，民族联邦制客观上固化或加剧了原有的民族政治化。事实上，地方本土主义，以排除其他人获得资源的机会，在整个当代非洲都很突出。[①]这种冲突并不需要联邦制或权力下放来激发。[②]在许多非洲的案例中，各族群为了争夺所谓“传统家园”的权利而竞争。然而，民族联邦主义的因素无疑大大加剧了这种竞争和冲突。[③] 1991 年后，埃塞俄比亚的许多族群被要求按照民族动员和组织起来，以适应新的民族联邦制。因此，民族区域化导致了整个国家以民族为中心的政治，国家将民族作为政治动员和国家组织的关键工具。[④]

当然，提格雷因素作为埃塞俄比亚反政府革命、创立民族联邦制的关键因素，它在此过程中的妥协性和自利性是如何体现的；民族联邦制导致的民族政治化和民族权力恶性竞争是否成为影响埃塞俄比亚国内权力格局的关键因素？已有研究但未能进行深入的阐释。

在此背景下，本节结合理论和实践对埃塞俄比亚近年来权力结构的剧烈重组，特别是“提人阵”的大权旁落和边缘化问题，从制度主义的视角进行分析。[⑤] 作为民族联邦制的设计者和长期主导者，“提人阵”究竟是此次政治危机的受害者还是肇事者？提格雷冲突是民族联邦制设计缺陷的产物还是落实不力的结果？2021 年大选后，埃塞俄比亚国内的政治走向特别是民族联邦制的命运如何？这些都是本节需要解读的问题。

---

① Green E. D., “Demography, Diversity and Nativism in Contemporary Africa: Evidence from Uganda,” *Nations and Nationalism*, Vol. 13, No. 4, 2007, pp. 717 – 736.

② Dunn K. C., “ ‘Sons of the Soil’ and Contemporary State Making: Autochthony, Uncertainty and Political Violence in Africa,” *Third World Quarterly*, Vol. 30, No. 1, 2009, pp. 113 – 127.

③ Walther O., “Sons of the Soil and Conquerors Who Came on Foot: The Historical Evolution of a West African Border Region,” *African Studies Quarterly*, Vol. 13, No. 1, 2012, pp. 75 – 92.

④ Muhabie Mekonnen Mengistu, “Ethnic Federalism: A Means for Managing or a Triggering Factor for Ethnic Conflicts in Ethiopia,” *Social Sciences*, Vol. 4, No. 4, 2015, pp. 94 – 105.

⑤ 有研究分析了“提人阵”的意识形态转变问题，但由于时效性的因素，未能对提格雷冲突及其走向进行剖析，详见 Tefera Negash Gebregziabher, “Ideology and Power in TPLF's Ethiopia: A Historic Recersal in the Making?” *African Affairs*, Vol. 118, No. 472, 2019, pp. 463 – 484.

一　埃塞俄比亚民族多样性与民族联邦制的制度设计

埃塞俄比亚是一个典型的多民族国家。帝国扩张的历史导致了民族关系的进一步复杂化。为了对这种多样性进行有效治理，埃塞俄比亚采用了民族联邦制的国家结构形式，同时建立了以民族为基础的政党体系。

1. 多样性的背景

据统计，2020 年埃塞俄比亚人口约为 1.05 亿。分为 80 多个民族，主要有奥罗莫民族（40%）、阿姆哈拉民族（30%）、提格雷民族（8%）、索马里民族（6%）、锡达莫民族（4%）等。居民中 45% 信奉埃塞正教，40%—45% 信奉伊斯兰教，5% 信奉新教，其余信奉原始宗教。阿姆哈拉语为联邦工作语言，通用英语，主要民族语言有奥罗莫语、提格雷语等。[①] 该国使用的语言分为四个语系：闪米特语系、库希特语系、奥莫特语系和尼罗—撒哈拉语系。研究者以“高地/低地，富人/穷人，11 个选区[②]，9000 万公民，4 种信仰”来概括埃塞俄比亚内部高度的多样性和差异。[③]这种多样性又由于历史和现实的关系导致了相当的复杂性。

虽然埃塞俄比亚有着悠久的历史，但是现代埃塞俄比亚帝国是在 19 世纪下半叶才形成的。在此期间，埃塞俄比亚的版图扩大到南部、西南部和东南部的大部分地区。在帝国扩张过程中，该国内部的多样性和复杂性进一步扩大，阶级和民族矛盾相互叠加，导致了严重的冲突与隔阂。埃塞俄比亚中部和北部的各州构成了高地闪米特语民族的历史基地，这些民族在帝国时代在政治、经济、文化和语言上占主导地位。另外，南部各州在近代历史上才被纳入埃塞俄比亚。在 1995 年民族联邦制确立之前，南方的民族群体在政治、经济、文化和语言上一直处于边缘地位，但是南方的奥罗莫民族又是该国人口最多的民族。阿法安—奥罗莫语属于非洲—库希特语系，与高原人的闪族语言不同。由于奥罗莫地区是在帝国扩张的最后阶段才被纳入埃塞俄比亚，而且这个国家最大的民族群

---

① 中国驻埃塞俄比亚大使馆数据，http://cs.mfa.gov.cn/zggmcg/ljmdd/fz_648564/aseby_648690/，上网时间：2021 年 3 月 18 日。

② 包括 2 个自治行政区（首都亚的斯亚贝巴、商业城市德雷达瓦）和 9 个自治民族州。

③ Jan Erk, "'Nations, Nationalities, and Peoples: The Ethnopolitics of Ethnofederalism in Ethiopia," *Ethnopolitics*, Vol. 16, No. 3, 2017, pp. 219 – 231.

体缺乏相应的政治权力感，使得文化和语言上的不满情绪普遍存在——尤其是在年轻的奥罗莫人中。除此之外，南方各民族群体大多规模较小，民族和语言的多样化更为突出，存在明显的碎片化。

埃塞俄比亚东正教会作为一个机构（及其神职人员）与前帝国政权和高原精英密切相关。此外，教会的宗教事务是用传统的闪米特语言Ge'ez开展的。一些奥罗莫族的积极分子认为这是高地人在文化上的持续统治。民族、宗教和政治之间的复杂关系并不局限于该国的奥罗莫人。随着城市化和现代化的发展，特别是在年轻人中，挑战埃塞俄比亚东正教主导地位的宗教身份已经成为表达异议的工具。但就目前而言，宗教认同还没有明确的政治表现，民族认同仍具有绝对优势。

简言之，埃塞国内各族的民族主义至今仍具有鲜明的历史色彩，或是强调自身的主体性，或是由积怨情绪转化为反抗意识，这都体现了埃塞俄比亚这一共同体的传统性。在很大程度上，当代埃塞俄比亚的民族主义已成为政治精英阶层寻求民族归属感与利益诉求的纽带。①

2. 民族联邦制的制度设计

1994年12月8日，《埃塞俄比亚宪法》正式生效，确定了民族联邦制的国家结构形式，全国九个民族州主要按民族聚居程度划分，② 享有高度的自治权利，宪法还规定各民族有自决乃至分离的权利。

《宪法》第8条第1款规定，所有主权权力都属于埃塞俄比亚各民族、国民和人民。《宪法》第39条“各民族的权利”第1款明确提出：埃塞俄比亚的各民族都享有包括分离权在内的民族自决权。第39条第3款规定，每个民族、国民和人民都有充分自治的权利，其中包括在其居住的领土上建立政府机构的权利，以及在联邦和州政府中享有公平代表

① Lovise Aalen, “Ethnic Federalism and Self – Determination for Nationalities in a Semi – Authoritarian State: the Case of Ethiopia,” *International Journal on Minority and Group Rights*, Vol. 13, No. 2, 2006, pp. 243 – 261.

② 其中提格雷州、阿法尔州、阿姆哈拉州、奥罗米亚州、索马里州和哈拉尔州都是以单一族群聚居的自治州，贝尼尚古尔·古穆兹州、南方人民民族州、甘贝拉人民州则是多族群聚居的自治州。

权的权利。①

依照宪法，埃塞俄比亚人民革命民主阵线（简称埃革阵，EPRDF）政权在上台后的埃塞俄比亚以民族划分重新塑造了国家结构，建立了具有分离选项的“道德化”联邦制国家。以此为基础，埃塞俄比亚的政党体系也在民族界限上组织起来。20 世纪 90 年代以后，埃塞俄比亚逐步建立起以“埃革阵”为执政党，包括 7 个全国性政党、51 个地方性政党的民族政党体系（见表 5－1）。

表 5－1　“埃革阵”主要政党组成及民族、地方对应关系

政党	民族州	对应关系
提格雷人民解放阵线	提格雷州	主体民族
阿姆哈拉民主党	阿姆哈拉州	主体民族
奥罗莫民主党	奥罗莫州	主体民族
南埃塞俄比亚人民阵线	南方州	多民族
阿法尔民族民主党	阿法尔州	主体民族
本尚古勒－古马兹人民民主团结阵线	本尚古勒州	多民族
埃塞俄比亚索马里人民民主党	索马里州	主体民族
甘贝拉人民民主运动	甘贝拉州	多民族
哈勒尔民族联盟	哈勒尔州	主体民族

资料来源：笔者自制。

① Ethiopia, Constitution of the Federal Democratic Republic of Ethiopia, Negarit Gazeta, Proclamation No. 1, 1995. 第 39 条第 4 款对于包括分离权在内的民族自决权的程序实现做出了具体的规定，包括五项内容。第一项要求各个民族脱离联邦的要求要相关民族自治州议会三分之二以上代表的同意；第二项要求联邦政府在收到民族自治州议会决议的三年内组织相关地区的人民进行全民公投；第三项要求脱离联邦的意图只有在全民公投中获得多数人的认可才能够生效；第四项要求联邦政府将权力移交给在全民公投中成功获得分离的民族自治州议会；第五项要求依据法律分割财产。

二 民族联邦制的缘起

任何国家的联邦结构形式都是本国历史和政治进程的产物。1995 年的《埃塞俄比亚宪法》提出了建设一个以民族联邦制为基础的多民族国家构想，赋予该国“各民族、国民和人民”包括分离权在内的自决权。这一制度的建立是埃塞俄比亚历史、马克思列宁主义者对 1974 年革命的辩论和 1991 年“埃革阵”掌权时独特的政治环境三者相结合的产物。

（一）反对军政府时期的认同政治与民族问题

20 世纪六七十年代，现代埃塞俄比亚反军政府革命运动爆发。由于帝国时期民族关系的积怨及军政府时期民族矛盾的激化，70 年代反军政府的革命斗争又不可避免地与民族解放的目标结合在一起。1974 年革命的实质是埃塞俄比亚各族反封建、反军政府的起义，但是由于各民族的地位、诉求不一，造成了内部自决和外部自决，即解放和独立的目标差异。

具体言之，在反封建的旗号下相关民族群体的自决斗争包括：提格雷民族主义的觉醒与解放全国的斗争；厄立特里亚的独立斗争；索马里的民族统一主义运动；其他被压迫民族争取解放和自治的斗争。

1. 提格雷民族主义运动与领导全国解放斗争

自 20 世纪 60 年代起，提格雷青年学生运动的迅猛发展，标志着现代提格雷民族主义的觉醒。它源于内外因素的助推，内因主要是提格雷地区饥荒问题严重，民众被迫揭竿而起求得生存；提格雷地区的知识精英不断以共同的历史记忆唤起民众对曾经辉煌地位的渴望。外因是厄立特里亚紧邻提格雷地区，“厄人阵”的武装起义胜利给提格雷人民以极大的鼓舞。所以，提格雷精英积极与“厄人阵”建立联系，寻求帮助。

1975 年 2 月 18 日午夜，提格雷民族组织领导军队避开警察和政府民兵，在距离亚的斯亚贝巴约 900 公里的德迪拜特（Dedebit）发动了武装起义，标志着“提人阵”的诞生。“提人阵”将此次起义称为“第二次沃延尼起义”（kalai woyane），并提出“推翻压迫人民的德格军政府，实现民族自决”的口号。他们在 1976 年发表的宣言呼吁建立一个独立的提格雷共和国，但后来又修改为在统一的埃塞俄比亚内实现该地区的文化和政治自治。[1]

1989 年 2 月，“提人阵”在恩达·塞拉西战役中取得了决定性的胜利，整个提格雷地区实现了真正意义上的解放。自此，德格军政府退出了提格雷地区，“提人阵”实现了在提格雷地区的民族自治。在此基础上，“提人阵”逐步成为反对军政府、解放全国的领导力量。

2. 革命中的非殖民化、自决与自治问题

首先是非殖民化之争。当时典型的非殖民化运动是“厄人阵”领导的厄立特里亚民族运动。1941 年，“二战”北非战场失利的意大利在厄立特里亚的殖民地被英国所接管，20 世纪 50 年代，联合国通过决议，决定厄立特里亚成立地方政府，与埃塞俄比亚组成联邦国家。然而，60 年代埃塞俄比亚政府取消了联邦制，并将厄立特里亚强行纳入为第 14 个省。厄立特里亚的民族主义者则试图通过武力来挑战这一合并，认为厄立特里亚独立问题是一个不完整的非殖民化问题。

奥罗莫解放阵线（简称“奥解阵”，OLF）的主张，与厄立特里亚问题类似，奥罗莫的独立也是一个非殖民化的问题。他们暗示，新的殖民者是非洲人而不是欧洲帝国主义者。[2]这种说法认为，埃塞俄比亚的边界是梅内利克皇帝在 19 世纪末通过强行征服政治上独立的实体而形成的，这种殖民行为与欧洲列强的殖民行为一样是非法的。“奥解阵”在 1973 年宣布成立时颁布了第一个斗争纲，即“实现民族自决，将奥罗莫人民从压迫中解放出来”，并强调“这一目标只有通过民主革命和建立奥罗米亚民主共和国才能够实现”。[3]

其次是民族统一主义运动。埃塞俄比亚帝国明确地将埃塞俄比亚与阿姆哈拉语、北部高原的文化和习俗以及东正教相提并论，但由于帝国臣民是具有不同身份和特定社会文化结构的民族成员，他们要求得到承

---

① Aalen, Lovise, “Ethnic Federalism in a Dominant Party State: The Ethiopian Experience 1991—2000,” Bergen, Michelsen Institute, 2002, p. 6.

② Jalata A., *Fighting Against the Injustice of the State and Globalization: Comparing the African American and Oromo Movements*, New York: Palgrave, 2001, p. 3.

③ 罗圣荣：《埃塞俄比亚奥罗莫人问题的由来与现状》，《世界民族》2015 年第 1 期。

认。[①]在此背景下，在“二战”之后，位于埃塞俄比亚境内的索马里人发现，他们很难认同埃塞俄比亚，而是要与索马里合并。

最后是边缘民族的权利问题。这些边缘民族既没有殖民地前的独立历史（如厄立特里亚），也没有与邻国的亲缘关系（如欧加登索马里人）。他们的权利斗争更多地带有反压迫、反剥削的革命色彩，这在南方的民族权利运动中较为明显。

3. 革命运动内部围绕民族问题的博弈

面对各地民族主义运动的风起云涌，军政府不仅坚持埃塞俄比亚的统一和领土完整，还坚持中央集权的治理模式。1977 年，德格政府向厄立特里亚人发出和平呼吁，建议厄立特里亚实行区域自治。在区域自治未果后，军政府最终选择使用武力来维持领土完整。对于其他民族的各类自决要求，军政府均予以明确拒绝。对于前述问题，埃塞俄比亚革命运动内部的态度也有较大的差异。

“提人阵”的领导人利用马克思列宁主义对殖民问题和民族问题进行了灵活区分。他们将厄立特里亚问题定义为唯一的非殖民化问题，并将其他民族问题——包括索马里人和奥罗莫人的问题，确定为民族自决问题，而不是非殖民化问题。在他们看来，被殖民的厄立特里亚有立即和不可削弱的分离权利，而在埃塞俄比亚的民主进程失败时，其他民族可以正确地援引分离权。

埃塞俄比亚人民革命党（EPRP）支持厄立特里亚的独立要求，也同意各类民族的自决要求，甚至是分离的权利。但是，EPRP 后来转向反对民族运动，认为它是阻碍阶级斗争的“反动”运动，这一立场使它与“提人阵”发生了激烈的冲突。索马里和奥罗莫等民族主义团体，都同意厄立特里亚问题的殖民主义定性。

全埃塞俄比亚社会主义党（MEISON）则与军政权结盟，认为革命已经取代了民族问题，并支持使用武力来镇压厄立特里亚的“分裂主义”。

---

① Lovise Aalen, “Ethnic Federalism and Self – Determination for Nationalities in a Semi – Authoritarian State: the Case of Ethiopia,” *International Journal on Minority and Group Rights*, Vol. 13, No. 2, 2006, pp. 243 – 261.

对于自决问题，它主张将自决限制在区域自治之内。[①]

尽管一些革命运动得到了“索马里西部解放阵线”和“索马里阿博解放阵线”的支持，但是在埃塞俄比亚革命者的意识形态辩论中，索马里民族主义议程是一个不太重要的因素。1977 年 7 月，索马里入侵了埃塞俄比亚，戏剧性地展示了民族主义对共产主义意识形态的反叛。

（二）联盟、妥协与民族联邦制的确立

20 世纪 90 年代初，埃塞俄比亚的德格军政权受到了各族民兵的攻击。在一个迅速变化的世界秩序中，该政权已不能再依赖苏联的军事、政治和经济支持。冷战的结束给非洲大陆带来了翻天覆地的变化。苏联阵营不再愿意也没有能力支持他们在非洲的朋友。同时，民主化和自由市场改革一度成为冷战后世界的规范，西方也失去了以反共产主义为由支持专制政权的动力。在这种背景下，德格军政府的倒台已不可避免。

面对革命运动内部的分歧，“提人阵”加大了反封建斗争联盟的建设。1989 年，“提人阵”联合阿姆哈拉民族民主运动（ANDM）、奥罗莫人民民主组织（OPDO）正式成立了“埃革阵”,[②] 共同开展反封建斗争，最终于 1991 年 5 月取得政权。然而，此时埃塞俄比亚内部的权力格局并没有完全稳定。虽然“提人阵”主导的“埃革阵”逐步实现对大部分领土的实际控制，但是在该国东部，欧加登民族解放阵线正在为埃塞俄比亚的索马里族人建立一个独立的民族家园而战；各民族民兵不仅在他们军事控制的地区掌握了政治权力，而且民族间的激烈竞争导致了民族冲突频发。

所以，这是一个地缘政治剧烈变化和制度重设的时代。正是在这个时期，在南非和埃塞俄比亚，联邦制被认为是在后权威主义的民主解决方案中平衡统一和多样性的潜在方式。[③]然而，联邦制并不是聚拢所有族

---

① Tareke G., “The Red Terror in Ethiopia: A Historical Aberration,” *Journal of Developing Societies*, Vol. 24, No. 2, 2008, pp. 183 – 206.

② 后来，埃塞俄比亚南部人民民主运动（SEPDM）成立并加入了 EPRDF 联盟。

③ Fiseha A., “Ethiopia’s Experiment in Accommodating Diversity: 20 Years’ Balance Sheet,” *Regional and Federal Studies*, Vol. 22, No. 4, 2012, pp. 435 – 473.

群和反对派的预先确定的蓝图；它只是作为一种可行的折中方案出现。① “埃革阵”在正式采用联邦制作为埃塞俄比亚国家领土重组的新指导原则方面发挥了关键作用。这不仅是出于对其最初的自决理论的忠诚，也是出于政治上的需要，因为没有办法将所有争取自决权的民族主义运动联合起来。

然而，“埃革阵”虽然倡导保护民族自治、自决乃至分离的权利，但它对民族联邦制的制度设计也缺乏清晰的规划。1991 年 7 月的和平与民主会议宣告了埃塞俄比亚过渡政府（TGE）的成立，会议通过了《过渡宪章》，承认了厄立特里亚的分离；承诺以民族联邦制为原则；承认“民族、国民和人民”包含分离权利的自决权。这些类别的模糊性不是偶然的，而是制宪者希望引入各民族群体自我认同的所有术语——无论他们认为自己是“民族”“国民”还是“人民”。1994 年埃塞俄比亚联邦民主共和国宪法通过，“埃革阵”将“民族矛盾”视为国家政治中的首要问题。

三 对民族联邦制效用的评估

从积极效用方面来看，民族联邦制为埃塞俄比亚的国家统一和发展奠定了制度基础，边缘民族的权益得到了有效保障，各民族的发展也有目共睹。但是，在复杂的革命形势下，埃塞俄比亚民族联邦制本身就是各方妥协的产物，对于自决的共识也带有临时性，背后充满了严重的冲突。在这种背景下，埃塞的民族联邦制度不可能从根本上规制各类民族主义，而国家与地方民族两者之间的博弈也不可避免地日趋激化。

（一）积极效用

首先，这一制度是对埃塞俄比亚多民族特征和不平等民族关系历史的承认。考虑到埃塞俄比亚的政治历史，将民族性作为国家组织的基础代表了对民族与政治相关性的应有认可。它不仅标志着对埃塞俄比亚多民族国家特征的确认，也代表了对各民族政治地位的承认。如前所述，这一制度创设的背景除了反军政府革命时期风起云涌的民族主义运动外，

---

① Jan Erk, "'Nations, Nationalities, and Peoples': The Ethnopolitics of Ethnofederalism in Ethiopia," *Ethnopolitics*, Vol. 16, No. 3, 2017, pp. 219 – 231.

还涉及对历史上民族不平等关系的承认，即埃塞俄比亚国家的建立涉及将大量不讲阿姆哈拉语的人口降为二等公民，从而导致民族问题成为社会特有的断层线。[①] 在理论上，承认“历史上的不平等”是解决“现实的不平等”的逻辑基础。对埃塞俄比亚民族多样性和不平等性的承认，也使民族联邦制获得了充分的合法性。

其次，以自治的方式切实保护了少数民族和边缘民族的权利。在设计一个国家的领土结构时纳入民族因素也提供了一个框架，为地理上集中的民族群体提供广泛的自治，而不必担心主导群体强加其价值观或否决少数群体的愿望。通过使民族群体在特定的次国家单位中占多数，埃塞俄比亚的联邦制为他们提供了一个领土空间，这对于保护和促进他们的语言、文化和认同以及自治权是至关重要的。同样，它也为“地方精英”提供了政治参与和在各自州的领导结构中获得代表权的途径。事实上，在埃塞俄比亚新宪法治下，其联邦制提供了一个有助于促进民族社区自我管理的体系，以前被征服地区的人们逐步实现了真正意义上的自治。例如，9 个州中有 5 个州认可了一种当地语言作为政府工作语言，而另外 3 个州则选择使用阿姆哈拉语，以方便其不同语言的居民之间的交流。这在实践中代表了对各组成单位语言特性的承认。

最后，民族联邦制维护了埃塞俄比亚的稳定秩序，防止了国家的暴力解体。如果考虑到前军政府时期埃塞俄比亚的内部冲突、军事暴力和国家机构的镇压程度，新宪法对民族联邦的重组无疑是一个不可否认的成功。它不仅防止了国家的暴力解体，还为绝大多数人口提供了和平与安全，并在埃塞俄比亚历史上首次奠定了全面民主的法律基础。这种国家统一和稳定秩序的实现，使得埃塞俄比亚的经济获得了持续的增长。

（二）民族联邦制与民族冲突

从理论上来看，在民族联邦制中存在一种风险，即将文化群体身份转化为政治群体身份可能最终使这些身份认同本质化，从而可能加剧现

---

① Fessha, Y. Tesfaye, “The Original Sin of Ethiopian Federalism,” *Ethnopolitics*, Vol. 16, No. 3, 2016, pp. 1 – 14.

有的政治分歧。① 而实践表明，埃塞俄比亚民族联邦制下的问题非常明显，即民族差异的本质化和冲突地方化。民族联邦制在埃塞俄比亚施行近30年后，我们可以发现这一制度促发或激化了两种冲突。一种是一般性冲突，主要包括联邦单位内围绕认同、边界、资源和权利的冲突，此类冲突是埃塞俄比亚国内民族关系的反映。虽然烈度不高，但是如果涉及人口众多的主导民族，则可能对政治稳定产生重大冲击；另一种是分裂主义冲突，由于埃塞俄比亚国内的暴力分裂主义由来已久，它的激化将对该国的稳定与统一造成严重威胁。由于对此类冲突的管理是埃塞俄比亚民族联邦制的根本目标之一，分裂主义冲突的长期存在自然影响到民族联邦制的合法性（见表5－2）。

表5－2　　民族联邦制下埃塞俄比亚内部冲突的主要类型

冲突类型		争端主题	冲突烈度
一般性冲突	身份冲突	身份认同；领土	非暴力
	联邦边界冲突	领土；民族边界与认同	暴力
	联邦单位内部冲突	领土；政治代表性；认同	暴力
	名义民族与非名义民族冲突	领土；政治代表性	暴力
分裂主义冲突		自决权 VS 恐怖主义	暴力；战争

资料来源：作者整理，参考 Asnake Kefale, *Federalism and Ethnic Conflict in Ethiopia: A Comparative Regional Study*, Routledge, 2013, introduce。

1. 一般性冲突

第一，联邦结构调整和身份冲突。1994年《宪法》和民族联邦制的施行，使它在国家组织、代表、权利和动员方面给予民族以中心地位，在实质上将民族问题带到了政治法律领域。但是，政府的民族识别和管理手段是有问题的，因为它们主要基于身份的原始特征，这种联邦制导致了对一些群体民族身份的重新调整。相关工作的不足，也在一定程度上造成了民族间的隔阂及互信缺失。在隔断不同民族可能存在的共同组

① Fessha, Y. Tesfaye, "The Original Sin of Ethiopian Federalism," *Ethnopolitics*, Vol. 16, No. 3, 2016, pp. 1－14.

带的同时，也不利于民族间的交流与互鉴。

第二，联邦内部的边界冲突。民族联邦制的施行首先需要划定民族自治区域间的边界，其前提是使民族、区域以及在某些情况下次区域的边界（如南方各族州）一致起来。这个过程的特点是严格的领土民族化。然而，这一过程并不顺利。一方面，划定边界导致了各民族之间的暴力冲突，而事实上这些民族并没有长期冲突的历史。另一方面，索马里、阿法尔和奥罗米亚地区相邻部族之间的长期争端已经发展成为民族地区的边界冲突。

第三，区域内围绕联邦资源的冲突。这种冲突带有相当的普遍性。在提格雷、阿姆哈拉、奥罗米亚等单一民族占主导地位的州，主导民族的强势地位使得冲突的暴力程度较低；但是在南方各州、甘贝拉和贝尼山古尔 - 古穆兹等多民族地区，民族的多元化和碎片化导致了暴力冲突的普遍发生。

第四，名义民族和非名义民族之间的冲突。埃塞俄比亚的民族联邦制通过将“自决权力”置于各民族群体之上，引入了一个新的权力体系。因此，那些生活在指定的民族家园的人，即名义民族成为权力的拥有者，而那些由于不同原因不在指定民族家园的人，即非名义民族的权力可能被忽视。将地区权益和民族权力限制在原始民族的水平，剥夺了移民群体的权利。这实质上限制了民族间的混居和交流，也在很大程度上扩大了上述冲突。

2. 分裂主义冲突

承认分离权和实施民族联邦制是否有利于遏制分裂主义？埃塞俄比亚人民革命阵线的官方观点是，如果不是在 1991 年实行民族联邦制和承认分离权，那么与德格作战过程中，埃塞俄比亚就会在 17 个以上的民族主义武装力量的共同压力下分裂。[①] 在这种情况下，承认分离权被认为是稳定民族联邦的一种手段。

对此，有研究者持不同的观点。有研究认为对 1991 年前的埃塞俄比

---

① GebreAb, Barnabas, “Ethnic and Religious Policies of the Federal Democratic Republic of Ethiopia,” in Proceedings of the First National Conference on Federalism, Conflict and Peace Building, Addis Ababa: Ministry of Federal Affairs and GTZ, 2003, p. 202.

亚国家而言，主要面临的是“厄人阵”和“提人阵”领导的两个分裂主义。这两个组织在1991年5月取得决定性的军事胜利后，实现了他们的最终目标。争取脱离厄立特里亚的“厄人阵”，成为了独立的厄立特里亚政府。“提人阵”则主导了新的埃塞俄比亚民族联邦政府，并控制了其本土省份。然而，将此时的提格雷民族主义运动作为分裂主义运动是存在问题的，虽然“提人阵”一度提出建立独立提格雷共和国的目标，但最终放弃并领导“埃革阵”取得了革命的成功。对于厄立特里亚民族主义运动，在革命时期已被认定为非殖民化运动，它于1993年经过公投取得的独立具有合法性。1998—2000年的埃厄两国边境战争源于复杂的领土纠纷和经济问题，并非由分裂主义所引发。所以自1991年以来，埃塞俄比亚面临的分裂主义挑战主要是：奥罗莫独立问题、索马里民族统一主义运动引发的欧加登问题，以及2020年以来爆发的提格雷冲突问题。

奥罗莫精英对自己的人民被纳入帝国的历史记忆犹新，① 现代奥罗莫民族主义者一直未放弃独立的目标。1991年，“提人阵”所建立的以民族为基础的联邦制度受到了其友党“奥解阵”的反对，后者退出了“埃革阵”并试图以武力手段实现独立。对此，“提人阵”严厉镇压了“奥解阵”武装，并俘虏了1.8万名士兵，继而将“奥解阵”宣布为非法组织，致使后者流亡海外。②虽然此后奥罗莫分裂主义的暴力派系日渐衰弱，但是这一运动本身并未终结。2018年奥罗莫民主党（The Oromo Democratic Party，ODP）的核心领导人阿比·艾哈迈德·阿里（Abiy Ahmed Ali）当选“埃革阵”主席、埃塞俄比亚联邦政府总理，通过邀请“奥解阵”回国，进一步加深了“提人阵”领导权的危机。但是，双方关系很快破裂，“奥解阵”选择与“提人阵”结盟，联合反对埃塞俄比亚联邦政府。

1977年索马里入侵埃塞俄比亚引发欧加登战争后，欧加登分裂主义一直成为威胁埃塞俄比亚国家统一的重要挑战。经历多年冲突后，“欧阵”于2018年8月宣布单方面停火，并在9月宣布他们将与埃塞俄比亚

---

① Jalata A., *Fighting Against the Injustice of the State and Globalization: Comparing the African American and Oromo Movements*, New York: Palgrave, 2001, p. 56.

② Marina Ottaway, *Africa's New Leaders: Democracy or State Reconstruction?* Washington D. C.: Carnegie Endowment for International Peace, 1999, p. 69.

政府开始和平谈判。然而，双方并没有就《宪法》第 39 条的实施达成共识。2018 年 9 月，“欧阵”的外交秘书暗示，他们可能会推动自决的公投。“欧阵”声称，埃塞俄比亚的索马里人从未参与过《宪法》的起草工作；而政府则拒绝就索马里人的归属问题举行全民公决。[①]埃塞俄比亚与厄立特里亚的紧张关系和与“欧阵”的冲突是相互重叠的。厄立特里亚斡旋“欧阵”与埃塞俄比亚政府的关系，表明埃塞俄比亚与厄立特里亚的和平协议也延伸到他们一直在进行的代理战争，特别是通过“欧阵”进行的代理战争。[②]

从目前的形势来看，埃塞俄比亚提格雷地区的冲突已由政治争端演变成内战，并随着厄立特里亚的干预而国际化。提格雷地区变成了四方角逐的战场，一方为提格雷武装，另一方包括埃塞俄比亚军队、来自阿姆哈拉地区的正规和非正规部队、厄立特里亚军队。虽然“提人阵”仍在等待正式宣布分裂独立的时机，但埃塞俄比亚的政治危机已不可避免。事实上，随着当地持续的中央与地方、提格雷人与阿姆哈拉人、提格雷与厄立特里亚三重冲突的叠加，提格雷分裂主义似乎已成为选项。[③]

直观地看，在国家改组为民族联邦并承认分离权之后，武装分裂主义的民族叛乱仍在继续，这表明埃塞俄比亚联邦主义的理论和实践之间存在着一些差距。具体而言，对于 1991 年以来埃塞俄比亚国内分裂主义冲突的产生和发展，有两个因素需要分析，一是民族联邦制的因素，二是“提人阵”的因素。

首先，需要评估民族联邦制在应对分裂主义方面的作用。客观地说，在革命时期各民族主义运动目标高度多元化，在各民族以自决为旗号的独立运动蠢蠢欲动的情况下，保留分离权利的民族联邦制成为各方的最大共识，也使得埃塞俄比亚的统一成为可能。但是，这种对民族政治权

---

① Tobias Hagmann, “Talking Peace in the Ogaden, The Search for an End to Conflict in the Somali Regional State of Ethiopia,” Nairobi: Rift Valley Institute, 2014, pp. 67 – 68.

② Namhla Thando Matshanda, “Ethiopian Reforms and the Resolution of Uncertainty in the Horn of Africa State System,” *South African Journal of International Affairs*, Vol. 27, No. 1, 2020, pp. 25 – 42.

③ 提格雷前高官在接受国际危机组织采访时就认为：“这是有计划的，这是对提格雷的集体惩罚。我们觉得自己被埃塞俄比亚抛弃了，以至于除了提格雷的分离和未来的独立之外，没有任何感觉。”详见“Ethiopia’s Tigray War: A Deadly, Dangerous Stalemate”, Crisis Group Africa Briefing, No. 171, 2 April, 2021。

力化的妥协和承认，并没有从根本上遏制欧加登分裂主义和“奥解阵”代表的奥罗莫分裂势力。在近期的政治危机中，也未能杜绝提格雷分裂主义的滋生。鉴于民族联邦制下联邦与地方内部一般性冲突的普遍性，需要深入反思这一制度内在的弊端。

其次，“提人阵”在1991年以来埃塞俄比亚国内分裂主义事态的发展过程中无疑扮演着关键的角色。一方面，作为核心领导者，“提人阵”坚决反对各类分裂主义，维护了埃塞俄比亚的国家统一。这一立场客观上导致了“提人阵”与“厄人阵”“奥解阵”“欧阵”等政治势力的全面交恶，最终在民族权力斗争中被挤下权力中心。另一方面，“提人阵”在大权旁落后最终从全国舞台中心退回到提格雷地区，在冲突后甚至可能倒向分裂主义，仍未能走出民族权力恶性竞争的窠臼。

如果说民族联邦制在遏制分裂主义方面缺乏明显效用的话，那么在很大程度上源于该制度创设过程中的妥协性，而民族政治的强化加上民族自决权的保留，不可能从根本上推进国家的构建与整合。同时，“提人阵”更多地从维护自身领导地位及权威的角度来考量反分裂问题，在被挤出权力中心后，它随时可能倒向分裂主义，这也反映出它在制定民族联邦制时的自利性。

四 民族联邦制结构性的缺陷

埃塞俄比亚民族联邦制目前的困境并非偶然，根本上源于这一制度内在的结构性缺陷。在实施近30年来，虽然民族联邦制对于维护民族关系的稳定和促进少数民族的发展发挥了重要作用，但是它在学理层面的内在矛盾性、民族领土化和政治化、联邦的非对称等问题上实质成为制约埃塞俄比亚国家构建的结构性障碍。所以，此次提格雷冲突虽然成为引燃民族联邦制危机的导火索，但是这种危机的爆发存在必然性。

（一）学理层面的内在矛盾性

埃塞俄比亚宪法中的自决概念起源于列宁—斯大林主义，这一概念在20世纪70年代被革命学生运动的领导人广泛采用,[①]并在随后的武装斗争中一直维系，最终在1991年“埃革阵”的军事胜利中达到高潮。虽然在革命运动期间，埃塞俄比亚革命者对“自决”理念的落实采取了灵活的方式，通过区分“外部自决”（独立）和“内部自决”（自治）维护了革命队伍的团结和国家的统一，但是对于民族联邦制的核心概念——“民族”的界定和理念把握却存在明显的僵化性，从而成为制度设计的重要缺陷。

埃塞俄比亚宪法对“民族”的定义与苏联创始人使用的定义几乎相同，源于列宁委托斯大林在革命前夕撰写的主题论文。斯大林对民族的定义是“民族是人们在历史上形成的一个有共同语言、共同地域、共同经济生活以及表现于共同文化上的共同心理素质的稳定的共同体”[②]。《埃塞俄比亚宪法》第39条第5款为“民族、国民或人民”这三个相关概念提供了一个单一的定义：在本宪法中，“民族、国民或人民”是指拥有或分享大量共同文化或类似习俗、语言，相互理解、相信共同或相关身份、由共同心理构成，并居住在可识别的、主要是毗连领土上的一群人。

客观来说，斯大林的民族定义与马克思主义的原则、列宁主义的实践存在矛盾，因为这一定义强调了“民族特性”“稳定的共同体”等元素，界定方式偏向于文化人类学而不是马克思主义的方法。然而，许多人在僵化地采用斯大林的民族定义时，往往忽视了斯大林在另一个层面的表述，即民族的历史性和发展性。斯大林写道：“同时，不言而喻，民族也和任何历史现象一样，是受变化法则支配的，它有自己的历史，有自己的始末。”[③] 可是，由于民族概念认知的僵化，无论是1923年的《苏联宪法》还是1947年的《南斯拉夫宪法》，虽然都是为了解决将不同的民族团结在一个单一的政治共同体内的挑战，但是都未能在民族政治理念中体现民族的历史性和发展性。埃塞俄比亚宪法对“民族”理念理解的僵化，导致了制度实践与设计相背离，变得停滞不前，后来成为政治

---

① Zewde B., *The Quest for Socialist Utopia: The Ethiopian Student Movement 1960—1974*, Addis Ababa: Addis Ababa University Press, 2014, p. 187.

② 《斯大林全集》（第2卷），人民出版社1953年版，第294页。

③ 《斯大林全集》（第2卷），人民出版社1953年版，第294页。

动员的工具，助长了政治—官僚精英的利益，而非解决历史上的不公正和不平等的初衷。①

这一教训表明，对国家和民族问题采取理论上有说服力的方法，需要密切关注历史，并在其治理模式中把握历史的发展。如果在宪法框架中没有考虑到这种历史演进，就有可能使民族主义成为一个僵化的组织原则，与某些因素的配置联系在一起，从长远来看，这将破坏承认民族主义和自决作为联邦基本原则的进步性和包容性目标。而且从制度实践来看，多民族联邦制将人民划分为不同的“民族”而赋予特殊权利、领土和自治权力，也使每个民族都有自己的政治共同体。他们可能认为自己的政治共同体是首要的，而更大的联邦的价值和权威是衍生的。

（二）民族领土化与政治化

在宪法理念中将民族特性与民族共同体概念固化的结果，导致了埃塞俄比亚民族联邦制在这一制度设计中将民族领土化和政治化，最终并不利于民族团结和国家建构。

埃塞俄比亚宪法决定“为每个大的民族提供一个家园，并通过让民族在一个唯一的州占据统治地位来实现这一目标”，这并非没有问题。尽管它促进了对民族多样性的承认，并在一定程度上回应了民族的要求，但它将民族身份提升为一种主要的政治身份。目前埃塞俄比亚政治的一个特点是持续的政治争吵，利用民族性来获得承认、自治和代表权。与民族政治化相伴的是联邦的领土结构，这种地理逻辑将民族身份作为政治动员的现成的基础，从而实现了民族政治动员与领土结构的结合。

民族被提升为主要的政治路线，这在将文化群体转化为政治群体的过程中也很明显。过去仅有文化层面的民族身份越来越多地变成了政治上的相关身份。这在许多民族群体对承认、自治和代表权的不懈要求中表现得尤为明显，特别是在民族多元化的南部各州，各种规模的族裔群体都要求某种形式的承认和领土自治。在此背景下，“那些被认为有坚实的民族基础和身份的共同体开始解体，因为其中的部族和分支出现了，

① Mulugeta Gebrehiwot Berhe, Feseha Habtetsion Gebresilassie, “Nationalism and Self - Determination in Contemporary Ethiopia,” *Nations and Nationalism*, Vol. 27, 2021, pp. 96 - 111.

他们声称有独特的认同，并要求得到政治承认”。[①] 所以说，《宪法》采用了一种领土设计，即每个大的民族群体都被确定为一个单一的次国家单位，从而冻结了族裔、语言身份和领土边界。这导致了民族身份被提升为主要的政治路线，削弱了交叉或重叠身份的形成，从而促进了人口按民族语言界限的分裂。

同时，试图为各民族提供确定其边界、行政结构和官方语言的机会，通过创造新的行政、法律和政治形式的制度设计，可能产生某种形式的“行政民族主义”（administrative nationalism）。[②]如果不加以适当的管理，可能会导致滑向“狭隘的民族主义”的排他性倾向，即行政民族主义可以被精英用作争夺国家权力的工具。从近年来奥莫洛、阿姆哈拉等民族地方围绕政治和经济权益的激烈争夺，实质上反映出行政民族主义的滋长。

所以说，埃塞俄比亚民族联邦制缺陷的负面影响是，政治变得高度民族化，或者说是民族政治化。公共生活的几乎所有层面都需通过身份政治的棱镜来审查和讨论。人们主要是在排他性民族主义的基础上提出要求和表达不满，这是一种以“自我”与“他者”对立为导向的思维模式。因此，国家以制度化的方式对民族多样性进行承认和回应往往不利于国家的稳定和统一，因为这种回应本身就可能成为政治分歧的根源。最终，旨在确立民族平等的民族联邦制进一步强化了本民族的身份认同，政治分化越发以民族身份为基础，反而加剧了民族矛盾，尤其是民族混居地区的民族冲突。

（三）非对称性与矛盾

事实上，联邦制与少数民族的权益保护涉及复杂的制度设计。首先，仅仅是联邦制的制度并不足以包容少数民族，多数民族可能通过操纵联邦单位来剥夺少数民族的权力。其次，当一个联邦系统的子单元在其领土、人口和对自治的渴望方面存在差异时，设计一种“不对称”形式的

---

① Fessha, Y. Tesfaye, “The Original Sin of Ethiopian Federalism,” *Ethnopolitics*, Vol. 16, No. 3, 2016, pp. 1 – 14.

② 以行政结构形式表达的民族主义可称为“行政民族主义”。这种形式的民族主义是一把双刃剑。它是处理历史上的不公正和不平等的工具，同时在政治颓废的情况下，它也可能成为精英们争夺权力的工具。

联邦制被证明是非常复杂的。最后，即使联邦制成功地满足了少数民族的愿望，它的成功也可能导致少数民族通过分离或联合来寻求更大的自主权。①

埃塞俄比亚的联邦不对称性有横向和纵向两个方面。前者是指各联邦单位在政治和经济权力方面存在的差异，而后者主要是指政治中心与各地区之间的关系。②

1. **横向不对称**

事实上，由于以民族作为国家重组的主要工具，埃塞俄比亚各地区的地理和人口规模存在巨大的不对称性，这已在实践上对联邦的稳定造成了诸多不利影响。

宪法中关于为该国所有民族提供自治权的承诺以一种不对称的方式转化为实践。因此，在大约 85 个民族中，只有 5 个民族（提格雷、阿法尔、阿姆哈拉、奥罗莫和索马里）被允许拥有自己的民族州，他们在那里占多数。相比之下，几十个较小的族群要么被集中在多民族地区（南部各州、甘贝拉和贝尼山古尔—古穆兹），要么作为少数族裔群体附属于较大的民族地区。几乎所有这些多民族地区都在领土、代表权和资源共享等一系列问题上面临民族间的冲突。在某些情况下，一些民族群体试图从现有的多民族地区分离出来，利用宪法中关于内部分离的规定（第 47 条）形成自己的民族地区，这也造成了紧张和冲突。

横向不对称的另一个特点是“高地/中央”和“低地/外围”地区之间的二分法。如前所述，这的确是一种继承性的不对称。在目前的情况下，该国大部分人口居住的高原地区包括提格雷、阿姆哈拉、奥罗米亚各州。与低地地区——索马里、阿法尔、贝尼山古尔—古穆兹和甘贝拉相比，这些地区在社会和物质基础设施方面相对较好。这种横向不对称在很大程度上扩大了埃塞俄比亚原有的核心—边缘的地域分化和矛盾，并不利于国家整合。

---

① Will Kymlicka, "Federalism, Nationalism, and Multleu Lturalism," In D. Karmis &W. Norman, Eds. , *Theories of Federalism: A Reader*, New York: Palgrave McMillan, 2005, p. 270.

② Asnake Kefale, *Federalism and Ethnic Conflict in Ethiopia: A Comparative Regional Study*, Routledge, 2013, p. 80.

此外，这种不对称有可能破坏多民族联邦的稳定和统一。在缺乏“埃革阵”强有力的权威和统领下，埃塞俄比亚联邦制可能会导致两个最大的地区——奥罗米亚和阿姆哈拉之间不稳定的两极化。像奥罗米亚这样的大型民族地区的分离将导致民族联邦的整体分裂，而分离权对许多民族群体来说变得毫无意义，它们无法成为一个可行的联邦单位，更不用说一个独立的国家。所以说，分离权实质上也是特权。

2. 纵向不对称

纵向不对称是指联邦政府和执政党对各地区的支配地位。可以从两个角度来看待这两个政府机构之间的不对称权力关系。一方面，埃塞俄比亚建立了一个中央集权的联邦，政策决定来自中央，次级单位负责执行。另一方面，各地区在财政上对联邦补贴的依赖。《宪法》第 51 条第 2 款规定，联邦政府有权制定和实施国家在整体经济、社会和发展事务方面的政策、战略和计划。这一特权包括财政和货币政策的设计，外贸和投资政策以及战略的设计和管理。颁布与土地、自然资源和历史遗产的使用和保护有关的法律也被认为是联邦政府的特权。《宪法》第 98 条将最有利可图的税收资源分配给联邦政府，而大多数支出责任则由下级政府承担。一些估计显示，80% 的国内收入属于联邦政府，90% 的外部援助也是如此。[①]

从深层次的角度来看，“提人阵”常常被视为埃塞俄比亚民族联邦制纵向不对称的主要原因，然而，并不能将问题简单归于“提人阵”的集权和威权倾向。从根本上说，“提人阵”的集中式先锋队领导模式与民族联邦制下民族政治的分散化诉求存在结构性的矛盾。以“提人阵”为主导的“埃革阵”在武装斗争时期形成的先锋队领导模式无缝地过渡到了执政时期，未能进行全面的调整以应对“后革命”时期国内治理的复杂挑战。例如，在意识形态层面，虽然“提人阵”的主导意识形态经历了民族主义、社会主义、革命民主，再到“民主发展型国家”（democratic developmental state）等一系列转变，但是它并未能缓解与地方民族主义勃兴之间的张力。

---

① Mulugeta Gebrehiwot Berhe, Feseha Habtetsion Gebresilassie, “Nationalism and Self-Determination in Contemporary Ethiopia,” *Nations and Nationalism*, Vol. 27, 2021, pp. 96-111.

在这个问题上，“提人阵”与苏共时期的苏联民族政策仍有一定差距。苏联的民族政策采取了双重原则，即以民族自决为基础的自治政策和以使民族消亡的国家建设为目的的区域政策，两个政策并行，前者是形式，后者是内容，核心是无产阶级专政的权力。至少在中亚地区，俄罗斯文化的推广，各民族在阶级斗争和无产阶级专政实践中的合作，卫国战争，冷战的意识形态对抗等因素都强化了以俄罗斯文化为基础的国家认同。社会实践，如农业集体化、打击富农、肃反、大清洗等，都是以阶级斗争理论和无产阶级专政理论为基础的，民族界限在当时确实大大淡化了。

五　非洲联邦制的横向比较

如前所述，国家结构形式的制度选择是一国历史和现实进程的产物，埃塞俄比亚对民族联邦制的选择也是如此。当然，作为世界上特别是非洲联邦制的“例外”形式，埃塞俄比亚民族联邦制的未来可能也和目前的政局变迁、提格雷冲突的走向密切相关。

在非洲后殖民政治的早期阶段，联邦制作为调和统一性和多样性的一种潜在方式，一度在非洲国家的制度创建阶段成为选项之一。然而，刚果（1960—1965 年）、肯尼亚（1963—1965 年）、乌干达（1962—1966 年）、马里（1959 年）和喀麦隆（1961—1972 年）的案例表明，这种制度实践维持的时间非常短暂。鉴于联邦制很可能成为不稳定和分裂的根源，非洲国家整体上对选择联邦制度持谨慎态度。这是因为非洲国家的社会文化结构在身份、语言和宗教方面非常混杂，现有的社会现实可能无法满足联邦模式的要求。非洲身份和社区最突出的特点是它们的流动性、异质性和混杂性，所以文化边界的强化和地方性身份的固化可能导致严重的冲突。

非洲的三个国家（埃塞俄比亚、南非和尼日利亚）最终选择了联邦制政府的形式，以适应民族多样性。但在非洲的三个联邦政府中，民族权力的分配和使用方式存在着显著的差异。南非的制宪者拒绝了某些族裔群体以其独特的族裔身份为由提出的自治地位要求，而埃塞俄比亚则建立了以民族为组织基础和自治单位的民族联邦制。尼日利亚的联邦结构则是通过将每个民族的核心人口分布在几个州，使区域的合法性高于民族性，以避免民族身份围绕特定领土的具体化。尼日利亚联邦制的韧性可以归功于其领土重组，从最初与三个主要民族（约鲁巴族、豪萨—富拉尼族和伊博族）相吻合的三个州，逐步扩大到36个州。联邦边界的重划使尼日利亚从一个由民族/地区划分的社会，转变为多界限纵横交错的社会。中央政府也一直利用联邦结构的反复调整来分割、交叉和升华豪萨—富拉尼族、约鲁巴族和伊博族三个主要民族的认同。①

类似的案例是瑞士的联邦制，它设计了一个由四个主要语言群体和二十六个州组成的联邦。从语言学的角度来看，一些州是同质的。然而，每个语言群体并不只与一个州相联系。相反，四个主要语言群体都被划分为多个州。由于主要权力在各州，因此瑞士联邦制的地理配置并不鼓励跨语言社区的民族主义发展。

综合上文，埃塞俄比亚民族联邦制在制定时的妥协性和不对称性、运行过程中民族政治化导致的僵化和冲突，特别是在分裂主义产生和应对中的乏力，都显示出制度调适和完善的必要性。从横向对比的角度来看，非洲国家整体上对联邦制的谨慎，也反映出埃塞俄比亚民族联邦制这一“孤例”的突兀。

第三节　埃塞俄比亚多民族共同体解体的风险

从目前的形势来看，自冲突爆发一年多以来，提格雷与埃塞俄比亚中央政府之间的冲突仍处于胶着的态势。其间，双方互有攻守，提格雷武装在夺回提格雷州的控制权后，一度发动大规模对外攻势，严重危及了阿姆哈拉州乃至埃塞俄比亚首都的安全；在政府军的强力反攻下，提格雷武装最终退回提格雷州，双方总体上陷入军事对峙态势，小规模的武装冲突时有爆发。在此背景下，提格雷地区与埃塞俄比亚中央政府的关系走向成为核心问题，双方是实现和解，回到原有的宪法关系框架之内？还是提格雷地区图谋分裂，寻求对立？甚至是埃塞俄比亚国内各民族自治州的关系难以维系，最终走向解体？这些都是埃塞俄比亚多民族

① Fessha, Y. Tesfaye, “The Original Sin of Ethiopian Federalism,” *Ethnopolitics*, Vol. 16, No. 3, 2016, pp. 1 – 14.

共同体面临的棘手问题。

一 民族权力格局剧变

多民族共同体的存续有着长期的历史惯性，它本身是民族、文化群体相互磨合的产物。但是，民族权力边界的固化及恶性竞争，实质上在不断侵蚀多民族共同体的稳定基石。在民族权力关系剧烈变迁、民族政治制度重设的情形下，共同体内部的微妙平衡被打破。

1. 民族权力竞争与领导层重组

提格雷人作为埃塞俄比亚的少数民族，在民族人口、民族文化等方面始终与奥罗莫人、阿姆哈拉人等大民族存在着不对称的关系。但是，“提人阵”作为领导者，以自身的权力实现了少数民族的领导地位。然而，在民族高度政治化的进程中，这种民族与权力之间的不对称终将难以维持。

2014 年，埃塞俄比亚人民革命民主阵线（“埃革阵”）政府提出了《亚的斯亚贝巴综合计划》，引起了奥罗莫人的强烈不满。面对大规模的抗议活动，政府被迫暂停了该计划。民族政治的剧烈反弹直接导致马里亚姆总理辞职，来自奥罗莫族的阿比自 2018 年 4 月开始执政，从而拉开了政治权力结构剧变的序幕。阿比·艾哈迈德（Abiy Ahmed）的上台是奥罗 - 马拉派（Oro - Mara faction）秘密交易的结果，而不是“埃革阵”内部的正式程序。奥罗 - 马拉派是由奥罗莫民主党和阿姆哈拉民主党高层创建的反“提人阵”秘密派别，它代表了一种基于人口规模的权力政治野心，除了争夺权力和财富之外，没有具体的政治经济愿景。这也体现出民族主义的排他性身份政治是如何通过联邦系统的行政结构和“埃革阵”的联盟成员孵化出来的。①

2019 年 12 月，执政埃塞俄比亚近 30 年的“埃革阵”在埃塞俄比亚总理阿比·艾哈迈德的主导下解散，由“埃革阵”的 3 个成员党和 5 个

---

① Mulugeta Gebrehiwot Berhe, Feseha Habtetsion Gebresilassie, “Nationalism and Self - Determination in Contemporary Ethiopia,” *Nations and Nationalism*, Vol. 27, 2021, pp. 96 - 111.

盟党[①]合并成立繁荣党，并成为第一执政党。作为原“埃革阵”的主要成员党之一和提格雷州的长期执政党，“提人阵”拒绝参与政党合并，并指责阿比解散“埃革阵”、组建繁荣党的行为，更对阿比政府加强联邦权力、限制提格雷州自治的意图提高警觉。

由于新冠疫情，联邦政府已将原计划今年举行的全国大选推迟一年，然而提格雷州不顾联邦中央反对、执意于 2020 年 9 月 9 日举行的地方选举大大激化了双方的矛盾。阿比政府宣布选举非法并拒绝承认地区选举结果，而“提人阵”则宣布，在阿比的原任期于 10 月 5 日届满后，将不承认其政府。至此，双方关系完全破裂。

在此背景下，2020 年 10 月 24 日，提格雷地方政府拒绝了联邦政府关于改组军方北方司令部领导层的决定。[②] 政府随即以在奥罗米亚发生的阿姆哈拉大屠杀事件为指控，提议将“提人阵”列为恐怖组织。11 月 4 日，提格雷地区安全部队首先对埃塞俄比亚北方司令部发起攻击，联邦政府立即发动大规模反击，誓言“恢复法治和中央政府的权威”。双方的冲突至今仍未结束，而埃塞俄比亚国家的统一也将面临持久的威胁。

此外，奥罗莫联邦大会（Oromo Federalist Congress，OFC）虽然是 2018 年促成阿比上台的重要推动力量。但是，自繁荣党成立后，双方关系破裂了。奥罗莫联邦大会随即与被阿比政府特赦的奥罗莫解放阵线结盟，形成了一支强大的反对力量。奥罗莫解放阵线的分支“奥罗莫解放军”宣称，将进行“争取奥罗莫完全自决”的全面斗争，后被国家议会定为恐怖组织。目前“奥罗莫解放军”的反叛活动已对当地的安全秩序造成了新的威胁。

2. 权力重组与民族联邦制的共振

虽然埃塞俄比亚的民族联邦制存在多重结构性的弊端，但是为何得以维系近 30 年之久，直至近年才出现危机。这在很大程度上与“提人阵”利用民族联邦制维持自身的领导地位密切相关。

---

① 其中 3 个前执政联盟党，即阿姆哈拉民主党、奥罗莫民主党和南埃塞俄比亚人民阵线。原埃革阵 5 个附随政党，即阿法尔民族民主党、本尚古勒 - 古马兹人民民主团结阵线、埃塞俄比亚索马里人民民主党、甘贝拉人民民主运动和哈勒尔民族联盟。

② “Statement from the National Regional Government of Tigray Regarding Current Affairs,” TPLF, 26 October, 2020.

1991年冷战的终结，使得“提人阵”失去了来自苏联在意识形态以及援助的支撑。面对国内各族民族主义运动的挑战，“提人阵”实用主义地选择以苏联民族理论为底色、承认分离权的民族联邦制，巩固了自身的领导地位并维护了国家统一。通过民族领土化和政治化，提格雷人的自治和控制权得以维护。更重要的一点在于，通过联邦中央与地方权力配置的纵向不对称，人口处于弱势地位的“提人阵”实现了对奥罗莫州、阿姆哈拉州的制衡。所以说，“提人阵”利用民族联邦制维护了自身的统治合法性与权力垄断。一旦“提人阵”的领导地位受到威胁，也就意味着以民族政治为核心的国家意识形态和政治架构面临解体，少数民族的集权式领导对多数民族的制衡被打破。“提人阵”最终将退守提格雷地区，建立高度自治区乃至寻求分裂。所以，近年来，由“提人阵”丧失领导权这一权力格局的剧变，引发民族联邦制的危机，再到提格雷冲突的爆发就非常容易理解了。

当然，并不能将当前埃塞俄比亚多民族共同体面临的问题简单归于“提人阵”的集权和威权倾向。“提人阵”曾经为民族联邦制的设计者和受益者，但是这一制度随着内在的民族政治化和权力竞争，它也最终成为受害者。从根本上说，“提人阵”的集中式先锋队领导模式与民族联邦制下民族政治的分散化诉求存在结构性的矛盾。以“提人阵”为主导的“埃革阵”在武装斗争时期形成的先锋队领导模式无缝地过渡到了执政时期，未能进行全面的调整以应对“后革命”时期国内治理的复杂挑战。例如，在意识形态层面，虽然“提人阵”的主导意识形态经历了民族主义、社会主义、革命民主，再到“民主发展型国家”（democratic developmental state）等一系列转变，但它并未能缓解与地方民族主义勃兴之间的张力。随着2018年“埃革阵”的解体，政治权威正迅速从中央向地方各州消退，而各州正越来越多地以排他性和单一的民族主义身份来定义认同和利益。

二　埃塞联邦与地方两股力量的博弈

虽然埃塞俄比亚的帝制时代在1974年被终结，但数十年来该国在实质上仍是一种传统共同体形式，即以对民族认同和权力边界的承认和妥协作为国家政治的基础，突出表现为民族政党和民族联邦制对民族主义的代表和动员。近年来，随着埃塞俄比亚国内政治的变迁，这种治理结构越来越受到两股主要力量的挑战：

（1）联邦整合力。这实质是一股向心力量，试图扭转民族联邦制对国家统一与整合的负面影响。在他们看来，民族联邦制破坏了民族团结，加剧了民族之间的敌对情绪，进一步加剧了民族之间的互不信任，并释放了少数民族与多数民族之间的紧张关系。由于缺乏全国范围内普遍公民权的保障，最终各地区、各民族间因陷入安全困境而冲突不断。

自上台以来，阿比总理喊出了“让埃塞俄比亚再次伟大”的口号。阿比政府以“改革者”的姿态，修改被民众视为政治压制手段的 2009 年《反恐怖主义法》，提前两个月结束了上届政府实施的紧急状态，释放了数千名政治犯，放宽媒体限制，更开启了野心勃勃的宪政改革计划；经济上开始打破埃塞俄比亚多年的国家主导经济模式，启动大规模的私有化和自由化进程；外交上与周边国家积极缓和并发展关系，尤其是 2018 年与北方邻国厄立特里亚结束长达 25 年的冲突，达成和平协议，阿比本人也因此获得 2019 年诺贝尔和平奖。面对“提人阵”对中央权威的挑战，特别是可能生成的提格雷分离主义，阿比政府实施了坚决打击。

（2）地方民族主义。地方民族主义、离心力量强烈支持（民族）联邦制，并要求有效执行这一制度，包括真正的自治和在联邦一级的公平代表制；对于埃塞俄比亚民族间的恶性竞争与冲突，族裔民族主义力量归咎于执政党未能有效地实施联邦制。根据该派的意见，尽管“埃革阵”从表面上采用了联邦治理结构，但实际上权力高度集中在中央。由此产生的不满情绪加剧了民族分化和强烈的族裔民族主义情绪，导致了民族恶性竞争和暴力。

在地方民族主义势力看来，民族联邦制是不容谈判的。“提人阵”作为这一制度的主要设计者，尤其坚决反对削弱地区自治。对于阿比上台以来的一系列政治改革，来自提格雷的精英阶层感到沮丧，因为阿比削弱了他们维持了 20 多年的权力。就 2020 年直接引发冲突的提格雷地方选举而言，双方对选举的立场与选举本身无关，而与更广泛的权力问题有关。对于提格雷领导人来说，这是为了抵制集权倾向和对宪法所赋予的区域自治权的侵蚀。

所以，2016 年以来笼罩埃塞俄比亚的政治危机的核心在于，向心力和离心力的博弈，加上程序和立法上的漏洞，破坏了宪法设计中民族主义的变革性。在这种背景下，族群边界不断固化，族群认同不断朝单一性和排他性发展。[1] 从根本上而言，提格雷冲突以及自阿比上台以来震撼整个国家的政治动荡，是两种截然相反且不可调和的力量。一方是阿比政府对建立统一的、中央集权国家的设想；另一方是以“提人阵”、奥罗莫反对派等其他民族代表的愿景——由中央政府与地区自治政府根据宪法分享政治权力。两种意识形态的对立，除了权力之争外还有关于国家性质历史叙事的差异。包括“提人阵”在内的民族力量，始终对埃塞俄比亚充满排斥、同化的帝国经历心存警惕。然而，所谓维护民族联邦制度内的民族自治权力，并不能掩盖民族主义的野心，也未能从根本上解决国内各族对权力的恶性竞争及对共同体的消解。所以，围绕埃塞俄比亚国家结构形式及发展愿景上的分歧，升级成了“提人阵”与阿比政府之间全面的军事对抗。

（3）制度惯性与前景

自2020年11月至今的“提格雷冲突”不仅中断了埃塞俄比亚政府的宪政和经济改革计划，更凸显了该国内在资源、土地及权力方面深刻的民族矛盾。争议不断的民族联邦制已然在很大程度上失灵，阿比政府的国家认同建构更是难上加难。

我们必须承认，任何关于重新规划一个有近30年历史的联邦的建议都会引起非常严重和复杂的问题。例如是否存在重新设计联邦领土结构从而改变联邦多民族性质的政治意愿？在实行了近30年的民族联邦制之后，这能做到吗？多民族联邦有可能转变为一个单一民族但具有包容性的国家吗？

除了提格雷人外，对埃塞俄比亚国家结构形式及政局走向的重大影响来自多数民族奥罗莫人。在以“自主的奥罗莫家园”为特征的联邦制实行了30年之后，奥罗莫民族的概念不再是一个建立在“历史空白”上的空中楼阁，也不再是一种与“过去经历”或“普遍的客观条件”毫无联系的抽象概念。同时，地方各级的政客们也很有可能把重组联邦的建

---

① Mulugeta Gebrehiwot Berhe, Feseha Habtetsion Gebresilassie, “Nationalism and Self - Determination in Contemporary Ethiopia,” *Nations and Nationalism*, Vol. 27, 2021, pp. 96 - 111.

议看作是对他们在 30 年“自治家园”中形成的既得利益的威胁。[①] 此外，近年来奥罗莫人的民族主义也在不断激进化。奥罗莫人对同族的阿比总理寄予极大的期望，希望他能够遵照“奥罗莫至上”“奥罗莫优先”的理念。然而后者目前的态度、观点、行动和愿景，都与奥罗莫的主流观点相矛盾。在首次任期上任后不到百天，阿比遭到了“奥解阵”成员手榴弹爆炸伏击；2018 年 10 月，阿比在拜访首都贫民窟时险遭暗杀。2020 年 6 月 29 日，奥罗莫族著名歌手哈恰卢在首都遭不明身份人士枪杀，引发了激进的奥罗莫民族主义者掀起大范围的种族和宗教骚乱。

阿比的支持基础现在位于阿姆哈拉地区，主要是亚的斯亚贝巴的阿姆哈拉精英阶层，他们希望以统一的名义废除联邦制并恢复中央集权制。对于阿姆哈拉人及其精英而言，这场战争是要夺回他们所谓的“被提格雷非法占领的领土”，并通过清除“提人阵”来实现其重新建立国家集权的梦想。他们的民族团结思想只不过是企图重新建立一种同化体系，即将非阿姆哈拉的文化、语言和生活方式，排除在埃塞俄比亚的政治生活之外。

随着执政党的削弱和国家提供安全保障能力的减弱，各民族、各州之间关于身份、资源和领土问题的一些潜在争端也已浮出水面。再加上日益增长的民族主义情绪，加剧了各地区之间以及地区政府和联邦政府之间的权力斗争。此外还有各地区之间为加强其安全部队的人数和能力而进行的竞赛，这在实质上已体现出安全困境的趋势。更严峻的挑战在于，包括执政党内部和地方政府在内的各种政治力量之间的深刻分歧和不信任，已对国家的完整性构成了巨大的威胁。如果提格雷冲突得不到有效解决，提格雷冲突将由短期权力之争转向长期冲突。在阿姆哈拉族、奥罗莫族的民族主义和冲突得不到抑制的情形下，埃塞俄比亚有可能分崩离析或走向长期内耗。

2021 年 6 月 21 日举行的选举，是自 2005 年以来竞争最激烈的大选。阿比政府所在的繁荣党虽然取得了压倒性的胜利，但是当前提格雷的冲突却有激化的趋势。自 2021 年 6 月底提格雷武装部队全面反攻后，阿比

---

① Fessha, Y. Tesfaye, “The Original Sin of Ethiopian Federalism,” *Ethnopolitics*, Vol. 16, No. 3, 2016, pp. 1 – 14.

总理和阿姆哈拉地方领导人已开始对民众进行武装动员，号召他们参与到“保卫家园”的战斗中。这样看来，埃塞俄比亚的民族冲突正逐步滑向民族内战，而它的走向仍扑朔迷离。

三 埃塞俄比亚多民族共同体建构的教训与出路

1995 年《宪法》否定了帝国和军政府时期试图以特定民族的形象、语言和文化建立单一的埃塞俄比亚身份的做法，宣布埃塞俄比亚是一个多民族国家。它不仅代表了对国家多民族特征的认可，也代表了对民族性在政治体中取得的政治地位的承认。相对于帝国和军政府时期的民族压迫和民族同化，这种对多样性和历史不平等的承认具有明显的进步性。但是，将多民族共同体创建的道德性转化为合法性，其中仍有许多需要反思之处。

1. 共识构建

斯捷潘曾把联邦制的形成分为三种方式，一种是“走到一起”（come together），即各联邦单位在保留自身认同和主权的同时，联合为统一的联邦；另一种是“维系在一起”（holding - together），即通过强有力的中央政府和权力下放，维系联邦的运作；还有一种是“拼凑在一起”（putting together），形态各异的单位通过各种方式组成联邦。[①] 依照上述类型，埃塞俄比亚以民族联邦制和民族政治化为基础的多民族共同体在某种程度上带有拼凑的色彩，或类似于民族拼盘的模式。

从一般意义上来说，民族可视为血缘—文化共同体。在现代民族国家建构过程中，民族这个血缘—文化共同体与国家所代表的政治—法律共同体存在内在的张力。正如曼纽尔·卡斯特所指出的那样，追求自身独特意义的文化共同体，以地理、历史、语言等为基础，围绕被历史和地理所决定的反应和规则而被构筑起来。通过构建出新的文化符号，使其变成意义和认同之源，以此消解已存在的合法性认同。[②] 埃塞俄比亚在

---

① Stepan A.，“Federalism and Democracy：Beyond the US Model，” In D. Karmis，W. Norman，Eds.，*Theories of Federalism：A Reader*，New York：Palgrave McMillan，2005，pp. 256 – 260.

② ［美］曼纽尔·卡斯特：《认同的力量》，曹荣湘译，社会科学文献出版社 2006 年版，第 69—72 页。

现代国家构建过程中，试图通过承认民族的政治性来建设多民族共同体，在一定程度上弱化了国家层面以公民性、平等性为基础的政治—法律共同体建设。但是，这种多民族共同体的建设是以各民族的领土化和政治化为基础的，它内在的机制在于妥协以及中央层面的集权，难以从根本上遏制地方民族主义不断膨胀的权力诉求和激进化的趋势。多民族共同体权力结构变迁过程中，联邦与地方、一元与多元的博弈与矛盾之所以激烈而难以调和，除了民族认同与国家认同的失协外，还有一个重要的因素，在于民族主义的自利性。自利在群体认同中的重要性，取决于它是否被动员并用于支持或强化其他行为动机——尤其是用以支撑特定的规范。一旦民族主义的规范占据上风，它便会进行自我强化。①

在实践层面，在严重的危机面前，埃塞俄比亚多民族共同体的建构前景虽然仍未明朗，但已显示出深刻调整的必要性，更为严重地挑战在于，目前各方仍缺乏和解的意愿，更没有调整的共识。

2. 防止权力恶性竞争

如前所述，从根本上而言，提格雷冲突以及自阿比上台以来震撼整个国家的政治动荡，是两种截然相反且不可调和的力量。一方是阿比政府对建立统一的、中央集权国家的设想；另一方是以“提人阵”、奥罗莫反对派等其他民族代表的愿景——由中央政府与地区自治政府根据宪法分享政治权力。这两种力量在很大程度上是相斥的。中央政权的权力和制度设想必然要重绘甚至剥夺部分民族的权力边界和特权；自治权力的维系自然要维系和强化原有的权力边界，固化各民族的地理和行政区划，以人口为基础提出更多的权力诉求，这些都不可避免地与国家层面的权力布局产生冲突。

问题在于，面对当前的政治及共同体危机，埃塞俄比亚仍缺乏防止权力恶性竞争、民族对抗关系螺旋升级的机制。这背后，实质上是共同体内部价值的混乱。自上台以来，阿比总理喊出了“让埃塞俄比亚再次伟大”的口号。在国内，阿比政府以“改革者”的姿态对政治、经济、安全措施等进行了全方位的改革；在周边，努力与厄立特里亚实现了和

---

① ［美］拉塞尔·哈丁：《群体冲突的逻辑》，刘春荣、汤艳文译，上海人民出版社 2013 年版，第 14 页。

解。但是，在共同体价值层面，阿比政府及繁荣党并没有进行充分的凝练，至少在国家构建与地方民族构建关系上仍未明晰。一方面，该国的政治精英们仍然在寻找一个合适的概念来定义埃塞俄比亚作为一个多民族国家的本质；另一方面，国家仍在不断地被社会所塑造。

对于阿比政府来说，当务之急是通过政治手段结束提格雷冲突。这一冲突的国际化及其对国内民族矛盾的刺激已在安全和秩序层面危及埃塞俄比亚多民族共同体的稳定。当然，结束提格雷冲突不仅仅是“治标”，还需要对共同体深层理念分歧进行“治本”，这需要协调各党派的竞争性诉求，并通过所有关键政治行为体参与的包容性进程，在其民族联邦制的支持者和反对者之间达成妥协。

结语　后疫情时代国际安全的维护

后疫情时代国际安全的维护和实现必然是一项复杂而严峻的任务。国际安全的威胁和挑战多元而庞杂，不可能彻底根除而只能缓和。自2019年新冠疫情暴发以来，它通过制造公共卫生危机、经济危机和社会危机，在世界范围内导致了某种程度的系统性危机。然而，如果说新冠疫情以危机的方式加剧了国际安全既有威胁的话，2022年爆发的俄乌危机则重塑了后冷战时代的国际安全格局，成为当前世界和平与稳定最严峻的挑战。所以，后疫情时代国际安全的维护，首先面临疫情、经济、社会等危机与军事冲突、冷战再现等威胁高度叠加的局面。在此背景下，我们应该如何应对？由于篇幅和时效的限制，本书的重点仍放在暴力极端主义、国际恐怖主义、排他性民族主义等被疫情直接刺激和促发的非传统安全威胁上。至于由2022年俄乌危机所引发的军事安全、冷战对峙等传统安全威胁，因为难以放在新冠疫情的视域中对其进行评估，故本书未作重点涉及。当然，俄乌冲突在事实上已经大大加剧了疫情背景下的各类危机，这已经成了后续研究的起点。

一　COVID-19与恐怖主义威胁机理的相似性

研究和把握后疫情时代的国际安全，有学者提出了一个有趣的视角，即新冠疫情与国际恐怖主义两者在传播、威胁机理方面的相似性。[①] 这在一定程度上有利于我们加深对两种威胁的认识和把握。

---

① Ganor, Boaz, "COVID-19 and Global Terrorism Pandemics," ICT, March 22, 2021, https://www.ict.org.il/Article/2672/Covid-19_and_Global_Terrorism_Pandemics.

首先，在安全威胁层面，COVID－19 与恐怖主义都可能造成严重的身心伤害，对个人及社会的安全感及公共秩序构成负面的冲击。同时要看到，两者的安全威胁均是随机的和无差别的，即谁都可能成为病毒或恐怖袭击的受害者。这两种现象的随机性以及它们对普通平民构成的生命威胁，唤起了人们极大的恐惧和焦虑感。就其性质而言，恐怖主义力图恐吓各种目标受众。这种作案方式意在通过在目标群体中散布恐惧来促进和实现意识形态、政治、社会和其他目标。在 COVID－19 的威胁中，对被感染风险的恐惧和焦虑是其直接产物，而且病毒传播环境和路径的隐秘性加大了这种威胁。虽然相关阴谋论特别是 COVID－19 怀疑论极力质疑病毒的威胁，但是仅美国就因疫情造成上百万人死亡这一现实是他们无法回避的。随着新的病毒变种不断出现，持续的公共卫生危机加剧了疫情的威胁。

其次，COVID－19 与恐怖主义都具有传染性，并以指数形式迅速传播。如果说 COVID－19 病毒是通过人与人、人与物的接触感染而传播，那么恐怖主义病毒则是通过网络和社交媒体感染。人们通过网络接触到煽动和激进的内容，可能会造成广泛的感染，这些人可能会采取激进的观点，支持并导致恐怖袭击。特别是近年来在西方社会中泛滥的右翼极端主义在网络和社交媒体中的扩散，尤其是它所鼓动的“独狼”式恐怖袭击，类似于病毒的传播。COVID－19 与恐怖主义的传播特点，使它们可以迅速地跨越现实边界，从而成为国际安全威胁，部分国家试图以寻找替罪羊的方式逃避两者的威胁，无疑是缘木求鱼。

最后，COVID－19 与恐怖主义都造成了严重的经济、政治和社会影响，甚至可能引发系统性危机。自 2019 年年底在全球肆虐以来，新冠疫情除了造成严重的生命伤害外，它对全球经济也造成了重创。在疫情的冲击下，大部分国家的生产、消费和供应链都受到了影响，失业率激增，贫困人口数量快速增长。航空旅游和休闲产业是受影响最严重的行业之一。同样，对于很多长期处于冲突中的国家而言，恐怖主义的袭击和破坏导致了发展的停滞，即使是资源丰富的国家也难以幸免。同时，这两种现象都挑战和颠覆了公众对其政府和决策者的信任，破坏了法律和秩序的稳定。面对疫情或恐怖主义造成的严重安全威胁，公众首先可能质疑政府的危机管理和应对措施。在常规疫情管控过程中，西方社会爆发了政府与公民权利的激烈争议，这种争议与原有的党派之争重叠，扩大了相关国家内部的社会撕裂和政治极化。在反恐问题上，反对恐怖主义与种族主义、宗教仇视等问题的混合，已严重影响到许多西方国家内部的种族、宗教平等关系。

当然，COVID－19 和全球恐怖主义在危害机理方面虽有相似性，但是仍存在一些重要的区别。其一，两者的灾难属性不同。COVID－19 病毒并非人为的灾难，主要危害公共卫生安全；恐怖主义则属于人为的灾害，它通过针对无辜目标发动恐怖袭击，试图实现具体的意识形态、政治、社会和其他目标。所以，任何将新冠疫情政治化的企图，都偏离了 COVID－19 的自然属性，也必然对全球抗疫工作造成极大的影响和冲击。

其二，两者在主动性上存在差别。由于 COVID－19 并非人为灾难，所以疫情的传播和扩散并无目的性，它既不是为了促进任何人的利益，也不可能集中于任何特定的目标群体并避免同时感染其他人。因此，很难恶意利用该病毒为国家行为者、恐怖组织或任何其他团体服务，对敌人或特定对手进行定点攻击或特定攻击。然而，恐怖主义却是人为的、恶意的。它的行动包括发起、计划、准备以及袭击本身。所有这些都是为了最大限度地扩大恐怖袭击的影响，以达到犯罪者的目标和利益。同时，恐怖主义的目标设定具有明显的针对性，它对特殊阶层、少数民族、意识形态或政治对手的恐怖袭击有明显的计划，即使是无差别地针对平民进行攻击，也是为了宣泄仇恨、制造恐怖气氛并宣扬自身的意识形态。

其三，两者的应对方式存在差别。反对恐怖主义主要消除恐怖主义的动机——主要是暴力极端主义，以及恐怖分子的行动能力。两者是高度关联的，特别是对暴力极端主义的应对，往往是反恐工作的关键。但是抗击新冠疫情，保护未感染者、救助感染者以及进行大规模疫苗接种等常规工作，重点都在于中和病毒造成大规模伤害的能力。就目前而言，仍难以彻底清除病毒滋长的环境。

总而言之，为了应对新冠疫情与恐怖主义两者对国际安全构成的严重威胁和挑战，需要对其威胁的特性展开有效的国际协调与合作。特别是对于两者的传染性和跨国性，任何孤立的抗疫或反恐可能都难以应对其威胁。在抗疫工作中，某个国家可以在国内通过实施社会隔离和检疫等手段有效地控制病毒的传播，但是其人员、物流等边界的开放仍取决于邻国和其他国家内部病毒传播的状况。这需要各国在病毒的认知、疫情的应对以及疫苗等抗疫物资的公平分配等方面实现协调与合作。在反对恐怖主义方面亦是如此。

二 构建世界卫生健康共同体与安全共同体

早在2015年，习近平主席在第七十届联合国大会所作的题为《携手构建合作共赢新伙伴 同心打造人类命运共同体》的讲话中就指出，“和平、发展、公平、正义、民主、自由，是全人类的共同价值”。习近平主席所提出的“共同体思想”中，人类命运共同体虽然基于“命运与共”的人类生存和发展现实，但是在当下肆虐的新冠疫情、国际冲突、霸权主义以及不公正、不合理的国际秩序下，仍具有“打造”的“应然”属性。

2020年11月习近平主席在上海合作组织成员国元首理事会第二十次会议上的重要讲话中提出了“携手构建卫生健康共同体、安全共同体、发展共同体、人文共同体”的重大倡议，期待各国深化团结合作，构建更加紧密的命运共同体。“四个共同体”为新型全球化时代国际社会的合作观、安全观、发展观和文明观提供了路径指引，为推动构建人类命运共同体的实践探索提供了理论遵循。[①]“四个共同体”的提出意味着人类命运共同体实践将进入历史新阶段。

针对新冠疫情下国际安全形势的发展与变迁，全球公共卫生及国际安全的维护已成为不可忽视的重大现实议题。在人类命运共同体的语境中，构建全球卫生健康共同体和安全共同体为全球危机治理指明了方向。

1. 卫生健康共同体

自2020年新冠疫情在全球肆虐以来，此次疫情已对全人类的公共卫生安全造成了极其严重的威胁。这也是自第二次世界大战以来，人类社会面临的最严重的生存危机。此次疫情暴露出世界公共卫生安全的脆弱性和不均衡性，而且已严重影响到全球抗击疫情的成效。在此背景下，构建全球卫生健康共同体不仅是全人类在疫情下生死与共的现状写照，更是抗击疫情的必然选择。

2020年6月7日，中国发布了《抗击新冠肺炎疫情的中国行动》白

---

① 高金萍：《“四个共同体”的价值逻辑与价值传播》，《人民论坛》2021年10月（上）。

皮书，明确呼吁："建设惠及全人类、高效可持续的全球公共卫生体系，筑牢保障全人类生命安全和健康的坚固防线，构建人类卫生健康共同体。"2021 年 5 月，习近平主席在全球健康峰会上以《携手共建人类卫生健康共同体》为题，再次强调要坚持公平合理，弥合"免疫鸿沟"，要摒弃"疫苗民族主义"。

新冠疫情深刻地证明，人类处于一个紧密相连的命运共同体之中，任何国家都躲避不了疫情的影响，任何国家都无力单独应对这场全球公共卫生危机。同时，也要看到，在此次疫情危机中，联合国及其全球治理体系在全球共同抗疫的领导力受到部分国家的掣肘。由于单边主义和意识形态偏见等因素的影响，疫情政治化、病毒标签化等问题成为一种解构全球团结抗疫的消极力量。此外，部分国家在疫情应对过程中的自利主义，包括"疫苗民族主义"，进一步扩大了全球公共卫生资源和抗疫物资分配的不均衡，这将严重拖累全球抗疫工作，使得公共卫生安全及社会经济秩序的恢复遥遥无期。

构建人类卫生健康共同体具有实现健康平等、维护卫生安全、促进卫生发展、坚持开放包容和创造健康环境的丰富内涵。①自疫情以来，中国在国际上团结合作抗疫的一系列倡议和做法，探索了人类卫生健康共同体构建的现实路径。

在抗击新冠疫情的工作中，中国推进人类卫生健康共同体建设的倡议主要包括如下方面：②（1）有效开展联防联控的国际合作。各国在世界卫生组织的指导和协调下，采取科学合理、协同联动的防控措施，科学调配医疗力量和重要物资，在防护、隔离、检测、救治、追踪等重要领域采取有力举措，同时，加强信息共享和经验交流，开展检测方法、临床救治、疫苗药物研发等国际合作，继续支持各国科学家开展病毒源头和传播途径的全球科学研究。（2）合作应对疫情给世界经济带来的影响。为应对全球经济衰退，需要加强国际宏观经济政策的协调，共同维护全球产业链供应链的稳定、安全与畅通。同时，需要防止全球性金融危机

---

① 王勇：《构建人类卫生健康共同体的国际法合法性问题》，《世界经济与政治》2021 年第 5 期。

② 国务院新闻办：《抗击新冠肺炎疫情的中国行动》白皮书，2020 年 6 月。

导致世界经济陷入大规模、长周期地衰退。（3）向应对疫情能力薄弱的国家和地区提供帮助。特别是联合国、世卫组织等多边机构需要向非洲国家提供必要的紧急援助；发达国家向发展中国家特别是非洲国家提供更多物资、技术、人力支持，在全球抗疫中担负更多责任、发挥更大作用。（4）坚决反对污名化和疫情政治化。通过转嫁责任掩盖自身问题，既不负责任也不道德，中国绝不接受任何滥诉和索赔要求。中国向国际社会提供力所能及的援助，绝非输出中国模式，更不是为谋求所谓的地缘政治利益。（5）健全完善惠及全人类、高效可持续的全球公共卫生体系。中国呼吁，应建立健全全球公共卫生安全长效融资机制、威胁监测预警与联合响应机制、资源储备和资源配置体系等合作机制，建设惠及全人类、高效可持续的全球公共卫生体系。

在实践上，至 2020 年 11 月底，中国共向 34 个国家派出 36 支医疗专家组，向 150 多个国家和国际组织提供抗疫援助，向 200 个国家和地区出口防疫物资。中国还积极参与并落实 G20 针对新冠疫情的缓债倡议，截至 2020 年 6 月宣布对 77 个发展中国家暂停债务偿还。同时，中国还同全球疫苗免疫联盟签署协议，承诺疫苗投入使用后将作为全球公共产品。值得一提的是，中国已经向世卫组织提供了 5000 万美元的现汇援助。中国在全力防控境内疫情的同时，为其他国家和国际社会应对疫情提供了有力支持，体现出强烈的共同体意识和积极的共同体实践。①

然而，也要看到，在新冠疫情仍在全球肆虐的情况下，世界团结抗疫的实践远远落后于新冠病毒变异及其传播的速度。一方面，美国、欧洲等西方国家在新一轮疫情的迅速扩散中，部分国家甚至采取“躺平”或“鸵鸟策略”等消极的应对措施，试图在公众认知和应对中将新冠病毒“流感化”。其中既有经济开放的压力，也有疫苗充足和接种率方面的自信。另一方面，亚非拉等发展中国家在抗疫工作中面临疫情危机和经济危机的双重挤压，特别是部分存在内部武装冲突及战乱的国家，甚至无暇顾及疫情。大多数非洲国家只能保障为其 5%—10% 的人口接种新冠疫苗。如果不能平等地获得疫苗，地方和区域性的病毒暴发将继续下去，

---

① 王勇：《构建人类卫生健康共同体的国际法合法性问题》，《世界经济与政治》2021 年第 5 期。

从而使该新冠疫情构成的威胁长期存在。疫苗民族主义、日益增长的跨国和国内疫苗接种分歧（往往被错误信息和阴谋论所助长）继续推动着地方和区域性疫情的暴发。由此产生的不平等现象在未来可能被恐怖分子和暴力极端主义团体所利用。在上述情形下，此次新冠疫情将如何演变、人类能否最终战胜疫情，其结果仍扑朔迷离。

同时，新冠疫情进一步加速了部分西方国家的整体“右翼化”倾向。如前所述，原本在西方国家中早已盛行的民粹主义思潮在疫情中进一步右倾，它通过与种族主义、民族主义嫁接，发展为右翼民粹主义甚至是右翼极端主义。在这些国家内部，围绕新冠病毒的认知、疫苗的接种、抗疫措施的施行等又导致了进一步的社会分化和政治极化。这些问题不仅严重影响了相关国家的社会政治稳定，而且也外溢到国际关系领域，最终对国际合作抗疫及世界卫生健康共同体构建造成负面的冲击。

2. 安全共同体

如前所述，在新冠疫情全球肆虐的同时，全球安全危机有进一步加剧的态势。除了右翼极端主义在西方社会迅速崛起外，国际恐怖主义也利用国际反恐合作力度减弱的机会，抓紧其全球布局的进程，除了在西亚、南亚等地区进一步巩固其“势力范围”外，它在非洲的扩张速度大大加快。国际恐怖主义在非洲地区的扩张是疫情时期国际安全状况恶化的一个缩影，反映出在公共卫生危机、经济危机、安全危机相互叠加下，全球危机应对及治理能力的极度不均衡性和脆弱性。这种不均衡性和脆弱性为恐怖主义势力提供了可乘之机。

在“9·11”事件爆发20周年之际，以美国为首的北约联军从阿富汗仓促撤军，在一定程度上标志着美国领导的全球反恐战争的失败。多年来，美国以反恐为名在伊拉克、叙利亚、阿富汗等国发动了多场战争，但是除了严重的人道主义灾难和国家失败外，国际恐怖主义并未受到根本性削弱，反而“愈战愈勇”。究其根本，在于美国以反恐之名，谋取霸权之实。在美国主导的全球反恐战争中，充斥着地缘政治利益的争夺。国际恐怖主义作为人类社会的公敌，反对恐怖主义理应得到支持，但是相关国家和人民在美国的反恐战争中是缺位的，甚至成为被削弱的对象及受害者。

对于后疫情时代的国际反恐斗争，我们需要摈弃美式单边主义、霸权主义的反恐思维，真正从安全共同体的角度来推进国际反恐斗争及合作。从本质上说，安全共同体是命运共同体构建的本质要求。不涉及主体的生死或根本的兴衰存亡，更谈不上命运；“命运共同体”概念必然涉及国家的安全，而这种安全不是一个国家的安全，不是以第三方为假想敌的同盟安全，恰恰是整体的、共同的安全。①

在理论上，阿德勒和巴内特提出了建构安全共同体的“三阶段”理想类型模型：安全共同体的新生阶段、上升（强化和深化）阶段、成熟（成型）阶段。第一阶段，涉及安全共同体的促发性条件。共同的外在威胁、共同发展需要、相似文化等是推动建立安全共同体的诱因和压力，这种力量推动它们重构彼此之间的关系，从而逐步建构某种新生的安全机制；第二阶段，国际体系结构和体系进程及彼此的互动将强化在第一阶段形成的机制和制度安排，使彼此之间的猜疑和恐惧感大大减少，一种彼此友善的观念逐渐形成和加强；第三阶段，涉及相互信任和集体身份的认同。即一种康德式的互助文化已经形成并内化于各国，不再依赖国际制度安排（哪怕其仍存在）来维持交往和维护彼此共有的正向积极认同。②

阿德勒、巴内特对安全共同体理论的论述值得思考和借鉴。他们理论的变量是多维的，既重视物质，也重视观念，既重视结构（包括权力结构和知识结构），又重视进程（包括沟通交往、国际制度、社会学习），总的来说是强调这些变量的社会建构功能。他们明确地指出物质和权力在共同体建构过程中的重要性，认为“安全共同体仰仗着权力”，大国在物质上的成功还塑造了积极的国际形象。与此同时，安全机制下的互动使行为体间逐步形成“我们感”，从而培育信任，推动共有知识的建构。③

从安全共同体构建的实践来看，后疫情时代的国际安全合作首先需要践行新安全观。虽然绝大部分国家在对国际恐怖主义的威胁认知上存

---

① 郭楚、徐进：《打造共同安全的“命运共同体”：分析方法与建设路径探索》，《国际安全研究》2016 年第 2 期。

② ［以］伊曼纽尔·阿德勒、［美］迈克尔·巴涅特主编：《安全共同体》，孙红译，世界知识出版社 2015 年版，第 38 页。

③ ［以］伊曼纽尔·阿德勒、［美］迈克尔·巴涅特主编：《安全共同体》，孙红译，世界知识出版社 2015 年版，译者序第 9 页。

在一致性，但是各国在安全观上的差异阻碍了有效的国际安全合作。对此，在共同的威胁面前，需要摒弃自利、排他的传统安全观，代之以互信、互利、平等、协作的新安全观为行动指南。在这方面，最大的阻力源于美国、英国等西方国家在思想观念上的帝国残余，以及将反恐作为霸权护持的冷战思维。

其次，需要加强国际反恐合作的制度和机制建设。当前，在国际反恐合作制度和机制建设方面，以上海合作组织、集体安全条约组织为代表的多边机制在反恐合作、维护地区安全等方面取得了积极的成效。但是，在西亚、南亚，特别是非洲地区的国际反恐合作仍然严重滞后。在西亚和南亚，以美国为首的西方反恐力量在当地逐步撤出，但是国际反恐合作机制建设却未跟上，同时伊拉克、叙利亚、阿富汗等国无论在国家能力还是在合法性上，均存在各种不足。在非洲，面对国际恐怖主义在萨赫勒地区及中部非洲地区的肆虐和扩散，美国由于自身战略利益关系不大而未予以重视，法国也在抓紧从马里这一反恐重点国家撤出。所以，如何以联合国为牵头者，联合伊斯兰世界组织、海湾国家组织、非盟、萨赫勒五国组织等多边组织，整合美国、俄罗斯、中国、法国等世界大国的力量，构建重点地区的国际反恐合作制度和机制，成为后疫情时代推进国际安全合作、建设安全共同体的紧迫任务。

三　针对重点地区的反恐政策

对于新冠疫情时期及后疫情时代的国际安全合作，尤其需要对重点地区进行关注，并针对其反恐难点制定有效的应对措施。其中，阿富汗及非洲的状况极不乐观，甚至可能撼动国际安全的整体形势。

1. 阿富汗塔利班临时政府与人道主义危机

自 2021 年 8 月 15 日进入喀布尔接管政权以来，整体来看，尽管塔利班临时政府在内政、外交领域采取了一系列积极措施，但由于缺乏一个明确的执政纲领，临时政府代表性与包容性不足，以及在保护妇女权利、打击恐怖分子方面未能可信地回应国际社会的关切，在缺乏必要的国际支持与援助的情况下，加之国内社会的各种矛盾弊端一起爆发，塔利班并没有扭转阿富汗内外面临的整体困境。特别是在面临严重地人道主义危机的情况下，阿富汗的安全形势日趋严峻，这需要引起国际社会的高度关注。

（1）整体安全形势有待稳定

在美军撤离之后，塔利班迅速击败了加尼领导的阿富汗政府。尽管短短数周实现了对阿富汗全境的控制，证明了塔利班在阿富汗具有广泛的社会基础，以及超过前政府的控制力，但军事上的胜利并不意味着塔利班具备了长期治理阿富汗的能力。虽然“执政”以来阿富汗国内社会治安在塔利班的控制下实现了一定程度的好转，但国家整体安全状况并没有取得实质性改善，这主要表现为恐怖组织活跃及恐袭事件频发。

塔利班在阿富汗的军事胜利激励了跨国恐怖分子向阿富汗的流窜，目前，阿富汗国内活动的恐怖组织多达 20 多个。这其中，最具影响力的即为“伊斯兰国呼罗珊省”（ISK/ISKP），该组织曾多次与塔利班交战，并在阿富汗境内频繁发动恐怖袭击。根据有关报道，较之 2020 年“伊斯兰国呼罗珊省”在阿富汗发动的 60 多次恐怖袭击，截至 2021 年 11 月中旬，该组织在阿富汗境内发动的恐怖袭击已经超过了 300 余次。[①]其中，发生在塔利班临时政府上台以来且较为严重的“伊斯兰国呼罗珊省”恐怖袭击有：2021 年 8 月 26 日，“伊斯兰国呼罗珊省”在喀布尔机场实施自杀式炸弹袭击，造成 13 名美国军事人员和 169 名阿富汗平民死亡。9 月 19 日，该组织又在贾拉拉巴德对塔利班发动袭击，致使 30 多人伤亡。10 月，“伊斯兰国呼罗珊省”一周之内三次发动了对什叶派清真寺的袭击，仅 10 月 8 日针对阿富汗北部昆都士一座什叶派清真寺的自杀式爆炸袭击就导致了 100 多人伤亡。随后，“伊斯兰国呼罗珊省”对喀布尔一家军医院发动袭击，造成塔利班方面的严重伤亡。至今，“伊斯兰国呼罗珊省”在阿富汗仍处于活跃状态，并且其威胁已外溢到巴基斯坦等周边国家。

尽管自喀布尔机场发生恐怖爆炸以来，塔利班加大了打击境内 ISK 的力度，包括 2021 年 9 月 29 日在“伊斯兰国呼罗珊省”大本营楠格哈尔省和喀布尔省对“伊斯兰国呼罗珊省”武装分子发起的攻击。但由于“伊斯兰国呼罗珊省”仍然以隐蔽形式广泛存在于楠格哈尔省、库纳尔

---

① 刘中民：《延续与异变：2021 年全球恐怖主义新发展新特点》，澎湃新闻，2021 年 12 月 29 日，https：//www. thepaper. cn/newsDetail_ forward_ 16043407.

省、拉格曼省和努里斯坦省等阿富汗东部省份，以及巴达赫尚省、贾兹詹省和塔哈尔省等北部省份。因此，打击“伊斯兰国呼罗珊省”将在很长一段时间都是对塔利班控制局势和实现安全的能力的一大考验和挑战。在此背景下，阿富汗境内的国际恐怖势力呈现出向外扩散的态势。其一是向北扩散，威胁塔吉克斯坦、乌兹别克斯坦等中亚国家的安全与稳定；其二是向南扩散，危及巴基斯坦乃至印度的安全。所以说，阿富汗安全局势的动荡将严重冲击中亚和南亚地区的安全与稳定。

（2）阿富汗经济陷入困境

阿富汗长期以来一直高度依赖外国发展和人道主义援助，特别是用于支付提供医疗保健、教育、能源、卫生设施、住房和食品援助等重要公共服务的政府机构。该国孤立的地理环境、破败的基础设施、本土技术能力的缺乏以及普遍存在的不安全因素，使得除少数主要外国投资者之外的国际投资者望而却步。过去一年的事态发展加剧了这些长期的挑战。许多阿富汗人长期生活在极端贫困中，但政府服务的崩溃、外国援助的缩减、不断上升的通货膨胀和供应链瓶颈、疾病和干旱将数百万人推到了极端贫困线以下。

首先，阿富汗严重依赖外援与极为脆弱的经济结构特征。尽管阿富汗拥有丰富的矿产资源，但由于持续的战乱，阿富汗经济长期以来严重依赖外援。阿富汗的国内就业主要集中在生产率很低的农业领域。同时阿富汗还有一个庞大的非法地下经济，其中包括非法采矿，鸦片生产和其他相关活动，如走私等。

其次，塔利班临时政府上台触动外国援助中断。美国等其他国家的经济制裁、国际银行机构不直接与阿富汗中央银行打交道带来的银行流动性问题与现金短缺，加剧了目前阿富汗国内严峻的经济形势。出于狭隘的政治私利，以美国为首的西方国家及受其影响的国际组织为了能够向阿富汗塔利班施加压力，人为地切断了阿富汗经济、金融体系与世界的联系，包括冻结了阿富汗中央银行与阿富汗商人的 100 多亿美元的海外资产。其中，美国政府冻结了阿富汗中央银行存在美国的近 95 亿美元的国家外汇资产，这大约相当于阿富汗年度经济产出的三分之一。

（3）阿富汗人道主义危机

美国等西方国家对阿富汗人道主义危机负有不可推卸的责任。20 年来，美国发动的“反恐战争”给阿富汗留下了大量平民伤亡、被摧毁的基础设施以及濒临崩溃的经济，是阿富汗长期存在人道主义危机的根本原因。近期，最初带头出兵阿富汗、也是最终带头逃出阿富汗的美国，在阿富汗战后急需输血重建的时候竟又带头掐断了这个国家的“生命线”，最终造成了当前阿富汗国内民生状况的持续恶化。

此外，阿富汗持续恶化的人道主义危机还与该国的疫情与旱灾有一定的关系。在第三波疫情和局势动荡的影响下，阿富汗医疗保健系统难以有效运作，甚至处在崩溃的边缘。塔利班临时政府上台以来，疫苗接种率迅速下降，新冠疫苗与防疫工作都面临巨大挑战。同时，药品短缺，医疗设施落后，专业医疗人员的缺乏让整个阿富汗的医疗保健系统濒临崩溃。此外，2021 年阿富汗境内三分之一的国土遭受严重干旱，也恶化了国内民生。由联合国粮食及农业组织和世界粮食计划署等共同牵头开展的报告称，2280 万人的生活、生计和获取粮食的机会将受到严重影响，干旱、冲突、新冠疫情和经济危机带来的综合冲击，使阿富汗一半以上的人口面临创纪录的严重饥饿。①

需要注意的是，截至 2021 年第三季度，包括中国在内的部分国家和人道主义组织已向近 1050 万个阿富汗人提供了援助，但还有至少 1000 万个阿富汗人需要援助，这其中，严重饥饿状况对 320 万名 5 岁以下的儿童带来了极大威胁，预计他们将在 2022 年年底前罹患急性营养不良。粮农组织和联合国儿童基金会警告，如果不立即进行挽救生命的治疗，100 万名儿童有可能死于严重的急性营养不良。此外，由于塔利班执政剥夺了妇女工作的权利，经济与人道主义危机对妇女和女童的影响也尤为严重，她们不仅在获得食物、医疗保健和财政救济方面面临不成比例的更大障碍，甚至还面临着被贩卖的危险。

总体而言，对于阿富汗未来的经济和人道主义危机，国际社会要有清醒的认识。因为在塔利班接管之前，阿富汗得到了 70 亿美元的援助，现在，国际社会总共只认捐了大约 20 亿美元。巨大的资金缺口在短期内无法填补。即使取消了制裁并将所有的援助都恢复到以前

---

① 联合国粮食及农业组织：《世界粮食安全和营养状况》（2021），http：//file8. foodmate. net/file/upload/202110/13/095217171. pdf.

的水平，塔利班也缺乏专业技术知识来恢复正常经济运转或解决全面的人道主义危机。对经济运行和社会秩序而言，目前阿富汗塔利班急需稳定的教师、医生、基础设施产业雇员等专业技术人员队伍。这些人员由于欠薪及缺乏安全保障等原因导致的离职、外逃等将严重影响阿富汗经济社会的稳定。

在严峻的危机下，联合国安理会第2615（2021）号决议于2021年12月22日通过，为联合国禁止与塔利班进行金融交易的制裁制度划定了一个人道主义例外，允许在直接而非通过塔利班控制的国家机构提供此类援助。联合国开发计划署（UNDP）设立了一个特别信托基金和一个紧急援助计划，以维持脆弱的阿富汗人的最低收入，向失败的小型和微型企业提供关键资本，并向自然灾害缓解和小型基础设施项目的工人支付现金。世界银行从其阿富汗重建的信托基金中转移了2.8亿美元给世界粮食计划署（WFP）和联合国儿童基金会（UNICEF），以便为最需要的阿富汗人提供帮助。世界粮食计划署已经向数百万阿富汗人提供了粮食、现金、凭证和商品。联合国难民事务高级专员也向该国约400万名流离失所者提供了有限的资金、食品和其他援助。

另一个值得期待的动向是，2022年1月，联合国正式启动了过渡应急框架以拯救危机中的阿富汗人民。其目标是通过拯救生命、维持卫生和教育等基本服务以及维护基本社区系统，缓解阿富汗人民的痛苦。按照该计划，联合国将于2022年设立80亿美元的基金，帮助阿富汗重启经济，重建治理体系和社会服务。这个基金分为两部分，第一部分为联合国将发起的44亿美元的人道主义应急计划，用于购买食物、住所和其他维持生命的基本设施；第二部分为36亿美元的应急资金，这笔资金主要用于维持学校和医院的运转，并向中小企业和农民发放援助等。[①] 在此背景下，国际社会如何跟进联合国的援助行动，帮助阿富汗早日摆脱危机，将关系到地区及国际安全的长期维护。

2. 非洲反恐对策

多年来，面对“基地”组织和“伊斯兰国”等国际恐怖势力在当地

---

① 联合国可持续发展集团：《联合国宣布阿富汗过渡参与框架：拯救生命、维持服务和保护社区系统》，2022年1月26日，https://unsdg.un.org/zh/latest/announcements/un-announces-transitional-engagement-framework-tef-afghanistan-save-lives.

不断地攻城略地，非洲国家虽在努力打击和遏制伊斯兰激进主义的扩张，但是整体的成效不容乐观。其中的原因是多方面的，从反恐技术层面来看主要包括：反恐资金与能力的不足，实时情报缺失，国家、地区和非洲联盟层面缺乏全面和协调的战略，不能为国民提供充分的安全保障等。

在国际恐怖主义方面，无论是“基地”组织还是“伊斯兰国”的意识形态，它们的目标非常明确，即在当地建立一个以严苛的伊斯兰教法为基础的原教旨主义国家。为了实现这一目标，它们必然要摧毁现行的国家和政权，清除反对者。为何以伊斯兰极端主义为底色的国际恐怖主义在西亚遭遇重创，却在非洲迅速蔓延？除了反恐措施不足的因素外，还需要深刻反思非洲现有的治理体系和治理能力。

（1）提升治理能力及国际合作

在思想意识层面，多年来，非洲的穆斯林对伊斯兰教义进行了温和的解释，并与之和当地的文化和传统结合起来。然而，几十年来，伊斯兰极端主义将非洲原有的温和伊斯兰连根拔起，极力推动极端主义思想在当地的传播。这些极端的信息不仅混淆了人们的视听，也制造了民众对世俗政府及法律系统的疏离和不信任，并倾向于认可极端组织的思想和行为。对此，非洲国家需要在全社会层面推进去极端化进程，包括揭露伊斯兰极端主义的极端性、暴力性和非伊斯兰性，清除极端组织在当地的传播路径等。

在治理能力层面，非洲政府需要通过全方位的能力提升，如维护社会安全、提高医疗保健和教育水平、改善水电交通等基础设施、提升青年的就业水平等方面，增强自身的治理绩效合法性。虽然在这些方面是非洲许多国家的陈年弊病，但是很明显，治理失效必然为宗教极端主义和国际恐怖主义的渗透提供机会。在增强非洲国家的治理能力方面，由于各国的国情各异，需要具体问题具体分析。然而，事实已充分证明，西方以所谓民主、自由为标准对非洲国家的改造总体上是失败的。

在国际合作层面，非洲需要一个全面的反恐战略，以及针对某个重点地区（如萨赫勒地区或非洲之角）的实际情况而制定的区域次级战略。这一战略首先应积极打击国际恐怖势力在非洲的扩张及活动，同时针对当地的疫情防控、民生发展、去极端化工作等进行详尽部署。非洲反恐战略的制定和落实无疑是一项庞大且系统的工程，仅凭非洲国家之力不可能实现，联合国、非盟、欧盟、中国、俄罗斯、萨赫勒五国等各安全利益攸关方需要团结一致，针对这一国际安全的重大威胁实施合作及治理。

（2）萨赫勒地区的反恐行动

在非洲反恐斗争中，萨赫勒地区无疑是重中之重。COVID－19 危机对该地区的经济影响是巨大的。近两年来，一些萨赫勒国家受到了石油价格下跌的沉重打击——这是它们预算稳定的一个重要因素——特别是毛里塔尼亚、尼日尔和乍得。[①] 同时，由于萨赫勒地区的大多数国家都是内陆国家，因此依赖其他国家运送其出口和进口，疫情导致的边界关闭减缓了货物的流动，对底层的贫穷家庭造成了诸多冲击。此外，萨赫勒地区本已严重的粮食不安全问题因疫情而加剧，它使现有的干旱问题变得更加复杂，干旱阻碍了农业生产力，使民众生计变得更为脆弱。鉴于对作物和牲畜活动以及自然资源的广泛依赖，成千上万的家庭在疫情期间由于市场关闭或无法跨越边界到邻国寻找牧场而失去了主要的收入来源。另外对国家内部和国家之间流动的限制扰乱了薄弱的区域和国家供应链，影响了粮食和农业投入的供应以及劳动力市场。

更为雪上加霜的是，2022 年 2 月爆发的俄乌冲突正在进一步加剧非洲地区的粮食危机。在非洲南部，有 80% 的国家的小麦及其产品完全依赖进口，其中相当一部分依赖从俄罗斯及乌克兰的进口。在非洲东部，相关国家对俄乌两国的小麦进口依赖高达 90% 以上。当前，俄乌冲突导致的粮食、化肥出口锐减及国际粮食价格高涨，已直接冲击了非洲国家的粮食安全。粮食危机不仅将重创非洲国家努力摆脱新冠疫情的经济恢复，而且必然引发社会动荡并加剧安全危机。

如果说 COVID－19 对发达国家政府提供公共服务的效率产生了负面影响，那么它表明萨赫勒地区的安全危机首先是一场治理危机，它导致许多公民对无法确保获得基本服务的国家失去信心。在 COVID－19

---

① 自 2022 年以来，俄乌冲突及由此引发的美国对俄罗斯能源制裁造成了国际油气价格的高涨，这种状况能否改善非洲石油出口国的收入状况，进而影响当地的反恐行动？这一动向值得深入观察。

之前，民众已经对政府的不良政策产生了极大的不满，这些政策没有达到公民的期望，特别是在偏远地区和边境地区，这种情况疫情期间只会更加严重。治理失败对国家的合法性有直接影响，马里接二连三爆发的政变就是一个突出的例子（马里于2012年、2020年、2021年连续发生了三次军事政变），说明整个地区对政府的不信任感越来越强。同样，由于缺乏对COVID-19造成的社会经济影响的有效回应，创造了有利于暴力上升的环境，给暴力极端主义分子提供了扩大影响的肥沃土壤。鉴于COVID-19导致的公共卫生危机，当地政府一度将其重点从传统的安全优先事项转移到卫生部门，这为一些非国家武装团体在军事行动缩减的情况下升级对平民和公共基础设施的攻击创造了机会。

当然要看到的是，萨赫勒地区相关国家的治理体系和治理能力的不足，在整个非洲具有典型性。从这个角度来看，无论是“基地”组织、“伊斯兰国”，还是“博科圣地”、索马里青年党在萨赫勒地区的扩散，本质是一个治理方面的挑战。如果在治理方面不能提升，只会加剧当地的不满情绪，恶化已经旷日持久的冲突。虽然萨赫勒国家之间存在较大的差异，每个国家都面临着不同的挑战，但它们也有共同的结构脆弱性、薄弱的治理能力和有限的国家存在（特别是在农村地区）。新冠疫情暴发进一步加剧和放大了这些原有的威胁，加剧了结构性弱点和治理危机，扩大了恐怖组织的机会结构，从而扩展其势力范围，增加招募，并将自己定位为国家的替代者。①

新冠疫情及后疫情时期萨赫勒地区将面临更为严重的安全危机、经济危机和治理危机。这就要求国际社会重新思考，在多大程度上可以依靠反恐行动应对远远超出安全领域的全方位挑战。这一挑战的核心是国家治理体系和治理能力不足导致的合法性及信任缺失。这种状况自冷战结束以来一直在不断恶化，在国家存在感较低的乡村和部落地区尤为严重。而在整个非洲大陆的许多地区，尤其是暴力极端主义发生率最高的

① Lina Raafat, “The Schism of Jihadism in the Sahel: How Al - Qaeda and the Islamic State are Battling for Legitimacy in the Sahelian Context,” Mei@75, October 13, 2021, https://www.mei.edu/sites/default/files/2021-10/The%20Schism%20of%20Jihadism%20in%20the%20Sahel%20-%20How%20Al-Qaeda%20and%20the%20Islamic%20State%20are%20Battling%20for%20Legitimacy%20in%20the%20Sahelian%20Context.pdf.

地区，累积的不满和对政府的有限信任是普遍现象。共同的被忽视经历、多层面的贫困以及无法获得教育和医疗等基本服务，是促使个人加入极端恐怖组织的主要原因。近年来由法国主导的“新月形沙丘”行动（Operation Barkhane），包括“萨赫勒五国”机制（G5 Sahel，包括布基纳法索、乍得、马里、尼日尔、毛里塔尼亚），正在重复过去的失败，因为它们专注于自上而下的解决方案，没有太多的空间来提高该地区的机构绩效和加强治理系统。为了避免重复过去的错误，必须转变模式，从高度军事化的反应转向更全面的方法，以有效地满足当地的发展和安全需求。各国政府必须对其所在地区的问题承担更大的责任，并采取审慎的措施来重新获得当地人民的信任。只有这样，减缓伊斯兰极端主义渗透的努力才可能成功。

所以，以安全为基础的反恐对策虽然是必要的，但绝非足以有效地应对今天的多方面威胁。反恐措施必须辅之以基于善治和包容性、可持续发展的预防性策略，以解决极端主义和恐怖主义的结构性驱动因素。地方一级的预防工作需要侧重于加强社区凝聚力和重建破裂的社会契约。如果不把反恐行动建立在相辅相成的预防工作之上，则是短视的，最终可能导致适得其反的结果。预防性策略的关键在于政府与当地社区（部落、乡村）密切合作，建立更紧密的联系。因为后者是抵御极端主义意识形态的第一道防线，在解决感知的和实际的不满情绪、防范暴力等方面发挥着关键作用。对此，需要重构宗教、部落首领及本地社区代言人参与治理体系的机制，在国际援助力量的协调下，增强国家在基层的合法性及治理能力，逐步推动温和宗教信仰的复原及政治经济改革措施。

（3）非洲之角和平发展构想

萨赫勒地区的反恐及安全问题实质上是整个非洲治理问题的一个缩影。如前所述，多年来萨赫勒地区的相关国家仍未走出由乱到治的困境。特别是自疫情暴发以来，受多重危机叠加的影响，多个国家的安全状况明显恶化，部分国家内部甚至爆发了严重的民族冲突和内战。在此背景下，非洲国家如何在国际社会的支持下，走出一条切实符合自身特性的稳定与发展的道路，已成为一项重要的任务。2022 年 1 月，中国提出“非洲之角和平发展构想”，支持地区国家应对安全、发展、治理三重挑战。根据外交部部长王毅的阐释，这一构想包括：一是加强域内对话，克服安全挑战。建议地区国家召开非洲之角和平会议，就此进行深入探讨，形成政治共识，协调共同行动。

二是加快区域振兴，克服发展挑战。做大做强蒙内铁路和亚吉铁路两条主轴，适时向周边国家拓展延伸，同时加快红海沿岸和东非沿岸的开发，形成“两轴+两岸”的发展框架。

三是探求有效路径，克服治理挑战。支持地区国家探索符合自身国情的发展道路，用非洲人的方式妥善处理各种民族、宗教、地域纠纷，构建非洲之角团结、稳定、和谐的发展环境。①

从总体上来看，上述“安全、发展和治理”三重路径，指出了应对高度复杂、多元的非洲各类问题的系统性思路。这一思路也为非洲国家摆脱长期以来孤立地看待和处理安全及发展问题的思维定式提供了契机。尤为重要的是，“非洲之角和平发展构想”强调非洲国家把命运掌握在自己手里、提高自主发展能力、用非洲的方式处理纠纷。这种对非洲国家及社会主体性的尊重，成为“非洲之角和平发展构想”区别于西方传统对非模式的典型特征。

3. 西方内部反对暴力极端主义的短板

对于新冠疫情以来不断发展的右翼极端主义，它本身产生于后冷战时期西方社会不断泛滥的民粹主义、民族主义和沉渣泛起的种族主义。作为西方与外部关系、西方内部政治变迁及历次经济社会危机不断激化的产物，右翼极端主义不仅推动了西方政治的右倾化，而且本身也在反噬西方民主政治的基础（典型如2021年1月6日美国总统大选后爆发的“国会山”事件）。随着美国及西方国家在新冠疫情下各类危机的叠加，特别是2022年2月爆发的俄乌战争的刺激，右翼极端主义的暴力性、排他性将可能进一步增强。

然而，西方政治界在反对右翼极端主义的问题上并未针对其根源进行反思并拟定“治本”之策。一方面，部分国家的政府本身依仗右翼民粹主义而上台，将其作为转嫁疫情以来各类危机的工具，不可能从根本上反对民粹主义、民族主义甚至种族主义的极端化倾向；另一方面，即

---

① 《王毅谈“非洲之角和平发展构想”》，新华网，2022年1月7日，http://www.news.cn/2022-01/07/c_1128240838.htm.

使美国等国家意识到右翼极端主义作为国内恐怖主义的最新形态，但是其脱胎于全球反恐战争的反恐模式，在预防和反对极端主义等核心问题上并没有新的突破。所以，上述两方面的不足从总体上限制了美国等西方国家反对右翼极端主义的限度和深度。这股破坏性的浪潮将如何影响西方政治与社会安全，美西方国家是否试图利用俄乌战争引发的西方反俄情绪而将祸水外引？都是需要观察和思考的重要问题。

美利坚大学极化和极端主义研究与创新实验室（the Polarization and Extremism Research and Innovation Lab，PERIL）主任辛西娅·米勒·伊德里斯在最新的研究中，直接指出了美国右翼极端主义主流化和意识形态重组的两大趋势。[①] 一个是右翼极端主义的主流化。这表明，右翼极端主义在美国现实政治、社会舆论及信息网络中已成为一种难以被忽视的现象。然而，极端分子走向政治暴力的途径并不涉及明确界定的意识形态，也不与特定群体联系，而是由一场涵盖所有右翼政治的宣传运动所塑造的，而且特朗普的上台大大加速了这一进程；另一个趋势是极端主义团体和思想的竞争与重组。在 2020 年大选、新冠疫情、“黑人的命也是命”抗议活动等造成的社会分化和政治极化的背景下，各类极端主义团体和思想相互混合及糅杂。暴力极端主义更为自发、分散、快速演变和重组，实际上反映出右翼极端主义“后组织化”的趋势。

上述两个趋势，体现了美国右翼极端主义发展变迁的两大动力。一方面，主流化的趋势源自自上而下的动力，即通过意识形态的重新包装吸引信众、扩大自身的影响力；另一方面，后组织化的趋势源自自下而上的动力，特别是网络传播的无序性和信息组合的自主性加大了这一进程。

研究表明，恐怖主义威胁认知对治理政策的有效性具有决定性的影响。整体而言，西方国家对恐怖主义的威胁认知是以异质种族、异质文化和非正常性的个体为对象的。简言之，它始终以穆斯林、伊斯兰的异化和极端化为恐怖主义的威胁源。这种威胁认知和治理路径不仅导致“越反越恐”的困境，更直接忽视了西方国家特别是白人社会内生型的极

---

① Cynthia Miller – Idriss，“Extremism has Gone Mainstream；so must the Interventions Needed to Address It”，*Foreign Affairs*，Jan 3，2022.

端主义和恐怖主义。“9·11”事件以来，西方对恐怖主义威胁出现了“传统智慧”“本土恐怖主义”和“极端意识形态”三种不同的认知，治理政策经历了“全球反恐战争”“反激进化”和“反极端化”三个阶段，政策目标经历了“文化安全化—族群安全化—思想安全化”的演进，政策路径出现了从“群体化”到“个体与群体兼重”再到“个体化”的转变。① 然而，在西方国家内部，特别是美国和欧洲国家之间在恐怖主义的威胁认知、治理路径选择等方面仍有较大的差异。特别是在右翼极端主义越来越成为西方内部恐怖主义的主要驱动力的情况下，以个体化为重点的政策路径能否全面对应对极端思想的治理，仍存在较大疑问。

在美国，拜登政府已将暴力性的白人至上主义和极端主义民兵视为国内暴力恐怖主义的最大威胁。美国国土安全部已启动了预防计划和伙伴关系中心项目（Center for Prevention Programs and Partnerships，CP3），试图以社区为中心，遏制和打击暴力和恐怖主义意识形态的传播。CP3 项目将与信仰团体、青年项目、学校和当地警察部门等伙伴组织分享情报、培训和资源，其重点将放在识别某人可能走向暴力的行为迹象上。然而，这种将反暴力极端主义聚焦于个体的模式也引发了质疑。有批评观点就认同，如果人们真正关心骄傲男孩和其他白人民族主义或白人至上主义的团体，答案不是把它个体化。我们实际上需要从系统层面来看待它。

此外，美国打击暴力极端主义战略的重点，一直放在暴力问题，而非极端主义问题上。据统计，2021 年，美国国内暴力恐怖主义共发动了 4 次恐怖袭击，造成 13 人死亡。但是很显然，美国国内暴力极端主义的威胁远不限于此。例如，围绕疫情的封锁措施、疫苗接种和“疫苗护照”等问题，美国曾发生了多起大规模抗议示威活动并导致严重冲突。同时，受疫情和美国国内政治极化、阶级矛盾激化等因素刺激的极端民族主义、种族主义，正不断成为美国右翼极端主义的驱动力。但是，这些问题并未真正成为美国反对暴力极端主义和国内恐怖主义的重点治理目标。

---

① 沈晓晨：《当代西方恐怖主义威胁认知与治理目标和路径》，《国际安全研究》2021 年第 4 期。